대학에서 영어로 가르치기

고민과 현장의 경험

이경숙 지음

학지사

머리말

이 책은 국내 대학에서 영어로 강의하는 것을 권장하는 정책이 도입된 후, 자의 반 타의 반으로 전공과목을 영어로 강의해오고 있는 국내외 교수들의 경험을 공유하기 위하여 쓰였다. 이러한 교수자들의 경험이 현재 영어로 전공과목을 가르치고 있는 동료 교수자들과 앞으로 영어로 강의해야만 하는 국내 교수자들에게 조금이라도 도움이 되었으면 하는 바람이다. 이 책에서 자신들의 경험을 공유한 교수자들은 전반적으로 교과목을 영어로 강의하는 것에 찬성하지 않는 입장이다. 이들은 교과목을 영어로 강의하기 위해서는 교수자와 학생들에게 다양한 지원 프로그램과 특정한 요건들이 갖추어져야만 한다는 입장이다.

2017년 현재 국내의 많은 대학에서 신임교수를 임용할 때 영어강의(지금부터 '영어강의'라는 용어는 국내 대학에서 진행되는 강좌 중 교수용어를 영어로 사용하여 학생들을 가르치는 것을 지칭함)를 의무적으로 하도록 확약받고, 임용계약서에 서명을 하는 상황까지 이르렀다. 이렇게 신임교수에게 의무가 된 영어강의를 하지 않을 경우에는 여러 가지 불이익이 따른다. 따라서 신임교수들은 새로운 대학에 부임하기 전부터 영어강의에 대한 많은 부담을 안게 되었다. 영어로 강의를 해 본 경험이 있는 교수자들에게는 문제가 되지 않을 수 있다. 그러나 교수자가 아무리 영어로

강의를 잘한다고 하여도, 수강하는 학생들이 영어강의 내용을
이해하지 못한다면 학습이 일어나기를 기대하는 것은 어렵다.
이러한 상황에서 대부분의 교수자(국내 교수든 외국인 교수든 간
에)에게는 영어강의 경험의 유무를 막론하고 국내 학생들을 대
상으로 하는 영어강의가 즐거울 수만은 없는 형편일 것이다. 영
어강의 경험이 전혀 없는 교수자라면 이 부담은 더 크게 다가올
것이다. 따라서 이 책에서 영어강의를 보완하는 새로운 정책과
프로그램이 나오기까지 영어로 강의를 해야만 하는 국내 교수자
들을 위하여 지난 몇 년 동안 영어강의를 한 교수자들의 경험을
동료 교수자들과 나누고자 한다. 이들의 경험을 살펴보면서 더
나은 영어강의를 할 수 있는 교수법을 같이 찾아보았으면 한다.

   21세기에 접어들면서 대학의 국제화라는 거대한 기치하에 동
서를 막론하고 세계의 많은 대학이 자국에 더 많은 외국인 유학
생을 유치하기 위해 다양한 정책을 수립하고 적극적인 전략을
펼쳐 가고 있다. 미국을 기점으로 한 신자본주의의 영향으로, 시
장경제 논리로 대학 교육에 접근하는 것은 전통적인 대학의 역
할에 심각한 영향을 미치고 있다. 교육이 국제 간의 교역에서 주
요 상품 목록에 오르게 되었고, 교육상품 중에서도 영어권의 교
육상품은 최상위를 점유하고 있다. 또한 국제적인 소통—온라인
(on-line) 혹은 면대면(face to face)—에서 가장 많이 쓰이고 있는
언어가 영어인 것은 모국어가 영어가 아닌 비영어권에는 상당히
불리하게 작용하고 있다. 따라서 우리나라를 비롯한 많은 비영
어권 국가는 자국민이 이 불공정한 경쟁에서 입을 피해를 줄이

기 위한 다양한 정책을 도입하고 있다. 그중 하나가 영어로 교과
목을 가르치는 정책이다.

이 정책은 우리나라뿐만 아니라 대부분의 비영어권 국민에게
는 대단히 생경하고도 이해하기 어려운 정책이다. 그럼에도 불
구하고 유럽과 많은 아시아권에 있는 비영어권 대학에서는 대학
구성원들과 많은 국민의 반대에도 영어강의 정책을 도입하였고,
영어강의 수는 점점 더 늘어나고 있는 실정이다. 대학 교육의 국
제화라는 명분하에 많은 비영어권 대학은 대학 구성원이 원하든
원하지 않든 간에, 학문을 연구하고 가르치는 대학 본연의 임무
에 더하여 상업주의 물결에 휩쓸려 가고 있다.

세계 교육시장에서 대학의 국제화(국제화라고 쓰고 '시장화'라
고 읽는다)는 영어를 사용하지 않는 비영어권 국가 대학들에는
대단히 불리하게 작용하고 있다. 이전까지 영어를 배우기 위하
여 또는 선진 학문을 배우기 위하여 자국의 학생이 영어권 국가
로 유학을 떠나는 것에 크게 주의를 기울이지 않고 있었던 비영
어권 국가들은 이 새로운 현상에 대한 대책을 세워야만 하는 현
실에 직면했다. 비영어권 국가들은 자국 학생들이 영어권 대학
으로 유출되는 것을 막고, 외국 유학생들을 유치하기 위한 새
로운 정책의 도입이 필요하게 되었다. 그러한 노력의 일환으
로 자국의 대학에 영어강의 정책을 시달하고 그 실천 여부를 적
극적으로 관리하기에 이르렀다. 세계 대학의 이러한 움직임에
OECD(Organisation for Economic Cooperation and Development)
가입국인 우리나라도 호응할 수밖에 없는 상황이 되었다. OECD

가입은 우리 대학들이 외국의 대학들과 학생들을 두고 경쟁체제에 돌입하는 것을 의미할 뿐만 아니라, 국내 대학생들을 외국 대학들에게 빼앗길 수도 있다는 것을 의미한다. 외국 교육기관들이 우리나라에 분교를 설립하여 우리 학생들을 유치하고, 종국에는 본교가 있는 본국으로 학생들을 송출하는 것은 우리 대학에 심각한 위협으로 다가오고 있다. 이뿐만 아니라 세계화로 인하여 전 세계에 걸쳐 있는 다국적 기업과 사업 영역 또한 대학 교육의 국제화를 조장하는 중요한 원인이다. 이러한 복합적인 이유로 우리 정부는 해외로 나가는 엘리트들이 외국 대학보다는 국내 대학을 선택하게 하는 동시에 외국인 유학생들을 유치하기 위한 정책이 필요하게 되었다. 따라서 정부는 국제화 정책 중 하나로 각 대학에 영어강의를 실시하도록 하고, 이에 따른 다양한 유인책을 제시하고 있다. 이는 주로 학교 운영 재정과 연관된 것으로 교육부의 평가에 따라 결정되므로, 대학들은 싫든 좋든 이 정책을 도입해야 하는 형편이다.

　우리나라에서는 2000년대 중반을 기점으로 정부의 대학 국제화 정책에 따라 많은 대학이 영어로 진행되는 강좌를 개설하였다. 2006년 영어강의의 비율이 대학 평가지표에서 국제화 지수에 포함되면서부터 대학마다 평가 점수를 높이기 위하여 영어 강좌 수를 확대하기 위한 다양한 노력을 하고 있고, 해마다 그 수가 증가하고 있다. 우리나라에서의 대학 교육의 국제화는 대학 교육의 영어화와 거의 동일시되고 있는 것이 현실이다. 국제화지수 평가지표는 외국인 교수의 수와 영어강의 수 그리고 영

문 저널에 실은 논문 수로 이루어져 있어 영어가 차지하는 위상을
짐작할 수 있다.

영어강의 개설 초기부터 교육적인 효과에 대한 찬반 의견이
첨예하게 대립되어 많은 논란이 있었고, 지금도 이 논란은 끊임
없이 계속되고 있다. 시간이 지나면서 애초에 예상했던 것보다
더 많은 문제가 드러나고 있음에도 영어강의는 여전히 현재진행
형이다. 더 큰 문제는 많은 대학에서 영어강의를 진행하는 교수
자와 영어로 학습하는 학습자를 위한 대학 차원의 지원 프로그
램이 없이 영어강의가 진행되고 있다는 것과 학습의 효과에 대
한 검토가 이루어지지 않고 있다는 것이다. 이러한 상황에서 명
확한 방향 제시도 없이 막무가내로 교수자들에게 영어로 강의를
하도록 촉구하고 있는 것이 현실이다.

우리나라의 많은 대학에서 학생들의 효과적인 학습을 위한 학
습 지원과 교수들을 위한 교수법 지원 프로그램을 운영하고 있
는 데 반하여, 외국어인 영어로 가르치고 학습하는 것에 대한 지
원 프로그램이 없는 대학이 대다수인 것은 대단히 기이한 일이다.
외국어로 전공과목을 강의하는 것에 대한 문제점은 국내외 학
자들에 의하여 많이 지적되고 있다(강소현, 박혜선, 2004; 권오량,
2014; 김현옥, 2012; 홍지영, 이광현; 2015; Davison, 2006; Doiz et al.,
2013; Lee, 2014). 외국어인 영어로 강의를 하는 것은 강의하는 교
수자에게 많은 부담을 준 뿐만 아니라, 학생들이 효과적인 학습
을 이루기에도 많은 어려움이 있다.

국내 교수자가 국내 학생을 대상으로 영어강의를 하면서 경험

하는 수업과 영어를 모국어로 하는 교수자가 국내 학생을 가르
치는 수업 간에 각각 다른 형태의 문제점이 있을 것이라는 것은
능히 짐작할 수 있다. 영어가 모국어인 교수자들과 영어가 외국
어인 교수자들이 가르치는 강의실에서 외국어인 영어로 수업을
받는 학생들을 대상으로 하는 많은 연구가 있다(강순희 외, 2007,
배성혜, 2007; 심영숙, 2010; 이정원, 2010; 장샛별, 2012; Lee, 2014).
영어강의에서 일어나는 많은 문제점이 이들 연구에서 지적되고
있음에도, 아직까지 개선책은 없이 점점 더 영어강의의 비중만
커져 가고 있다.

　영어강의로 인하여 생기는 문제는 대중매체에 자주 오르내리
고 있고, 때때로 많은 논란거리를 만들어 낸다. 앞에서 언급한
것처럼 영어강의의 효과에 대한 연구의 거의 대부분은 긍정적인
결과보다 부정적인 결과를 보여 주고 있다. 영어강의의 부담으
로 인해 일어났던 카이스트 학생의 자살 사건은 엄청난 사회적
충격을 주었고, 또 사회적 파장을 일으켜 급기야는 총장이 사퇴
하는 사태까지 일어났다. 그럼에도 불구하고 그 사건은 잠잠해
졌고, 지금은 아무 일도 없었던 것처럼 영어강의가 그대로 진행
되고 있으며, 또 증가일로에 있다.

　국내 언론사가 시행하는 국내 대학 평가에서 가장 문제가 되
는 지표는 바로 '국제화지수'이다. 2006년 중앙일보는 "사회 현실
을 반영하겠다"고 하면서 국제화지수 지표를 만들었다. 그런데
해가 갈수록 이 점수의 비중이 늘어났다. 2006년 총점 500점 중
14%인 70점이 국제화 점수였던 것에 비해 2014년에는 총점 300점

의 16.6%인 50점으로 그 비중이 늘었다. 이 신문사는 '국제화'의 의미와 정의를 생략한 채 단순히 외국인 교수의 비율, 학위과정 등록 외국인 학생의 비율, 교환학생의 비율, 영어강의의 비율 등을 세부 지표로 제시했다(교수신문, 2015. 9. 30.).

홍지영과 이광현(2015)이 한국교육개발원의 한국교육 종단연구(2005) 제8차년도 자료 중 일반 대학에 진학한 학생들을 대상으로 분석한 연구에서도 영어강의에서 학생들이 경험하는 어려움을 잘 보여 주고 있다. 이 연구는 한국교육 종단연구 자료(Korean Education Longitudinal Study)에서 파악한 국내 대학 재학생들의 영어강의 수강 현황 자료를 통해서 전반적인 영어강의 실태와 학생들이 느끼는 학습 효과와 수업 만족도에 미치는 영향을 분석한 것이다. 이 자료는 2005년에 중학교 1학년을 대상으로 전국적으로 표집한 후 추적 조사한 종단 자료로서 제8차년도까지 조사가 완료되었다. 제7차년도에는 대학에 진학한 학생들을 대상으로 영어전용강의 수강 학점 수를 조사했다. 이 연구의 표집 대상은 제8차년도에 추적조사가 이루어진 국내 일반 대학에 재학 중인 2,444명이다. 2012년 자료를 분석한 이 연구에서 영어강의를 수강한 학생들 중 수업내용의 80% 이상을 이해한다고 응답한 학생은 불과 27.4%밖에 되지 않았고, 60% 미만이라고 응답한 학생은 비율은 37.1%였다. 또한 영어강의 수강으로 영어 실력이 향상되었다고 응답한 학생은 25% 정도였다. 이러한 부정적 결과에도 불구하고 국내 대학은 여전히 교수와 학생들에게 영어강의를 강권하고 있는 실정이다.

따라서 이 책에 실려 있는 영국, 네덜란드, 스페인, 말레이시아, 호주 등에서 외국어로 혹은 모국어로 학생들을 가르친 여러 교수자의 경험이 현재 영어로 전공과목을 가르치고 있는 동료 교수자들과 앞으로 영어강의를 해야 하는 상황에 처해 있는 교수자들에게 조금이라도 도움이 되었으면 하는 바람이다. 아울러 이 책이 국내 교수자의 안목을 한층 더 넓혀 줄 수 있으리라고 기대한다.

2017년 7월
이경숙

이 책에 대하여

✳ 이 책의 배경

이 책의 근간이 된 것은 2008년부터 전남대학교에서 실시한 교수자들의 교수법 향상을 목적으로 하는 프로그램 〈더 나은 가르침을 위한 교수들의 모임(더나가)〉이다. 이 프로그램은 교수자들의 자발적인 교수법 향상을 도모하는 것으로, 특정한 영역의 교수법을 개발하거나 자신의 교수법을 향상시키기를 원하는 교수자들이 팀을 만들어서 한 학기 동안 연구하는 것이 목표였다. 그룹을 지어 목적과 목표를 정하고, 그 목표를 향하여 한 학기 동안 정기적으로 모여서 연구와 토론을 하는 방식으로 진행된 이 모임은 2009년 1학기부터 2012년 2학기까지 4년, 즉 여덟 학기 동안 지속되었다. 이 여덟 학기를 지나는 동안 구성원들이 한두 명씩 바뀌었지만 2009년에 첫 번째 모임을 주도했던 한규석 교수님과 국민호 교수님은 지속적으로 참여하여 모임의 결속력을 더하였다.

이 책은 제목 그대로 이 모임의 구성원들이 여덟 학기 동안 격주로 모여 머리를 맞대고 영어로 더 나은 강의를 할 수 있는 방법을 찾기 위해 고민한 흔적들을 기록한 것이다. 영어강의를 어떻게 해야 한다는 교수법을 제시한다기보다는 교수자들의 경험을 공유하고자 하였으며, 이 경험들이 대학과 교수자들이 교수자와 학생들을 위하여, 각자의 학교와 교과목 특성에 따라 영어강의를 위한 적절한 준비 프로그램, 지원 프로그램, 교과과정을 만드는 데 보탬이 되었으면 하는 바람이다.

이 책을 위하여 연구에 참여한 교수자들은 21세기 국제화 현장인 대학에서 영어강의를 수년간 진행해 오면서 영어강의의 역기능과 순기능을 눈여겨보았다. 연구 참여자들은 영어강의가 필요하다고 믿기는 하지만, 어떤 이유에서건 지나치게 확산되는 것에 대하여는 매우 우려하고 있다. 즉, 학생들의 학습과 교육을 희생하면서까지 그것이 무리하게 확산되는 것은 반대한다. 이 책은 이러한 입장에서 영어강의를 하고 있는 교수자들의 고민을 담아내고 있다.

✳ 이 책의 구성

이 책은 3부로 구성되었다. 제1부는 '영어강의의 이론적 논의'로, 제2부는 '국내 대학 교수자와 학생의 경험'으로, 그리고 제3부는 '외국 대학 교수자의 경험'으로 구성되어 있다.

제1부: 영어강의의 이론적 논의

제1장은 국제화시대에 대학의 역할에 대한 논의이다. 신자유주의의 영향으로 교육이 국제교역에서 중요한 한 상품으로 다루어지고 있는 현실에서 대학의 사명과 역할에 대하여 살펴본다.

특히 대학 교육에서의 시장 논리와 21세기 대학의 역할에 대하여 간단히 살펴본다.

제2장에서는 국내 대학에서 외국어인 영어로 가르치는 것과 직접적으로 관련이 있는 대학 교육의 국제화에 대한 내용을 다룬다. 특히 비영어권 대학에서 실시되고 있는 영어강의로 인하여 교수자들이 느낄 수 있는 정체성 혼란도 포함하였다.

제3장은 비영어권 출신의 교수자가 영어권 대학에서 영어로 교과목을 강의한 경험을 성찰적 교수법을 통하여 성찰한 것을 기술한 것이다. 성찰을 통하여 교수자의 교수 경험과 학생들의 경험을 깊이 분석하여 더 나은 교수법을 추구하는 일례를 보여 준다.

제4장에서는 영어강의뿐만 아니라 모든 강의에서 효과적인 수업을 하기 위하여 필수적인 영어 읽기에 대한 내용을 기술한다. 영어강의 내용을 잘 이해하기 위하여 영어로 읽는 방법을 잘 지도하는 것에 관하여 논의한다.

제5장에서는 영어강의의 이론적 배경을 간단하게 살펴본다. Krashen(1982)의 언어교수법에 따르면 외국어를 가르칠 때 내용이 있는 주제를 선택하여, 내용을 통하여 언어학습을 하는 것이 효과적이다. 이 논리가 대학에 들어와 교과내용을 영어로 가르치도록 하는 배경이다. 그리고 영어강의를 위한 강의 계획서를 쓸 때 특별히 주의를 기울여야 할 것에 대하여 언급한다.

제6장은 영어강의와 대학 교육 시스템 모델(system model)에 대한 논의이다. 교육은 살아 있는 생태계와 같아서 교육 생태계는 정부와 교육부의 정책에 따라 산하 조직의 사활에 크게 혹은

작게 영향을 미친다. 따라서 효과적인 영어강의를 위해서는 지엽적인 문제를 고치려고 애쓰기보다 시스템 전체를 총체적으로 보아야 하고, 그에 따른 적합한 제도적 개선이 필요하다는 것을 제시한다.

제2부: 국내 대학 교수자와 학생의 경험

제7장은 국내 대학에서 영어강의를 수강한 학생들을 대상으로 수행한 질적 연구와 양적 연구에서 나타난 학생들의 반응을 기록한 것이다. 영어강의에서 학생들이 겪는 가장 큰 어려움은 학생들의 영어 실력의 부족으로 교수자가 전달하는 강의내용을 잘 이해하지 못하고, 의사소통을 원활히 하지 못하는 것으로 나타났다.

제8장에서는 국내 대학에서 영어강의를 수행하고 있는 교수자들의 경험을 토대로 영어강의의 문제점을 분석한다. 교수자와 학생의 부족한 영어 능력, 적절한 교재의 부재 그리고 우리말과 혼용하여 강의하는 문제를 포함한다.

제9장에서는 국내 대학에서 강의하고 있는 외국인 교수자들이 대학에서의 경험을 펼쳐 내고, 국내 교수자들과의 모임을 통하여 국내 대학에 적응해 나가는 과정을 소개한다. 그러한 모임을 통하여 국내 대학의 조직 문화와 학생들에 대한 이해가 향상되었다는 긍정적인 내용을 포함하고 있다.

제3부: 외국 대학 교수자의 경험

제10장은 현재 영국의 한 대학에서 영국 학생들과 더불어 세

계 각국에서 온 비영어권 유학생들을 가르치면서 이들의 학습에 대하여 연구한 두 교수인 Nick Pilcher와 Kendall Richards의 경험을 기초로 하여 쓴 글이다. 교과목을 외국어로 가르치는 것의 근간이 된 언어이론 관련 개념을 설명하고, 영어강의에서 활용할 수 있는 학습활동 및 아이디어를 소개한다.

제11장은 말레이시아의 한 대학에서 영어강의를 하고 있는 Rohizani Yaakub 교수가 우리나라 대학에서 영어로 강의했던 경험을 기술한 것이다. 이 장에서는 실제로 영어강의에서 필요한 교수자의 자세와 더불어 영어강의에서 응용할 수 있는 효과적인 학습활동을 소개한다.

✳ 제3부 집필에 도움을 주신 분들

Kendall Richards는 영국의 에든버러 네이피어 대학교(Edinburgh Napier University) 컴퓨터공학대학 교수로 재직하고 있다. 그는 *International Journal of Qualitative Studies in Education, Higher Education and Development, Dialogic Pedagogy* 등에 다수의 논문을 게재했다. 공저로는 *Researching Intercultural Learning*이 있다.

Nick Pilcher는 영국 에든버러 네이피어 대학교 상과대학 교수로 재직하고 있다. 그는 이문화 비즈니스 커뮤니케이션(Intercultural Business Communication), 과학 석사과정(Master of Science)의 프로그램 책임교수로 학생들의 학문적 글쓰기를 가르친다. *Qualitative*

Research, Psychology of Music, The Qualitative Report, Research in Transportation Business and Management, The International Journal of Shipping and Transport Logistics, Journal of Education and Work 등에 다수의 논문을 게재했다.

Rohizani Yaakub 교수는 말레이시아의 세인즈 말레이시아 대학교(University Sains Malaysia) 사범대학 교수이다. Yaakub 교수의 주요 연구 분야는 교사 교육, 교과과정 개발 그리고 학습과 교육을 포함한다. 그는 다수의 책과 논문을 국제학술지에 게재했고, 많은 교수학습 모듈(learning and teaching module)을 개발하여 학술지에 발표했다.

차례

제3부
외국 대학 교수자의 경험

제1부 **영어강의의
이론적 논의**

제1장

국제화와 대학 교육

세계화라는 말은 이제 더 이상 특별한 의미가 아닌, 우리가 주변에서 흔히 접할 수 있는 개념으로, 대학에서는 너무 과도하게 사용하는 경향이 있다. 대학 차원에서 말하는 세계화란 교육 시스템과 정책 그리고 교수들 개개인까지 급변하는 세계의 교육 환경에 대처하는 것이라고 볼 수 있겠다.

대학 교육이 국제화되면서 나타난 가장 가시적인 변화 중 하나는 세계의 많은 대학에서 외국어학습 프로그램을 도입한 것이라고 볼 수 있다. 유럽에서는 2004~2006년 사이 유럽위원회(European Commission)의 실행계획(action plan)에 따라 유럽 각국의 국민들이 다양한 외국어를 배워 언어 능력을 발전시키도록 하고, 한 사람이 여러 언어를 구사할 수 있는 다국어(multilanguage) 능력을 갖추는 것을 권장하고 있다. 여기에서 주목할 것은 유럽위원회에서 추구하는 다국어 정책이 다양한 외국어학습을 강조하고 있음에도 영어가 가장 중요한 외국어로 부상하고 있다는 점이다. 유럽의 많은 대학도 국내 대학과 마찬가지로 영어를 교수용어로 사용하는 영어강좌 수가 점점 더 확대되고 있다. Wächter와 Maiworm(2008)은 유럽에 소재하고 있는 400개 대학에 총 2,400개 이상의 영어강좌가 개설되어 있다고 보고하였다. 이 수치는 2002년에 실시한 조사에서 학부와 대학원 과정 모두에서의 영어강의가 700개였던 것에 비하면 엄청나게 증가한 것이다. 불과 5년 사이에 340% 이상 증가한 것이다. 이러한 현상은 비단 유럽의 대학에서만 볼 수 있는 것이 아니다. 전 세계의 비영어권 국가의 대학에서도 흔히 볼 수 있는 현상이다.

전 세계가 하나의 도시처럼 기능하고 있는 지구촌 시대에 능동적으로 대처해 나가는 세계시민이 되기 위하여 가장 필수적인 두 가지 역량은 영어구사능력과 정보통신 기술 역량이라고 볼 수 있다. 일부 학자는 이 두 가지 역량을 'global literacy skill'(Tsui & Tollefson, 2007)이라고 칭하기도 한다. 이것은 우리말로 '글로벌 역량' 혹은 '글로벌 문해 기술'로 번역될 수 있다. 다른 문화권과 원활하게 소통하기 위하여 세계시민으로서 갖추어야 할 가장 중요한 두 가지 역량/기술 중 하나로 손꼽히는 '필수' 언어가 영어라는 것이 모든 비영어권 국가의 국민에게는 대단히 불리하게 작용한다는 것은 언급할 필요도 없다. 국제사회에서 의사소통에 가장 중요한 도구인 언어가 모국어가 아닌 영어라는 점은 비영어권 국민들이 세계시장에서 벌어지는 경쟁에서 대단히 불리한 위치에 놓이게 한다.

따라서 이 약점을 보완하기 위하여 많은 비영어권 국가에서는 대학을 비롯한 교육기관에 자국민의 영어 역량을 높이기 위한 교육 정책을 수립하게 하고 영어 능력을 신장시킬 수 있는 방법을 다각도로 강구하도록 하고 있다. 그중 하나가 대학에서 영어로 교과목을 강의하는 정책이다. 이 정책은 대학에 교양과목과 전공교과목을 영어로 강의하는 강좌를 개설하면 학생들에게 영어 습득의 중요성을 고취시키고, 영어 사용 울렁증을 극복하는 기회를 제공하며, 영어 습득에 대한 동기를 부여할 수 있다는 발상에서 비롯되었다. 이에 더하여, 이 정책은 자국의 우수한 학생들이 영어권 국가로 이탈하는 두뇌 유출(brain drain)을 막을 수 있을 뿐만 아니라 외국의 우수한 학생들을 국내에 유치할 수 있는 일석이조의 효과를 기대하는 전략적 정책으로 여겨지고 있다.

1 영어와 국제화

　21세기에 접어들기 전까지만 해도 비영어권 지역의 대학에서 학업을 마친 학생들, 특히 아시아권 대학 졸업자들은 영어권 대학이자 선진국인 미국, 영국 등의 대학원으로 진학하여 선진 학문을 배우는 것을 목적으로 유학을 떠났다. 그리고 이들 중 최종 학위를 마친 대부분은 본국으로 돌아가 전공 분야에서 일을 하곤 했다. 그러나 20세기 후반이 되면서부터 국제사회에서 영어의 중요성이 점점 더 커져 가고 있다는 것을 감지한 비영어권 국가의 부모들은 자녀들이 아주 어린 나이부터 영어 공부를 할 수 있도록 영어권으로 이주하는 것을 두려워하지 않았다. 특히 아시아권 부모들 중에는 자녀가 영어권에서 중등학교 교육을 받도록 하기 위하여 조기 교육이라는 명목하에 영어권 국가에 유학을 보내는 이들이 생겨났고, 그 대상 국가들을 호주, 캐나다, 뉴질랜드 등으로 넓혀 갔다. 급기야는 조기 유학이 초등학교 아동들에게까지 파급되어 많은 초등학생이 부모와 함께 영어권 국가로 유학을 떠나기도 했다. 그리하여 우리나라에서는 자녀 교육을 위하여 가족을 모두 외국에 내보내고, 그들의 학비와 생활비를 벌기 위해 남아 있는 아빠를 일컬어 '기러기 아빠'라는 신조어가 만들어지기까지 했다.

영어로 교육을 받기 위하여 영어권으로 유입되는 학생들과 학부모들 덕분에 영어권 국가는 막대한 경제적 이득을 얻게 되었다. 영어권 국가에서는 모국어인 영어가 하나의 큰 자원으로 훌륭한 수출 상품의 품목으로 자리 잡았다. 자국의 언어가 국제 사회에서 교환 가치가 상당히 큰 고급 '상품'이라는 것을 인식한 영어권 국가는 언어의 상품화 정책을 지원하기 시작하였다 (Australian Trade and Investment Commission, 2016). 대학 교육의 국제화라는 명분하에 영어권 대학들은 이전까지 입학을 희망하는 학생들을 선별적으로 받아들이던 소극적인 자세에서 벗어나 적극적으로 유학생을 유치하기 시작하였다. 유학생들의 유입으로, 영어권 국가들은 국제무역에서 흑자를 기록할 뿐만 아니라 자국에서 필요로 하는 외국의 우수한 인재까지도 확보할 수 있는 일석이조의 효과를 보고 있다.

교육의 국제화는 영어권 교육기관들이 비영어권 국가로 진출하는 데 훌륭한 명분을 제공하고 있다. 이들 기관은 비영어권 국가의 교육기관들과 공동합작으로 또는 독립적인 형태로 이들 국가에 진출하여 사업 영역을 확장해 가고 있다. 지금 우리나라를 비롯한 여러 아시아 국가에는 영어권 교육기관의 분교가 이미 세워져 운영되고 있고, 새로이 세워지고 있는 것을 쉽게 볼 수 있다. 우리나라에도 영어권 대학에서 설립한 분교에서 일정 기간 수학한 후 본국에 있는 본교에 가서 학위를 받는 곳도 있다. 이러한 움직임은 비영어권 대학들이 자국의 우수한 인재들을 영어권 대학에 잃을 위험이 점점 더 커지고 있다는 것을 실제로 보여 주는 것이다.

따라서 비영어권 대학에서는 자국의 우수한 인재 유출을 막을 뿐만 아니라 외국의 우수한 인재들을 유치하기 위한 교육 정책이 필요하게 되었다. 이 논리는 대학에서 영어로 강의하는 것이 더 이상 선택의 문제가 아니며, 반드시 도입되어야 한다는 당위성을 제공한다. 지금 국내의 많은 대학에서는 대학 교육의 국제화라는 기치하에 교수자들에게 영어로 강의를 하도록 독려하고 있다. 게다가 대학의 국제화를 평가하는 지표에는 영어로 강의하는 강좌의 수와 외국인 교수의 수 및 영어로 출판된 논문의 수가 포함되어 있다 모든 대학 교육이 국제화를 위하여 존재하는 것처럼 보일 정도로 국제화에 심혈을 기울이고 있다. 정부 차원에서 대대적으로 기획되고 추진되고 있는 대학 교육의 영어화 정책은 학문이나 전공의 특성을 전혀 고려하지 않은 정책이라고 감히 말할 수 있다. 국제화와 별 상관이 없거나 영어로 강의를 해서는 안 될 학문 분야(예, 국어학, 국문학 등)에서도 획일적으로 영어강의를 하도록 장려하는 정책이 확산되고 있다.

2 21세기와 대학의 역할

대학의 존재 목적과 그것을 이루기 위하여 필요한 교육의 본질에 대하여 상반되는 두 가지 견해가 있다. 첫째는 전통주의자들의 견해이다. 이들은 대학이 외부의 간섭이나 통제를 받지 않고 학문을 자유롭게 가르치고 연구하는 곳이라고 여긴다(Kogan, 1975). 이 견해는 대학을 순수한 학자들이 자발적이면서 자율적으로 가르치고 연구하는 학문 공동체라고 보는 입장에 근거한다. 이들은 대학을 높은 지성을 추구하는 곳으로, 현실 사회와 분리되어 있는 곳으로 보는 전통적이고 보수적인 입장을 대변하는데, 이 경우 대학은 '상아탑'이라는 의미를 갖는다. 둘째는 실용주의자들의 견해이다. 이들은 미래에 사회에 나가 일할 인재를 양성하는 데 대학의 목적이 있다고 본다. 따라서 대학은 사회에서 필요로 하는 기술과 능력을 갖춘 인재를 양성하는 기능을 수행하여야 한다는 입장이다. 대학의 이러한 기능을 주장하는 이들은 대학이 이 기능을 제대로 수행하고 있는지 알아보기 위해 평가가 필요하다고 주장한다. 이 주장을 펼치는 학자들은 각 대학을 정확하게 평가하기 위해서 여러 가지 정량적 지표를 만들어 수행 여부를 측정하는 것을 당연시한다(Barnett, 2004). 이들은 대학의 역할과 기능이 노동시장에서 필요한 지식과 기술을 파악하여, 학생들이 대학을 졸업한 후 취업에 용이한 지식과 기술을 가르쳐서 노동시장에 공급하는 것이라고 본다. 이러한 관점에서 보면, 대학은 학문 분야와 전공에 따라 공급할 수 있는 지식과 기술의 수준과 정도가 상당히 다르고, 또 노동시장의 수요에 따라 다양하다. 다시 말하면, 노동시장의 크기, 교육의 소비자로서의 학생과 학부모의 요구에 따라 대학에서 가르쳐야(공급해야) 할 지식과 기술의 수요가 달라진다는 것이다. 이 실용주의자들은 대학에서 수행하는 연구와 교육의 목표는 학생들이 향후 사회에서 더 많은 금전적 보상을 얻을 수 있도록 준비시키는 것이라고 본다. 이들에게 교육의 가치 척도는 학생들이 졸업 후 얻게 되는 금전적인 이익의 크기에 의해 검증된다고 본다. 이들은 대학 교육의 책임이 학문의 발전보다는 사회 혹은 국가의 경제적인 발전에 이바지하는 데 있다고 주장한다(Broers, 2005).

　20세기 후반에 들어서면서 우리나라를 비롯하여 전 세계적으로 대학의 수가 급증한 결과, 이전에 소수의 엘리트에게만 가능했던 대학 교육이 보편화되면서 실용주의적 관점이 더 크게 부각되고 있는 것이 오늘의 현실이다(Doiz et al., 2013). 이전의 대학 교육이 상아탑으로서 현실 사회와 분리되어 있었다면, 오늘날의 대학 교육은 국내외에서 일어나고 있는 복잡다단한 정치적 · 경제적 · 사회적 환경과 급진적으로 발전을 거듭하는 정보통신 및 과학기술과 밀접한 관계가 있다. 오늘날의 대학은 국내는 물론 국제적으로 처한 환경과 대단히 복잡하게 얽혀 있는 관계로, 대학의 기능과 역할에 대하여 개념을 재정립해야 하는 과제에 직면해 있다.

20세기 중엽까지만 해도 국내외를 막론하고 대학 교육은 특수계층의 사람들에게만 가능하였다. 하지만 지난 20년 동안 국내외적으로 많은 대학이 우후죽순처럼 설립되었다. 이에 학생들의 수도 덩달아 증가했을 뿐만 아니라, 가르치는 학문 또한 다양해졌다. 전 세계적으로 대학은 더 이상 특수계층에만 한정된 교육기관이 아닌 모두에게 열려 있는 교육기관으로, 우리나라도 예외가 아니다. 기존의 대학들도 문호를 넓혀 더 많은 학생을 유치함으로써 더 많은 사람이 대학 교육을 받을 수 있게 되었다. 대학 교육의 수요가 점점 더 증가하고 있을 뿐만 아니라 입학 자격 또한 다양해졌다. 대학 입학 자격의 다양화는 대학생의 수가 빠른 속도로 증가하는 데 크게 기여하고 있다. 전 세계에 걸쳐 수천 개가 넘는 대학이 설립되었고 결과적으로 많은 사람이 대학에서 교육을 받는 시대가 온 것이다(Barnett, 2004).

이렇게 대학 교육을 받는 사람의 수가 늘어나고 대학에서 다양한 학문을 가르치게 된 것은 새로운 지식의 발전과 과학기술의 발달에 기인한 것이다. 오늘날의 대학은 기업대학(corporate universities), 가상대학(virtual universities), 개방대학(open university), 사이버대학, 국제 간 공동합작으로 설립한 대학 등 여러 형태로 다양화되고 있다. 대학 교육이 이렇게 다양화된 것은 거시적으로는 교통이 발달하여 세계 인구의 이동이 용이하게 된 것과 정보통신 기술혁명이라는 환경 변화와 함께 더 나은 삶을 추구하려는 개인적 욕망에 의하여 촉발된 것이라고 볼 수 있다. 특히 디지털공학의 발전과 정보통신공학의 혁명은 더 많은 사람에게 대학 교육을 받고 싶어 하는 열망을 확산시키고 있다. 동시에 이에 호응한 대학들이 더 많은 사람에게 더 쉽게 교육을 제공하기 위하여 다양한 방안을 강구한 결과이기도 하다. 이 대학들은 모든 사람에게 동등한 교육 기회를 제공한다는 신념으로, 소비자인 학생들이 배우기를 원하는 지식을 미리 알아내어 수요와 공급을 중심으로 한 시장 분석에 근거한 교육기관을 설립하기 시작하였다. 대학 교육의 급진적 전환은 대학의 특성을 변화시켰을 뿐만 아니라 대학 간에 더욱더 다양성을 추구하게 하였다.

전통적인 대학의 기능과 역할은 학생들의 지성을 발전시키고, 학생들에게 지식을 전수하여, 그들이 사회에 나갔을 때 독립적인 사회의 한 구성원으로서의 역할을 잘할 수 있도록 준비시키는 것이었다. 하지만 지금 이 시대에는 대학 교육이 세계경제 안에서 세속적인 성공을 가능하게 하는 중추적인 역할을 하는 것으로 인식되고 있다. 이러한 세계적인 흐름에 편승하여 대학에서 학생들에게 가르치고 강조하는 것이 이전과 달라지고 있는 것이 대학의 현실이다. 전통적인 기능인 진리의 탐구와 더불어, 오늘날의 대학은 학생들의 장래 직업을 위하여 직업 교육과 전문적인 기술을 제공하는 기능을 동시에 해야 하는 것으로 인식되고 있다.

21세기 현재 전 세계의 많은 대학에서 채택하고 있는 교육 정책은 실용주의 노선이다. 이러한 현상이 벌어진 것은 대학 교육에서 상보적인 관계에 있는 두 개의 힘, 즉 중상주의와 국가경제 정책의 절대적인 영향 때문이라는 지적이 있다(Gombrich, 2000; Stevenson et al., 2009). 과거의 중상주의가 신자유주의라는 이념으로 포장되어 대학 정책에 막대한 영향을 미치고 있는 것이 오늘의 현실이다. 신자유주의 경제체제는 경제주의에 의거하고 있다. 경제적 효율성이 모든 평가의 기준이 되고 있고, 평가에서 우열을 가리는 지표 중 경제성을 최우선적으로 둔다. 경제성은 시장의 핵심적 운영원리이다. 즉, 신자유주의는 시장원리를 가장 중요한 운영 방침으로 삼고 있다. Hayek(1973)는 사회경제 질서를 '자생적 질서'와 '고안된 질서'로 나누어 설명했다. 그에 따르면 자생적 질서는 외부의 간섭이나 제약 없이 개인의 자유의지로, 자유로운 상호작용에 의해서 자연스럽게 이루어지는 질서인 반면, 고안된 질서는 외부의 강제된 힘에 의해서 성취해야 할 정해진 목표를 가지고 인위적으로 만들어지는 질서이다. 여기에서 말하는 고안된 질서는 한 정부가 인위적으로 목표를 달성하기 위하여 만들어 낸 목표 지향적인 정책이며, 자생적 질서는 자유주의 시장원리에 따른 자유로운 시장활동에 의하여 만들어진 운영방식이다. 고안된 질서는 결국 정부에 의한 질서, 즉 전체주의적 성향으로, 자유로운 시장경제 원리에 제재를 가하는 통제주의라고 지적된다(유호근, 2009; 좌승희, 1995).

신자유주의자들은 자유시장과 경제적인 우선순위에 따라 교육 정책을 결정해야 한다는 믿음을 갖고 있다. 통제주의는 정부가 대학 교육에 조직과 재정을 제공하면서 지속적으로 대학에 개입하고 간섭해야 한다고 본다. 왜냐하면 정부는 특정한 목적을 가지고 만들어진 조직이기 때문이다. 그래서 교육에 실패가 있다면 이는 '정부의 교육정책의 실패'이기 때문에 정부(여기에서는 교육부)는 지속적으로 대학을 통제하고 감시할 수밖에 없다. 한편 대학은 더 많은 재정적 지원을 받기 위해서 국가의 경제 발전을 위해 다른 대학보다 더 효과적이고 눈에 띄는 기여를 했다는 근거를 제시해야만 한다. 이 통제와 감시는 대학 평가라는 이름하에 행해지고 있다. 교육부가 정한 평가지표에 따라 대학에서 행해지고 있는 모든 활동이 수치화된다. 이 평가지표에 따라 평가하여 대학이 정부의 정책에 얼마나 충실하게 따랐는지를 증명해 보여야 하는 것이다. 아마 대학 평가로부터 자유로울 수 있는 대학은 거의 없을 것이다. 특히 재정의 대부분이 정부의 지원으로 운영되고 있는 국립대학은 더 말할 나위가 없다. 대학 평가의 지표들은 대학 정책의 방향을 근본적으로 바꾸어 놓을 수 있는 것으로, 대학과 교수들의 교육과 연구를 감시하고 통제하는 기능을 하고 있다.

③ 영어강의와 대학 정책

지난 20년 동안 우리나라의 대학 교육에 나타난 가장 큰 변화가 국제화라는 것에 반대할 사람은 아마 없을 것이다. 대학 교육의 국제화라는 화두는 우리나라 대학뿐만 아니라 세계 대부분의 대학에도 거의 비슷한 수준의 대변혁을 가져온 것으로 여겨진다(Knight, 2007; OECD, 2004). 이러한 현상으로 많은 학생과 학자들이 자국을 떠나 타국에서 공부하고, 가르치고, 연구하는 수가 기하급수적으로 증가하고 있다. 특히 영어권 대학에서 공부하는 비영어권 학생들 수의 증가는 비영어권 대학의 존폐를 위협할 수준이 되었다. 특히 우리나라의 경우에는 저출산에 따른 자연적인 인구 감소로 인한 학생 감소, 외국 유학 등 여러 이유로 점점 더 줄어드는 학생들을 대신할 학생들을 다른 나라에서 유입되는 유학생으로 충당하기 위하여 장학금을 비롯한 여러 특혜를 제공하면서 외국인 유학생들을 유치하는 데 많은 노력을 기울이고 있다. 비영어권 대학에서 영어강의를 개설하는 것은 대학 교육의 국제화 현실에서 살아남기 위한 생존 전략으로 더 이상 선택사항이 아닌 것처럼 되어 버렸다. 대학에서 영어강의를 진행하는 것은 경제적·사회적·정치적 힘의 논리로부터 시작하여 교육학적인 논리로 점점 확대되고 있다. 여기에 정보통신공학의 발달로 국제사회에서 소통의 매개체(예, 소셜미디어)로서 영어가 차지하는 위상은 영어강의의 중요성을 부추기는 원동력이 되고 있는 실정이다.

대학 평가를 통하여 세계의 대학에 순위를 부여하는 아이디어를 낸 기관은 대학 간의 경쟁을 가속화하는 데 지대한 공헌을 하고 있다. 이 평가기관들은 각 대학들을 비교·평가할 수 있는 자

체 기준을 설정하고, 평가 결과에 따라 대학에 서열을 매기고 있
다. 이 평가에 따른 순위는 대중매체를 통해서 전 세계에 알려지
게 되고, 전 세계의 교육 소비자이면서 고객인 잠재적 학생과 학
부형, 그리고 학생들이 졸업 후 일하게 될 직장의 잠재적 고용주
들에게 다양한 방식으로 영향을 미치게 된다. 평가지표 중에는
영어로 출판된 논문의 질과 양이 포함되어 있어, 미국, 영국을
비롯한 영어권 대학들이 지속적으로 높은 순위를 차지하는 것은
결코 놀라운 일이 아니다. 비영어권 대학은 영어권 대학에 압도
적으로 유리할 수밖에 없는 평가지표의 불공정함에 항의하지 못
하고, 이러한 평가지표에 맞추어 높은 순위를 차지하기 위하여
안간힘을 쓰는 웃지 못할 상황이 벌어지고 있는 것이 세계화가
초래한 대학 교육의 현실이다.

　비영어권 대학들이 영어권 대학들과 영어로 논문 쓰기 경쟁을
벌이는 것에 대하여 반기를 들고 문제를 제기하는 비영어권학자
들이나 학회가 없는 것을 보면, 이러한 행위는 상당한 용기를 필
요로 한다는 것을 짐작케 한다. 학자들이 논문을 쓰고 연구를 하
는 것은 학문에 따라 세계적인 관심을 끄는 이슈일 수도 있고,
지역적인 문제일 수도 있다. 모든 연구가 영어권 학자들을 포함
한 전 세계 학자들의 관심을 끄는 것은 아닐 것이다. 비영어권
학자들이 자신이 가장 잘 사유하고 잘 쓸 수 있는 모국어를 버려
두고 외국어인 영어로 논문을 쓰고 그에 따라 평가를 받는 것이
코미디가 아닌지 의문이다. 또한 이 평가는 대부분 영어권 학자
들에 의하여 수행된다. 이토록 불합리한 평가지표 앞에서도 힘

의 논리는 여전히 살아 있어, 세계의 다른 모든 영역에서와 마찬가지로 대학에서도 대단한 위력을 발휘하고 있다. 이미 기득권을 획득한 영어권 대학들은 누구의 항의도 받지 않고 그들의 기득권을 향유하면서, 자국어인 영어로 논문을 쓰고 강의를 하면서 세계의 우수한 인재들을 지속적으로 유입하고 있다. 비영어권 대학들은 불공정한 경쟁에 제동을 걸기는커녕, 불공정한 이 한 줄 세우기 게임에서 조금이라도 더 높은 순위를 차지하기 위하여 영어로 강의를 하고 논문을 쓰는 것에 총력을 기울이며 점점 더 서로 경쟁적인 관계가 되어 가고 있다.

우리는 대학이 이 불합리할 뿐만 아니라 비논리적이기까지 한 평가지표에 따라 결정되는 순위에 지대한 관심을 쏟고 있는 것을 쉽게 볼 수 있다. 평가지표가 무엇을 가리키고 있든 간에, 대학은 가장 비교하고 싶어 하는(예를 들면, 그들이 경쟁자라고 믿고 있는) 대학과의 순위 차이에 기뻐하거나 불만을 표출하는 것을 볼 수 있다. 대학의 행정 책임자들은 자신이 몸담고 있는 대학이 가급적 높은 순위에 놓이는 것을 보고 싶어 하고, 적어도 그 순위를 유지하거나 더 높은 순위로 올라갈 수 있기를 간절히 바란다. 그리고 이를 이루기 위해서 대학은 의식적이든 무의식적이든 이 평가에서 제일 높은 순위에 있는 대학이 잘하고 있는 것을 경쟁 우선순위에 놓고 따라 하면서, 가능한 한 더 높은 순위를 차지하려고 노력한다. 국내 대학에서 영어강의가 위치하고 있는 곳이 바로 이 점에 있다.

또한 교육 못지않게 교수의 연구 실적은 평가에서 상위 등급을 차지하는 데 중요한 부분이다. 이 연구 부문에서 높은 평가를 받기 위해서는 국내외 학술지에 발표한 논문의 수와 인용된 횟수가 중요하다. 이 평가에서 좋은 점수를 받기 위해서는 세계적으로 광범위한 독자층을 가진, 국제적으로 명망 있는 학술지에 논문을 게재하는 것이 중요한 변수로 작용한다. 현재 영어는 국제학회에서 가장 많이 사용하는 학술언어이다. 이러한 맥락에서 영어로 발행되는 국제 학술지에 논문을 발표하는 것의 중요성은 새삼 강조할 필요가 없다.

  현재 우리의 의지와는 상관없이 영어는 국제사회에서 다른 문화권과 교류할 때 가장 많이 쓰이는 소통어로 확고한 자리매김을 하고 있다. 영어구사능력은 국제 간 교역, 외교, 학문, 정치, 경제 및 다양한 분야에서 다른 문화권과 소통을 필요로 하는 직업에서는 상당히 높은 교환 가치가 있다. 뿐만 아니라 유창한 영어구사능력은 전문 분야에서, 국제사회에서 능동적인 구성원으로서 독립적으로 자유롭게 일을 하는 데 없어서는 안 될 필수 능력으로 간주된다. 유창한 영어구사능력을 지구촌 공동체에 동참하기 위해서 필요한 중요한 조건 중 하나일 뿐만 아니라 21세기를 살아가는 데 중요한 생존 기술로 보는 이들이 점점 더 많아지고 있다(Coleman, 2006; Gradol, 2001; Gray, 2002; Wachter & Maiworm, 2008).

4 비영어권 대학의 영어강의 현황

앞서 언급한 것처럼 유럽 전체를 통해 2001년에는 약 700개의 영어강의가 개설되었는데, 2007년에는 약 2,400개로 늘어났다. 독일의 경우를 예로 들자면, 독일에서도 처음 영어강의를 대학에 도입하려고 했을 때 많은 언론매체에서 이에 반대하는 신랄한 비판의 소리가 높았다(Krischke, 2004). 그럼에도 영어강의는 도입되었고, 영어강의를 실시한 지 6년 만에 독일로 유학을 오는 학생이 63% 증가하여, 독일 전체 대학에 16만 3,000명의 유학생을 유치하는 기록을 세웠다. 이 결과가 보여 주는 것은 독일의 영어강의 정책은 적어도 유학생을 유치하는 데는 성공했다는 것이다(Nastaksy, 2004). 이제 독일에서는 자연과학 분야의 연구를 출판하는 학술지에서 영어로 출판하는 것을 선호하게 되었다(Meyer, 2004). 2014년 독일의 뮌헨 공과대학교 대학원에서는 2020년까지 모든 과학 교과목을 영어로 강의하는 것을 목표로 한다고 공표했다. 독일의 많은 대학원과 프랑스의 대학들은 유학생을 유치하기 위하여 '링구아 프랑카(lingua franca)'로서의 영어를 인정하고, 영어로 강의하는 과목을 적극적으로 더 많이 개설해야 할 필요성을 인정했다. 링구아 프랑카(lingua franca)의 사전적인 의미는 서로 다른 모국어를 사용하는 사람들이 소통하는 데 필요해서 널리 사용되는 언어(A language that is adopted as a common language between speakers whose Native languages are different)로, 조동일(2001)은 우리말로 '교통어'라고 번역하였다.

그는 그의 글에서 '교통어'로서의 영어의 위치에 대해 자세히 설명하고 있다. 이 말은 영어는 세계 각국의 사람들이 의사소통을 위하여 공통적으로 서로 사용하는 언어이지 국제사회의 공용어가 아니라는 것을 분명히 한다. 덴마크 또한 영어로 강의를 하는 강좌를 개설하여, 유럽 국가들끼리 경쟁적으로 영어강의를 확산시켜 가고 있는 실정이다(Phillipson, 2003).

많은 비영어권 국가들이 영어 능력의 중요성을 인식하고 있기는 하지만 국가에 따라 영어의 중요성을 인정하는 정도는 다르다. 싱가포르, 필리핀, 말레이시아, 인도처럼 역사적으로 영어권 국가의 식민지였던 나라들은 여전히 소통을 위한 중요한 언어 중 하나로 영어를 사용하고 있다.

20세기에 들어서면서, 말레이시아와 싱가포르는 국제사회에서 영어의 중요성을 심각하게 인식하고 근본적으로 언어 정책의 변화를 시도하였다. 당초 말레이시아 정부는 국제사회에서의 성공 여부는 국민의 영어 역량에 달렸고, 말레이시아 국민이 국제사회에서 성공하지 못하면 말레이시아 국어는 존중받지 못할 것이라는 점을 강조했다(Gill, 2004). 2002년 전 말레이시아의 수상 Tun Mahathir Mohamad는 대학에서 과학과 수학을 영어로 가르치고 초등학교는 1학년부터 영어로 수업을 할 것을 공포했다. 말레이시아 정부가 특별히 과학과 수학을 영어로 가르칠 것을 강조한 것은 이들 학문을 통하여 창조적인 인재를 양성하고 국가의 산업화를 촉진시키기 위해서였다. 그는 이 목적을 달성하기 위해서는 영어로 과학과 공학 분야의 지식과 정보를 입수하는 것이 필수라고 보았다(Gill, 2004).

 1956년 싱가포르 정부는 영어 외에 다른 3개 국어(중국어, 말레이어, 타밀어)를 공용어로 하였고, 1969년부터는 영어를 포함한 이중언어 교육을 실시했다. 그러나 이중언어 교육을 실시한 지 13년이 지난 후, 싱가포르 정부는 학생들의 영어구사능력이 형편없다는 것을 알게 되었다(Goh et al., 1979). 이에 대한 대책으로 영어 능력을 향상시키기 위한 다른 정책을 도입했지만, 학생들의 영어 능력은 여전히 지지부진하다는 것이 1979년에 보고되었다(Report on Moral Education, Ministry of Education, 1979: Goh et al., 1979 재인용). 그 후 1987년, 싱가포르 정부는 학생들의 영어능력 향상을 위해서는 교과목을 영어로 가르치는 것이 중요하다는 것을 재인식하여, 각급 학교에서 영어로 학생들을 가르치도록 하는 정책을 재도입했다 (The Report of Towards Excellence in School, Ministry of Education, 1987; Pakir, 1991 재인용). 싱가포르는 영어가 모국어가 아닌 국가 중에서 영어를 공식적인 공용어로 도입한 유일한 국가이다(Chiew, 1980; de Souza, 1980; Gopinathan, 1977, 1980; Ilamzon, 1977; Pakir, 1991; Richards, 1977). 싱가포르의 이중언어 정책은 싱가포르의 경제적 성공에 크게 공헌했을 뿐만 아니라 사회적 · 정치적 안정을 도모하고 강한 국가를 만드는 데에도 지대한 공헌을 한 것으로 널리 인정되고 있다.

제2장

영어강의와 대학 교육

2016년 현재 세계적으로 많은 비영어권 대학에서 영어교과 이
외의 교과목에서도 영어로 강의를 하도록 권장하고 있다. 대학
교육의 '국제화' 혹은 세계화를 위한 각종 정책이 국가 차원에
서 수립되고 시행되면서, 국내 대학도 소위 세계적 수준의 대학
(World Class University: WCU)을 목표로, 외국인 교수 초빙, 외국
인 학생 유치 및 영어강의를 도입하여 적극 추진하고 있다. 이와
관련하여 논의되는 여러 가지 이슈가 있지만 이 장에서는 영어
강의에 국한하여 다루고자 한다. 여기서 가장 문제가 되는 것은,
특히 우리나라의 많은 대학에서 영어강의를 위한 별도의 준비 없
이 바로 영어로 강의를 하도록 교수자들에게 요구했고 또 지금도
요구하고 있다는 점이다. 2017년 현재 많은 국내 대학에서 신임
교수들을 임용할 때 그들에게 강의의 일정한 비율을 영어로 하도
록 하는 서약서를 쓰게 하는 것은 이미 앞에서 언급한 바 있다.

외국어인 영어로 교과목 내용을 강의하는 것은 한국어가 모국어인 국내 교수자들에게 지금까지의 교수법과는 완전히 다른 새로운 영역이다. 외국어인 영어로 강의를 한다는 것은 단순히 강의언어를 한국어에서 영어로 번역하여 강의하는 것이 아니기 때문이다. 따라서 영어강의는 대부분의 국내 교수자에게 시간적 · 정신적으로 상당한 부담을 주고 있는 것이 현실이다. 또한 영어로 교과내용 수업을 진행할 경우 학생들의 내용 학습에 어떤 영향을 미치는지에 대한 연구와 검증을 통해 이러한 정책이 도입된 것인지 궁금할 뿐이다.

영어로 교과내용을 가르친다는 것은 말처럼 간단한 문제가 아니다. 교수자의 일방적인 강의로만 끝난다면 오히려 문제가 그리 크지 않다고 볼 수도 있다. 그러나 영어강의의 목표가 '학습자의 학습'을 목표로 한다는 점에서 문제가 되는 것이다. 학생들의 교과내용 학습을 목표로 하는 교수자는 영어로 하는 강좌에서 강의내용을 이해하지 못하는 학생들을 보면서 상당히 실망할 것임에 틀림없다. 학습자의 학습이 일어나지 않는 수업에서 낙담하지 않을 교수자는 없을 것이다.

이 장에서는 대학에서 교과내용을 가르치는 매개어로 외국어인 영어를 사용하는 문제에 대해 몇 가지 생각해 보고, 영어강의를 하는 것을 피할 수 없다면 어떻게 해야 할 것인지에 대한 방법적인 논의를 해 보려고 한다. 여기에서 이루어지는 논의는 실험적 · 과학적으로 검증된 논의라기보다는 영어로 강의했던 경험을 토대로 한 경험적 · 주관적 · 교육적 논의이다.

1 교수용어를 영어로 하는 문제

교수용어(medium of instruction)를 영어로 하는 문제는 다각도에서 생각해 볼 수 있다. 이것은 다시 영어로 교과목을 가르치는 목적이 무엇인가 하는 것과 영어로 가르친다면 영어를 사용하는 비율을 어느 정도로 할 것인가 하는 것의 두 가지로 나누어 생각해 볼 수 있다. 서울대학교 권오량 교수(2014)는 대학에서 영어로 교과목을 가르치는 목적을 첫째, 세계화를 이끌 유능한 지도자를 양성하는 것, 둘째, 학생들에게 보다 넓은 시야를 갖게 하는 것, 셋째, 학생들에게 영어로 출판된 교과내용을 그대로 전달하는 것으로 정리한다. 셋째는 번역하는 과정에서 일어날 수 있는 오역을 방지하여 원문 내용 그대로를 학습자에게 전달하려는 것이다.

현재 국내 대학에서 교과목을 영어로 가르치는 방식은 보통 두 가지로 나누어 볼 수 있다. 하나는 처음부터 끝까지 수업을 영어로 진행하는 것이고, 다른 하나는 우리말과 영어를 필요에 따라 적절히 혼용하여 수업을 진행하는 것이다. 현재 국내 대학의 상황에서 학습의 효과적인 측면만 고려한다면 수업 전체를 영어로 진행하는 것보다는 학습내용의 난이도, 학생들의 사전 지식 및 수준 등을 고려하여 우리말과 영어를 적절하게 혼용하는 것이 더 나을 수도 있다. 예를 들면, 수업시간에 석설한 예시나 일화 같은 것들은 우리나라 상황에 맞게 우리말로 제시하는 것이 영어로 제시하는 것보다 한층 더 효과가 클 수 있을 것이다. 그리고 수업시간에 학생들이 영어만 사용하도록 할 것인지, 아니면 우리말과 영어를 혼용하도록 할 것인지에 대한 결정 또한 해야만 한다.

국내 대학교수자들이 영어강의에서 느끼는 가장 큰 어려움은 자신의 영어구사능력이 영어로 수업을 진행할 만큼 뛰어나지 않다고 여기는 것이다. 그리고 자신의 영어 발음이 영어를 모국어로 사용하는 사람들의 발음과 상당한 차이가 있다는 것을 고민한다. 그러나 이러한 문제는 지엽적인 것으로, 영어강의를 하지 않을 수 없는 현실에서 극복해야 할 문제이다. 여기에서 앞에 언급한 교수자가 걱정하고 염려하고 있는 몇 가지에 대하여 잠깐 살펴보는 것이 좋겠다.

먼저, 영어구사능력에 대한 것을 살펴본다면, 외국어로 강의를 하는 것은 국내 교수자에게만 어려운 것이 아니고, 외국어로 강의하는 다른 나라의 많은 교수자들에게도 마찬가지이다. 이 책의 제2부에서 볼 수 있겠지만, 교수자가 가르칠 교과내용에 대한 전공 지식이 충분하다면, 그리고 학생들에게 영어로 교과내용을 전달하는 정도의 목표만 가지고 있다면, 문법적으로 오류가 있다고 해도 그 목표를 달성할 수 있다. 교수자가 계획하고 있는 교과내용에 적절한 교재가 영어로 출판되어 있다면 강의 준비가 한층 더 수월할 것이다. 두 번째로 살펴볼 것은 영어 발음에 대한 우리의 인식에 관한 것이다. 영어를 외국어로 말하는 교수자는 발음에 신경을 쓰지 않을 수 없다. 그러나 한번 더 생각해 보아야 할 것은 우리가 어느 나라, 누구의 발음과 비교하여 영어 발음에 대해 염려하는가 하는 것이다. 미국 영어, 영국 영어, 호주 영어, 뉴질랜드 영어, 캐나다 영어, 싱가포르 영어, 홍콩 영어, 인도 영어 등, 영어를 쓰는 수십 개국 중 어느 나라 영어 발음을 기준으로 자신의 발음을 비교할 것인가 하는 문제가 있다. 미국만 하더라도 거주 지역 및 교육 정도, 직업 및 사회적 지위에 따라 영어 발음에서 명확히 차이가 난다. 경상도 출신 교수가 서울에 있는 대학에서 강의를 하면서 자신의 경상도식 발음에 대하여 염려하면서 강의하는 것과 비교할 수 있겠다.

외국어를 배울 때 발음이 중요한 것은 틀림없는 사실이다. 그럼에도 불구하고 현실적으로 이 문제를 극복하기는 쉽지 않다. 우리가 그토록 성취하기를 바라는 영어 원어민 발음에 대하여 생각해 보자. 다양한 영어 원어민 발음 중 우리는 어느 나라 원어민의 발음을 표준영어 발음이라고 규정하고 배울 것인가? 앞서 열거한 영어 중 예를 들어 미국 영어와 영국 영어의 발음 사이에도 상당한 차이가 있다. 더구나 영국 내에서도 지역에 따라 발음의 차이가 상당하다. 스코틀랜드 지역과 런던 지역의 발음 차이는 경상도와 서울의 그것만큼이나 차이가 있다. 또한 웨일즈 영어의 발음은 서울과 제주도만큼의 차이가 있다. 미국 내에서도 지역 간의 차이는 어쩔 수 없어 서부와 북동부가 발음이 서로 다르고, 남부의 발음 또한 다르다. 현재 세계 각국의 사람들이 다른 나라 사람들과 소통할 때 가장 많이 쓰는 언어가 영어라는 점에서 보면, 더욱 다양한 영어 발음이 지구상에 혼재한다. 현재 어느 나라 영어가 표준영어라고 규정하지 않고 있고, 영어 발음의 다양성을 받아들이고 인정하고 있다. 따라서 영어로 강의하는 국내 교수자들은 자신의 한국식 영어 발음에 대하여 크게 개의치 않고 자신 있게 영어강의에 임해야 할 것이다. 그렇게 할 때 수업을 좀 더 성공적으로 이끌 수 있고, 학생들이 학습목표를 효과적으로 달성하도록 도와줄 수 있을 것이다.

② 교수자의 역할

수업에서 교수자의 역할은 무엇인가? 인터넷과 정보통신공학(Information and Communication Technology: ICT)이 고도로 발달함에 따라 교수자의 역할에 변화가 오기 시작하였다. 교수자의 역할에 대해서는 다양한 견해가 있다. 교수자의 역할이 단순히 학습자에게 지식을 전달하는 것이라는 견해에서 시작하여, 교수자를 단순히 수업을 진행하는 역할을 하는 진행자(facilitator)로 보거나 하나의 자원(resource)으로서 학생이 필요로 할 때 그들에게 조언과 상담을 해 주는 존재로 보기도 한다. 언어교육학자인 Brown(2007)은 이 모든 역할이 한 연속선상에 있다고 보고, 그것을 모두 포함하는 것이 교수자의 역할이라고 지적하였다. 그는 교수자의 역할을 학생들을 가장 많이 조정하고 통제하는 통제자(controller)의 역할부터 학생들에게 가장 많은 자유를 허락하는 자원(resource)의 역할까지 다섯 가지로 분류하였다(〈표 2-1〉 참조).

〈표 2-1〉교수자의 역할

분류	교수자의 역할
통제자(controller)	가장 엄격히 수업을 통제·조정하는 역할로, 수업시간을 준비, 계획, 조직하고 학습자들의 학습이 일어나도록 통제한다.
지시자(director)	오케스트라의 지휘자, 연극에서는 연출자가 하는 것과 같은 역할을 한다.
관리자(manager)	강의 및 학습활동 시간을 계획하되, 계획된 틀 안에서 개별 학생들의 창의적 활동을 돕는다.
진행자(facilitator)	학습이 잘 이루어질 수 있도록 학습에 장애가 되는 요인들을 제거하는 데 도움을 주면서 학습활동 및 학습과정을 촉진한다.
자원(resource)	교수자의 역할 중 가장 많은 자유를 허락하는 역할로서, 학습자가 조언이나 상담을 요청할 때 필요한 정보와 자료를 제공한다.

출처: Brown (2007).

교수자는 자신이 학생들을 가르칠 때 Brown이 제시한 교수자의 역할 중 어떤 역할을 염두에 두고 학생들에게 영어강의를 할 것인가 생각해 볼 필요가 있다. 어떤 교수자는 자신의 역할이 학생들이 학습을 해 나가는 데 중요한 요인이 될 것이라고 여긴다. 교수자가 자신이 모든 지식을 제공하는 원천이고, 자신만이 모든 지식을 알고 있고, 학습자에게 자신이 알고 있는 지식을 전달하는 것이 교수자의 중요한 역할이라고 여기기 때문이다.

그러나 교수자의 역할을 학습자의 학습을 촉진시키는 역할로 보거나 교수자 또한 학습 자원의 일부라고 여긴다면, 교수자의 영어 능력은 효과적인 학습을 위해서는 그다지 중요하지 않다. 학습자들은 교수자의 강의를 통하지 않고도 다른 여러 자원, 즉 참고문헌, 번역서, 논문 그리고 인터넷을 통하여 많은 지식을 습득할 수 있기 때문이다. 교수자는 학습자들이 다양한 경로를 통하여 습득한 지식을 활용하여 학습이 일어날 수 있도록 도와주는 것이 그들의 역할이라고 여긴다. 따라서 교수자가 학습자의 학습을 촉진하고 학습을 일으킬 수 있는 활동을 주관하고 진행하기 위하여 영어가 반드시 유창해야 하는 것은 아니라고 보는 것이다. 이들은 비록 교수자의 영어가 유창하지 않더라도 내용에 적절한 교수법을 선택하여 주제에 따라 적절한 학습활동을 수행한다면 학습목표를 달성할 수 있을 것이라고 여긴다. 그렇지만 교수자의 역할이 어떠하다 하더라도, 국내 교수자가 외국어인 영어로 교과내용을 강의하는 것은 엄청난 시간과 노력을 요하는 것임에는 틀림없다.

③ 비영어권 대학의 영어강의

대학 교육의 상품화는 우리나라뿐만 아니라 많은 비영어권 국가 대학들이 영어강의를 개설하지 않을 수 없는 상황으로 몰아가고 있다. 앞 장에서 언급한 것처럼 독일을 비롯한 네덜란드, 덴마크 등 많은 유럽 국가도 영어강의 개설에 대한 자국민의 비판을 무릅쓰고 영어강의를 도입하여 강행하고 있고, 중국을 비롯한 많은 아시아 국가의 대학들도 이 대열에 합류하고 있다. 비영어권 대학의 영어강의는 많은 연구자의 비상한 관심을 끌고 있어, 교과내용 학습 효과에 대한 많은 연구가 이루어지고 있다(Wilkinson, 2013). 비영어권 대학의 영어강의가 영어를 배우고 있는 학생들의 청취력과 읽기를 향상시키는 긍정적인 측면도 있다는 연구도 있지만, 모든 영어강의가 학생들의 학습을 보증하는 것은 아니다. 또한 학자들은 비영어권 대학 영어강의의 효과적인 학습을 좌우하는 것은 교수자들의 영어구사능력뿐만이 아니라고 주장한다. 교수자의 유창한 영어구사능력이 학습자의 학습을 보장하지는 않는다는 것이다. 효과적인 학습은 각 대학의 정책, 교육 환경, 교과내용 그리고 학생들의 영어 능력과도 밀접한 관계가 있다는 연구 보고가 있다(Coleman, 2006; Sert, 2008; Smith, 2004). 이 연구들은 유럽의 대학에서 수행한 것으로, 영어강의가 학생들의 영어 능력을 조금 향상시키는 데 도움이 되기는 하지만 교과내용을 효과적으로 전달하는 데는 적합하지 않다는 것도 지적했다. 이런 결과는 아시아 지역에서 수행한 연구에서도 재확인된 것으로, 비록 영어강의가 학생들의 영어 실력을 높이는 데는 어느 정도 도움이 되지만 영어강의를 통해서 잃는 것이 얻는 것보다 더 많다는 점을 지적하고 있다(Brandel, 2007; Hsieh & Kang, 2007; Wu, 2006). 그뿐만 아니라 이 연구들은 비영어권 대학의 영어강의가 한 국가의 자국어를 약화시킬 위험에 빠트릴 가능성이 있고, 결국에는 언어와 문화적 정체성까지 혼들리게 할 수 있을 것이라는 경고도 서슴지 않고 있다.

여러 연구는 비영어권 대학에서 실시하고 있는 영어강의로 인하여 파생되는 복잡한 문제를 다각도로 보여 주고 있다. 이 연구들이 파악한 문제를 살펴보면 학생들의 낮은 영어 실력(Chang, 2010; Doiz et al., 2013; Jackson, 2002; Liu & Littlewood, 1997; Sharifian, 2009), 교수들의 부족한 영어구사능력, 교수법의 결여, 그리고 학교에서 배운 영어를 바로 실생활에서 사용할 수 없는 사회적 · 환경적 제약 요인들이다(Kennedy, 2002). 또한 수업시간이 제한되어 계획한 내용을 모두 가르치지 못하는 것 역시 문제로 지적되었다(Davison & Trent, 2007). 이 연구들은 학생들의 부족한 영어 능력과 더불어 그들이 처한 사회적 · 교육적 및 문화적 환경이 학습활동과 학습 결과에 영향을 미친다는 것을 보여 준다. 이러한 결과는 국내 대학의 연구에서도 같은 것으로 나타났다(강소연, 박혜선, 2004; Byun et al., 2010; Kang et al., 2007; Oh, 2011).

동서를 막론하고 비영어권 학생들은 영어강의에서 능동적으로 학습활동에 참여하지 않는다는 것이 많은 연구에서 확인되었다(Horwitz et al., 1986; Horwitz & Young, 1992; Jackson, 2002, 2005). 특히 영어권에서 수행한 연구는 아시아권 유학생들이 수업 중 학습활동에 더 소극적으로 임한다고 보고했다(Cortazzi & Jin, 1996; Jackson, 2002; Kennedy, 2002; Kim, 2006; Lee, 1999; Morita, 2000, 2004; Tsui, 1996). 이와 같이 많은 연구에서 비영어권 학생들을 대상으로 하는 영어강의가 내용학습에 부정적인 영향을 미친다는 결과를 보여 주고 있음에도, 비영어권 대학에서 개설되는 영어강의는 점점 더 확대되고 있는 추세이다.

이처럼 비영어권 대학에서 영어강의가 확산되고 있는 중요한 이유 중 하나는 대부분의 비영어권 국가와 대학은 자국의 학생이 국제사회에서 타 문화권의 사람들과 원활한 의사소통을 할 수 있는 역량을 갖추는 것을 중요하게 여기기 때문이다. 그럼에도 지금까지 어느 국가에서도 외국어로 교과내용을 학습한 학생들의 외국어 소통 능력이 향상되었다는 연구 결과는 보고되지 않고 있다. 외국어인 영어로 진행되는 교과수업의 긍정적인 측면을 부각한 연구조차도, 수강생들의 영어 청취 능력과 독해 능력은 조금 향상되었지만 그들이 영어로 소통을 원만하게 하지는 못하고 있다는 결론을 내렸다(Brandel, 2007; Coleman, 2006; Hsieh & Kang, 2007; Sert, 2008; Smith, 2004; Wu, 2006).

4 영어로 소통이 어려운 원인

비영어권 대학의 영어강의에서 학생들이 소통하는 것을 주저하는 이유는 두 가지 모형으로 설명할 수 있다. 하나는 결핍 모형(deficit model)이고, 다른 하나는 차이 모형(difference model)이다. 결핍 모형에서는 수강생들이 영어구사능력이 부족하여, 자신의 의견을 표현하기가 어려워서 소통하는 것을 주저한다고 본다. 반면에, 차이 모형에서는 수강생들의 가치관과 수업에 대한 기대가 각 나라의 문화에 따라 다르고, 교수와 학생, 가정과 학교에서 타인과 소통하는 문화가 다르기 때문에 학생들이 자신의 의사를 표명하는 것을 주저한다고 본다. 그리고 영어권 국가의 사회조직, 교수법과 학습방법, 강의실에서 요구되는 소통문화, 그리고 사회적·언어적 환경의 차이가 비영어권 유학생들이 수업시간에 적극적인 소통을 주저하게 만드는 원인이라고 지적했다. 일반적으로 영어권 대학의 연구에서 지칭하는 비영어권 학생들은 아시아권으로부터 온 유학생을 말하는 것을 연구대상자를 통해서 볼 수 있다.

일반적으로 학생들에게 기대되는 강의실에서의 행동과 태도는 크게 서양과 동양(여기서는 아시아권)이 다르다고 인식되고 있다. 다수의 연구에서는 모국의 사회에서 그들에게 기대한 행동과 태도, 즉 사회관습이 아시아권 학생들이 수업시간에 적극적으로 의사를 표명할 기회를 제한한다고 보는 것이다. 다수의 연구는 어떤 사람이 다른 사람과 상호작용을 할 때의 행동과 태도는 그가 속한 사회에서, 사회적 관계에 따라 중요한 차이가 있다고 보고했다. 이 연구가 보여 주는 것은 학생들이 속한 문화에 따라 교수자와 학생들 간의 소통이 원활하지 않을 수 있다는 것이다. 특히, 유교 영향권에 있는 아시아권의 대학에서는 유교문화에서 교수자와 학습자에게 기대되는 행동의 차이로 인하여 교수자와 학습자 간의 원활한 소통이 이루어지지 못하여 서로를 충분히 이해하지 못하는 것으로 보고하고 있다(Davison & Trent, 2007; Kim, 2006; Kennedy, 2002; Lee, 1999; Morita, 2004; Tsui &

Tollefson, 2007; Trent, 2006).

1) 학습자 요인

(1) 결핍 관점

결핍 관점(deficit perspective)에서는 학습부진이 일어나는 것
은 학습자에게 하습에 필요한 중요한 구성 요소 중 하나 혹은 몇
가지가 부족하기 때문이라고 본다. 효과적인 학습에 필요한 구
성 요소는 학습자, 교수자, 학습활동으로, 이 중 하나라도 결여
되었거나 부족하면 학습이 어렵다고 본다. 이 관점에서 수행한
연구는 영어강의에서 학생들이 말하기를 주저하고 학습활동에
소극적인 것은 대개 학생들의 영어구사능력이 결여되어 있기 때
문이라고 보았다(Erling & Hilgendorf, 2006; Morita, 2004; Tsui &
Tollefson, 2007; Trent, 2006). 이 연구자들은 영어강의에서 학생
들의 소통하는 능력을 향상시키고 학습 효과를 위해서는 학생들
에게 부족한 것이 무엇인지 파악하여 그것만 보충하면 된다고
주장한다. 즉, 학생들의 영어 능력 부족이 적극적인 의사표현에
장애가 되는 것을 알았다면, 그들의 영어 능력을 향상시키기 위
한 지원 프로그램을 제공하여 영어 실력을 높이기만 하면 문제가
해결된다는 것이다.

국내 대학에서 실시한 연구도 거의 비슷한 결과를 도출했는
데, 학생들의 저조한 영어 실력이 소통과 학습을 방해하는 가장
큰 요인이라고 지적했다(윤지관, 2007; Byun at el. 2010; Kang &

Park, 2004, 2005; Kang et al., 2007; Kim, 2009). 이 결핍 관점은 영
어강의에서 학생들이 효과적으로 학습하지 못하는 책임을 학생
들에게 두고 있다. 이 관점은 교수자의 교수방법, 교과내용, 교
수 환경, 대학 정책 그리고 여러 형태로 학생들의 학습에 직간접
적인 영향을 미치는 복합적인 요인들에 대한 신중한 검토 없이
학생들의 학습이 원활하지 못한 문제의 원인을 학생들의 영어
실력 부족으로만 보는 것이다(Maiworm & Wachter, 2002; Wachter
& Maiworm, 2008). 이 견해는 학생들의 영어 능력이 부족한 것을
오로지 학생 개개인의 문제로만 부각시키고 있다.

(2) 문화결핍 관점

문화결핍 관점(cultural deficit perspective)은 학생들이 수업시간
에 질문이나 의사 표명을 하는 것을 주저하는 것, 학습활동에 소
극적인 것을 인종적 혹은 사회적·문화적 편견에 초점을 두고
논의를 시작한다. 이 관점은 앞서 설명한 결핍 관점처럼 학습자
를 '빈 그릇'으로 보고, 학습자에게 무엇인가 '빠진' 것을 '채워' 넣
는 것으로 보는 관점과 중복된다고 볼 수 있다. 그러나 이 관점
에서는 결핍의 초점을 학습자 개인에 두지 않고 그들이 위치한
사회와 문화에 맞춘다. 문화결핍 관점에서는 영어강의에서 학습
자가 의사표현이나 학습활동에 소극적인 것의 원인을 그들 사회
의 문화와 공동체의 특성으로 돌린다. 이러한 관점에서는 특정
한 나라와 문화에 대한 부정적인 고정관념, 그리고 특정 그룹 혹
은 공동체에 이미 전제되어 있는 어떤 요인들이 학습에 부정적

인 영향을 미친다고 본다. 따라서 이 관점은 학습자의 부족한 영어구사능력에 대한 책임을 학생 개인에게만 전가하지 않고 학생이 속한 그룹 전체에 전가한다.

이 관점은 우리나라를 비롯한 아시아권 학생들이 수업시간에 영어로 소통하는 것에 소극적인 것을 학생 개인과 그가 속한 문화공동체 내부의 문제로 전가함으로써 학습자의 학습에 영향을 미치는 복합적인 다른 원인들을 간과하고 있다. 이 견해에 동의하는 학자들은 학습자의 소극적인 학습 태도를 그 학생이 속한 공동체의 문제로 보고, 이를 근거로 학습부진을 타파하기 위한 개선책을 만든다. 이 관점은 한 특정 그룹, 가령 영어권 대학에서 수학하는 아시아권 유학생들이 수업시간에 토론에 적극적으로 참여하지 않고 학습활동에 소극적인 것의 원인을 그들의 모국의 문화와 교실 문화, 이전 학습 경험으로 돌린다. 그리고 학생들의 수동적인 학습 태도를 그들의 가족과 공동체의 특성으로 못박는다. 이렇게 문화결핍 관점은 잠재적으로 학업 성취에 영향을 미칠 수 있는 제도적 문제를 간과하고 있으며, 아시아권 학생들만이 아닌 모든 학생이 이전의 학교생활과 과거의 학습 경험, 그리고 학생의 학습에 영향을 미치고 있는 사회적 · 정치적 · 문화적 요인들과 또 다른 구성요소 간의 상호작용을 통하여 학습자의 학습에 직간접적으로 영향을 미친다는 것을 미처 깨닫지 못하고 있다고 볼 수 있다.

특히 이 문화결핍 관점은 가족, 공동체 그리고 한 나라의 문화에서 학습에 부정적 영향을 줄 수 있는 문제 요인을 가지고 있음에도 성공적으로 학습을 하고 있는 학생들의 경우, 어떤 요인이 그들의 학습을 성공적으로 이끄는지에 대한 설명을 하지 못하고 있다.

(3) 차이 관점

차이 관점(difference perspective)은 개인적인 차이는 개인이 가지고 있는 특성이 저마다 다르다는 점에서 출발한다(Snow et al., 1996). 영어권 대학에서 수학하는 아시아권 유학생들의 학습 경험에 대한 연구는 과거 본국에서의 그들의 학습 경험과 사회적·문화적 경험이 수업시간에 토론에 참여하는 것을 주저하게 만들어 결과적으로 학습에 지장을 초래했다고 보고한다(Kennedy, 2002; Kim: 2006; Lee, 1999; Morita, 2004; Tsui & Tollefson, 2007).

홍콩의 한 고등학교에서 영어로 진행되는 수업을 연구한 Tsui(1996)는 영어를 제2언어(ESL)로 가르치는 수업에서 교사들을 가장 힘들게 하는 것은 학생들이 반응을 하지 않는 것이며, "……아시아 학생들은…… 서양 학생들보다 더 조심스러워하고 과묵하다."(p. 145)라고 밝혔다. 마찬가지로 Jackson(2002)의 연구에서도 영어강의에서 학생들이 토론에 소극적인 것은 홍콩을 포함한 아시아 지역의 교수자들 모두 공통적으로 경험하는 것으로 보고했다. 이 연구는 학생들의 소극적인 반응은 교수자와 학습자 모두 외국어 때문에 겪는 좌절의 원인으로 여겨졌다. 이 연구자들은 아시아권 학생들을 대상으로 하는 영어강의에서 학습자들의 문화적 배경이 그들의 직관과 학습 태도에 영향을 미치고 있다고 보았다. 이처럼 아시아권 학습자들이 영어로 진행되는 수업에서 학습활동에 소극적인 것의 원인을 사회적·문화적인 요인으로만 돌리는 것은 이 연구자들의 학습에 대한 제한된 인식을 보여 준다.

이 연구들은 영어권 교수자들이 영어권 대학에서 유학하고 있는 아시아권 학생들이 수업시간에 이루어지는 학습활동에 임하는 태도를 평가한 것이다. 일반적으로 영어권에서 주로 사용하는 교수법에서는 교수자와 학습자 간의 소통을 중요시하고, 자신의 의사표시를 분명하게 하는 학생을 좋은 학습자로 인식하고 있다. 반면, 아시아권 수업에서는 교수자의 말을 잘 경청하는 학생이 좋은 학습자로 인식되고 있다. 일반적으로 아시아권 수업에서는 언어수업을 제외한 대부분의 수업에서 교수자의 일방적인 강의가 주를 이루고 있다. 그리고 학생들은 강의 중 의문점이 생기면 수업이 끝난 후 개인적으로 교수자에게 질문하는 것이 관례처럼 되어 있다. 수업 중에 생긴 의문점을 수업시간에 질문하지 않고 수업을 마친 후에 개인적으로 질문하는 것은 영어권 학습자나 교수자에게는 이상하게 보일 수도 있다.

영어권 교육에서는 수업 중에 하는 공개적인 질문은 다른 사람들의 관점을 들어 볼 수 있는 좋은 기회로, 질문자 본인의 학습뿐만 아니라 다른 학습자들의 학습에 큰 기여를 한다고 인식되어 적극적으로 권장되고 있다. 하지만 아시아권 학생들의 경우, 자신이 갖고 있는 의문점을 자신만 갖고 있는 것이라고 여기

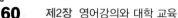

거나 혹은 자신만 관심이 있는 문제로 다른 학생들의 시간을 뺏지는 않을까 두려워 공개적인 질문을 피하려는 경향이 있다. 따라서 영어강의라고 하여 학생들이 질문을 더 많이 하거나 더 적극적으로 소통할 것을 기대하기는 어려울 것이다.

김명희(Kim, 2009)의 연구는 아시아권 학습자에게는 말을 많이 하는 것이 논리적인 사고를 방해할 수 있다는 것을 보여 주었다. 이 연구는 단순히 적절한 학습활동이 무엇인지에 대한 문화적인 차이로 나타나는 현상이 아니라, 근본적으로 학습에 대한 태도와 사고방식의 차이가 아시아권 학습자들의 소극적인 학습 태도의 원인일 수 있다는 점을 시사한다. 따라서 아시아권 학습자들이 학습활동에 소극적으로 임할 것이라는 교수자의 부정적인 고정관념이 학습자의 학습에 부정적인 영향을 미치지 않도록 교수자의 의식적인 노력이 요구된다. 영어강의의 목적 중 하나가 학습자들이 영어로 의사소통하는 능력을 향상시키는 것이라는 점에서, 적극적으로 소통 능력을 향상시키는 학습활동을 수행해야 할 경우가 있을 것이다. 이러한 경우를 제외하고는 주로 토론식으로 진행되는 서양식 수업방식이 긍정적인 학습 효과를 가져온다는 보장을 할 수 없다.

2) 교수자 요인

(1) 결핍 관점

영어강의에서 학습자가 학습을 하는 데 갖추어야 할 중요한 요인인 영어구사능력의 문제는 교수자에게도 적용된다. 즉, 교수자의 영어구사능력 '부족'이 학습자들의 효과적인 학습을 방해한다고 보는 것이다. 비영어권 대학에서의 영어강의 수강생들을 대상으로 한 연구에서, 많은 학생은 교수자의 영어가 유창하지 않아 영어로 교과내용을 전달하는 능력이 부족하여 수업내용을 완전히 이해하는 데 어려움을 겪었다고 보고했다(Chang, 2010; Kennedy, 2002). 다른 연구에서도 학생들은 비영어권 교수들의 영어구사능력 부족을 자신의 학습을 방해하는 요인의 하나로 여기고 있었다(Horwitz et al.,1986; Horwitz & Young, 1992; Jackson, 2002, 2005). 특히 아시아권 학생들은 이 문제를 더욱 심각한 것으로 지적하고 있다(Davison & Trent, 2007; Kim, 2006; Morita, 2000, 2004).

이러한 연구 결과는 국내 대학에서도 예외가 아니어서 교수자의 부적합한 영어구사능력에 대한 비판에는 발음 문제까지 포함되어 있다. 국내 교수자의 영어구사능력에 대한 부정적 이야기는 주로 수업 중 영어로 자유롭게 의사소통을 할 수 없는 학생들로부터 나오는 것으로, 학생들을 실망시키는 요인이기도 하다. 국내 대학에서 영어강의를 하는 교수자들의 영어구사능력에 대하여 의문을 제기한 많은 연구가 있다(탁상훈, 2011; Byun et al., 2010; Kang et al., 2007; Kang & Park, 2004; Kim, 2008). 이러한 문제점이 제기되고 있음에도 대다수의 국내 교수자는 자신이 영어로 강의하기에 충분한 영어구사능력이 있다고 믿고 있음을 보고한 연구도 있다(Oh, 2011). 이 연구에서 국내 교수자들은 비록 자신이 원하는 만큼 유창한 영어는 아니지만 영어로 수업을 할 수 있을 만큼의 능력은 된다고 믿고 있는 것을 보여 준다. 그러나 실제로 수업 현장에서 직접 관찰한 연구자들은 다수의 국내 교수자가 영어로 강의를 할 만큼 충분한 영어 실력을 갖추지 않은 것으로 보고하고 있다. 이들이 제시한 근거는 이 교수자들은 대학에서 요구하는 최소한의 수준의 교과내용을 다 가르치지 못했고, 계획했던 교과과정의 진도를 제대로 마치지 못했다는 것이다(탁상훈, 2011; 함돈균, 2008; Kim, 2008).

(2) 차이 관점

비영어권 교수자들이 지적한 영어강의의 어려움 중에서 가장 많이 언급된 것은 교수자와 학습자 모두에게 부과되는 과도한 수업준비에 대한 부담이었다. 다수의 연구에 따르면, 교수자들은 수업준비에 많은 노력과 시간을 들이고도 계획한 교과과정에 따라서 준비한 수업의 진도를 예정대로 다 마치지 못하는 것으로 보고했다(Klasssen & Graff, 2001; Prophet & Dow, 1994; Sercu, 2004; Vinke et al., 1998). 또한 이 연구들은 수업시간에 학생들이 즉흥적으로 하는 질문에 대해 교수들이 영어로 유연하게 대처하는 능력이 부족하고, 강의내용을 명확하고 정확하게 전달하는 능력이 부족하다는 점을 지적하였다(Olsen & Huckin, 1990; Vinke et al., 1998). 또한 교수가 강의 도중에 학생들의 이해를 돕기 위해 모국어로 설명을 하는 경우가 종종 있다는 것도 지적했다.

Crystal(1997)은 비영어권 대학의 영어강의에서 영어와 자국어가 병용되는 경우를 두 가지로 보았다. 하나는 교수자가 영어로 설명하고자 하는 것을 충분히 표현할 수 없을 때 모국어로 보충 설명을 하는 경우이고, 다른 하나는 교수자가 학생들과의 연대 감을 나타내고 싶을 때 모국어를 사용하는 경우다. 우리나라 대학의 영어강의에서 두 언어를 혼용하는 것은 이 두 가지 경우로 다 설명할 수 있다.

첫째, 교수자가 설명을 위해 모국어와 혼용하는 경우이다. 교수자들은 수강생들의 영어 실력이 부족하다고 생각할 경우에 종종 영어와 모국어를 혼용하여 수업을 진행한다(Dudley-Evans & St. John, 1998). 영어강의에서 학습자의 모국어를 사용하는 것은 때로는 필요하고 유용하며 학습자들의 이해력을 높이는 데 가장 능률적인 방식일 수 있다. 특히, 대학에서 외국어로 강의하는 수업에서 지속적으로 이루어지기도 한다. Swain(1993)은 외국어로 진행되는 수업에서 교수자가 학습자들의 모국어로 설명할 수 있는데도 외국어만 사용하고 외국어로 여러 번 설명하는 것은 시간만 낭비할 뿐이라고 주장하면서, 외국어와 모국어 혼용의 필요성을 강조했다.

둘째, 영어로 강의하면서 학습자들이 이해하기 어려워하는 내용을 학습자들의 모국어로 설명하는 것은 그들의 이해력을 증진시킬 뿐만 아니라 교수자와 학습자 간에 친밀감을 형성한다는 주장이다(Flowerdew & Peacock, 2001). 수업 중에 모국어가 허용되면 학습자들이 질문을 하는 데 덜 주저하게 되고, 따라서 좀 더 적극적으로 학습활동에 참여할 수 있게 된다는 것이다. 현재

대부분의 우리나라 대학에서는 교수자의 강의를 중심으로 수업
이 진행되고 있어 학습자들의 질문은 별로 중요시되지 않고 있
지만, 학습자들과 교수자 간 친밀감이 형성되면 이들이 의문이
생겼을 때 주저하지 않고 쉽게 질문할 수 있을 것이다.

특히 대부분의 비영어권/아시아권 대학 학생들은 고등학교 때
까지 모든 교과목을 모국어로 배운다. 따라서 이들을 대상으로
하는 영어강의는 영어를 모국어로 사용하는 학습자들 혹은 영어
를 그들의 제2언어(ESL)로 사용하는 학습자들을 대상으로 하는
강의보다 낮은 수준에서 시작될 수밖에 없다. 비영어권 이민자
들의 경우 집에서 사용하는 언어가 그들의 모국어인 경우 영어
는 제2언어가 된다. 결과적으로 교과내용을 영어로 강의하는 비
영어권 대학교수자들은 때로는 영어와 학생들의 모국어를 혼용
하여 수업을 진행해야 하는 경우도 있을 수 있다. 이러한 현상은
우리나라 대학에서도 흔히 볼 수 있는 것으로, 우리나라 대학생
역시 대학에 입학하기 전 모든 교과과정을 우리말로 공부하였
고, 영어 교과 이외에 영어로 내용수업을 받아 본 적이 없다. 따
라서 이들의 영어구사능력과 지식이 영어로 교과내용을 공부하
기에는 많이 부족할 수밖에 없다. 이러한 상황에서도 그나마 다
행인 것은 영어강의를 담당하는 대부분의 우리나라 교수자가 우
리말을 구사할 수 있어 학생들이 이해하지 못한 내용이 있으면
우리말로 다시 설명할 수 있다는 점이다.

그럼에도 우리나라 대학생을 대상으로 한 연구는 이중언어를
구사하는 우리나라 교수자가 학생들로부터 환영받지 못하고 있

다는 것을 보여 주고 있다. 윤민희(2009)의 연구에 참여한 대다수의 학생은 영어를 모국어로 사용하는 교수자를 선호한다고 응답했다. 이 연구보다 먼저 수행된 김민정(2007)의 연구에서 우리나라 학생들은 우리말을 구사할 수 있는 우리나라 교수자를 선호한다고 제시한 결과와는 다른 양상을 보여 주고 있다. 이 연구에서 학생들이 영어를 모국어로 사용하는 교수자를 선호하는 이유는 유창한 영어구사능력 때문이 아니라, 학생들이 지금까지 수업을 받은 방식과는 다른 새로운 교수법을 선호하기 때문이라고 보고한다. 우리나라 학생들이 영어권 교수자들이 수업에서 수행하는 학습활동 중 자유로운 토론을 비롯하여 학생들의 참여를 유도하는 능동적인 학습활동에 흥미를 느끼기 때문이라는 것이다.

한편, 우리나라 교수자를 선호하는 학생들은 강의내용을 이해하지 못했을 때 다시 우리말로 설명을 들을 수 있어 내용을 더 잘 이해할 수 있다는 점을 긍정적으로 지적했다. Dudley-Evans와 St. John(1998)은 비영어권 대학에서 영어로 진행되는 수업을 참관관찰하는 방법으로 연구를 수행하였다. 이들은 교수자들이 때때로 학생들의 모국어로 강의하는 것에 주목하였다. 이 연구는 학생들의 부족한 영어 능력 때문에 교수자들이 학생들의 모국어와 영어를 혼용하여 수업을 진행하고 있다고 보았다. 이 연구는 교수자들이 이중언어를 구사할 수 있다면, 학생들의 모국어와 영어를 혼용하여 수업을 진행하는 것이 교과내용의 학습에 매우 효율적인 학습방법이라는 결론을 내렸다.

모국어와 영어를 혼용하여 진행되는 수업이 학생들의 학습 불안을 감소시키는 데 긍정적인 영향을 준다는 것은 Balla와 Penning(1996)의 연구에서도 잘 입증되었다. 이 연구는 홍콩의 한 전문대학에서 수행되었다. 보통 홍콩의 대학에서는 자국어인 광동어로 수업을 진행한다. 그리고 교수자의 90% 이상이 비영어권 출신으로 구성되어 있다. 홍콩의 대학들은 영어강의를 선호하지만, 이 연구는 학생들의 모국어인 광동어와 영어를 혼용하여 수업하는 것이 학습자와 교수자 모두에게 편안한 학습 환경을 제공한다고 보고했다. 교수자가 설명한 내용 중에서 학생들이 이해하지 못하거나 어려워하는 부분을 모국어로 다시 설명하는 것이 학생들의 이해를 돕는 데 긍정적인 영향을 미친다는 것이다. 예를 들면, 일본(Poulschock, 1996), 터키(Ustunel, 2004), 중국(Yang, 2004) 그리고 말레이시아(Then & Ting, 2009)에서 실시한 연구에서도 영어강의 중 학생들이 이해하기 힘들어하거나 어려운 개념을 모국어로 다시 설명하는 것이 효과적인 학습으로 인도한다는 결과를 발표했다. 그리고 때때로 강의실이 너무 조용하여 학습 분위기를 환기시킬 필요가 있다고 판단될 때, 교수자는 모국어로 흥미 있는 이야기로 분위기를 바꾸기도 했다. 이 연구들은 교수자들이 필요할 때마다 모국어와 영어를 적절히 혼용하면서 학생들이 서서히 영어강의에 적응해 가도록 함으로써 교수목표를 이루어 나간다고 보았다.

Then과 Ting(2009)의 연구는 영어강의를 담당하는 교수자들의 교수목표는 학생들의 영어 실력을 향상시키는 것보다 교과내용을 가르치는 것임을 보여 준다. 따라서 교수자는 학생들이 강의내용을 이해했다는 확신이 없을 때 다시 학생들(그리고 동시에 교수자)의 모국어로 내용을 확실히 이해했는지를 재확인한다고 보았다. 이 연구자들은 비영어권 대학에서 효과적인 영어강의를 위한 교수자의 필수적인 교수도구는 학생들의 모국어라고 본다. 교수자가 영어 실력이 부족한 학생들에게 교과내용을 논리적으로 더 잘 이해시키기 위해서는 모국어로 설명하는 것이 훨씬 더 효과적인 학습을 이끌어 낼 수 있기 때문이다.

이렇게 모국어와 영어의 혼용에 대한 긍정적인 연구 결과가 많이 있는데도 학생들이 모국어를 혼용하여 수업을 하는 것은 내용 이해에 별 도움이 되지 않는다고 여긴다는 연구가 있다. 강애진(Kang, 2008)의 연구는 대다수의 국내 학생이 영어로 진행되는 수업에서 교수자가 강의를 할 때나 질문을 할 때를 막론하고 우리말을 사용하는 것을 원하지 않는다고 응답했다. 이는 국내 대학에서는 우리말과 영어, 즉 이중언어를 구사하는 국내 교수자들이 학생들로부터 환영받지 못할 수도 있다는 것을 보여 준다. 이러한 결과는 국내 교수자가 영어강의를 할 때 우리말로 하듯 유창하게 설명하지 못하는 것, 또는 학생들이 생각하고 있는 표준영어와 차이를 보이는 국내 교수자의 악센트와 발음 탓일 것이라고 추정해 볼 수 있다.

(3) 내용 요인

비영어권 대학에서 영어강의를 도입하는 것은 대학 안에서 많은 논란과 비판을 불러일으켰을 뿐만 아니라 대학 밖, 즉 사회에서도 큰 논란거리가 되었다. 비판의 가장 큰 핵심은 외국어로 학문적인 지식을 효과적으로 전달할 수 있느냐 하는 것으로, 영어강의가 학생들의 학습의 질을 저하시킬 수 있다는 우려 때문이다. 대학 학문의 특성상 모국어로 수업을 할 때에도 학문 분야에 따라 전문적인 용어와 담론(discourse)의 차이로 강의 내용을 이해하기 어려운 경우가 종종 발생한다. 따라서 새로운 분야를 공부하는 학생들이 어려움을 겪고 있다는 것은 이미 널리 알려진 사실이다. 이러한 어려움을 줄이기 위해서, 대부분의 학과에서는 신입생과 저학년들을 대상으로 하는 교과목에서는 전문용어를 익히는 것을 중심으로 교과과정을 편성한다.

언어학자 Halliday(1993)와 Martin(2007)은 언어가 단순히 어떤 지식을 의미하는 것은 아니라고 본다. 이 말은 활자로 된 지식은 활발한 소통을 통하여 다른 사람에게 의미가 전달되었을 때 살아 있는 지식이 된다는 것이다(Airely, 2011: Preisler et al., 2011 재인용). 학습자들 중에는 일상생활에서 소통하는 데 불편함이 없는 모국어로 공부할 때조차 수업시간에 사용하는 전문용어와 어휘를 몰라 강의내용을 이해하지 못할 수 있다는 것이다. 모국어로 수업을 할 때도 강의내용을 이해하지 못하는 학생들이 있다면, 외국어로 진행되는 강의에서는 이런 학생들이 훨씬 더 많을 것이라는 것은 충분히 예상할 수 있다.

학생들이 외국어로 교과내용을 배울 때 교수자의 교육목표는 언어를 가르치는 것이 아니기 때문에 학생들이 추상적인 개념을 파악하는 데 어려움을 겪을 수 있다는 것을 우려하는 이도 있다 (Duff, 1997). 학자들은 이 문제가 학문이 어려우면 어려울수록, 학문의 수준이 심오하면 심오할수록 더 큰 문제가 된다고 경고 한다.

3) 교수 환경

현재 국내 대학에서는 영어강의를 하는 교수자나 수업을 받는 학생들 모두 영어 문제로 심각한 골머리를 앓고 있다고 해도 과 언이 아니다. 영어강의를 담당한 국내 교수자들과 학생들 모두 자신의 부족한 영어 실력 때문에 수업의 질이 저하되는 결과를 초래할까 노심초사하고 있는 것이 현실이다. 교수자가 교과내용 을 영어로 가르칠 것을 구상할 때 제일 먼저 떠오르는 것은 자신 의 영어구사능력을 점검해 보는 일일 것이다. 순간적으로 교수 자들은 영어를 모국어로 사용하는 교수자들과 자신의 영어구사 능력을 비교하여 생각해 볼 것이고, 이러한 생각은 영어강의를 하기로 결심한 순간부터 한 학기가 끝날 때까지 지속적으로 뇌 리에 남아 있을 것이다. 경우에 따라 교수자는 영어권 교수자들 과의 영어구사능력의 차이가 부각될까 염려하면서 이 차이를 문 제로 인식할 가능성도 있다. 이러한 분위기에서 일반인과 학생 그리고 교수자들은 발음이나 억양이 지금까지 그들이 익숙히 들 어 온 발음이나 억양과 조금이라도 다르다고 생각되면 교수자의 영어구사능력이 부족한 것으로 속단하는 경우도 생길 것이다.

뿐만 아니라 교수자가 영어로 강의를 하다가 어려운 내용이 나올 때 학생들의 이해를 돕기 위하여 우리말로 설명할 경우, 학생들은 교수자의 영어구사능력이 부족한 것으로 오해할 소지가 있을 수 있다.

Chang(2009)은 영어강의를 하고 있는 대만의 한 대학을 대상으로 연구를 수행했다. 이 대학에서는 교수자들이 미리 녹음한 강의를 이용하여 수업하는 것을 선호하여 학생들은 수업시간에 녹음된 강의를 들으면서 수업을 하고 있었다. 두말할 필요도 없이 이런 수업에서는 학생들과 교수, 학생들 사이에 어떠한 상호작용도 기대할 수 없다. 국내 대학에서 행해진 연구에서도 영어로 수업이 진행되는 동안 교수자와 학생 간의 상호작용이 아예 없거나 혹은 있다 하더라도 아주 미미하다는 것을 밝혀내었다. 이 연구는 학생들이 교수자들로부터 피드백을 받거나 또는 영어를 잘못 사용했을 때 교정을 받은 경험이 전혀 없었다고 보고했다(강소연, 박혜선, 2004). 녹음한 강의를 들으면서 진행되는 수업에서 학생들의 영어소통 능력이 발전될 것이라고는 누구도 기대하지 않을 것이다.

Davision과 Trent(2007)는 홍콩의 한 대학에서 영어로 진행되는 수업을 참관 연구하였다. 이 연구에서는 수업시간이 제한되어 토론하고 논의할 수 있는 시간이 충분치 않은 것이 문제점인 것으로 나타났다. 교수자가 토론을 유도하기 위하여 질문을 하면, 학생들은 간단한 답으로 일관하고 있는 것 또한 발견되었다. 그리고 항상 교수자가 토론을 주도하고 학생들은 그저 수동적인 반응만 보였다. 이 연구는 영어강의에서 효과적인 수업을 하기 위해서는 학생들이 적극적으로 수업에 참여하고 자신의 의견을 자유롭게 개진할 수 있도록 교수자들의 교수 기법도 다시 조정해야 할 필요가 있음을 보여 주고 있다.

다시 말하면, 학생들이 강의내용을 이해하지 못할 경우, 교수자들은 자신의 영어구사능력에만 신경 쓸 것이 아니라 교수법의 적절성도 살펴보아야 한다는 것이다. 교수법에도 문제가 있을 수 있다는 인식하에, 교수자 스스로 학생들의 학습에서 드러나는 문제를 파악하는 것이 더 나은 강의를 위해서는 필수적인 과정이다. 교수자는 학생들에게 영어로 말할 수 있는 기회를 많이 제공하고, 더 나은 학습 분위기를 조성하기 위하여 교과내용에 적절한 학습활동을 준비하고 수행할 수 있는 교수법을 함양할 필요가 있다.

5 교과목 교수자? 언어 교수자?

영어강의의 학습 효과에 대한 다수의 연구자는 현재 비영어권 학생들의 영어 실력이 교과내용을 이해하기에는 매우 부족하기 때문에 좀 더 효율적이고 효과적인 학습을 위해서는 한층 더 높은 수준의 영어 능력이 필요하다고 주장한다(Jackson 2002; Liu & Littlewood, 1997). Maiworm과 Wachter(2002)는 독일의 한 대학에서 영어강의를 수강하는 학생들을 대상으로 연구를 수행했다.

이 연구는 영어강의를 수강한 학생들이 혼란스러워하는 상황을
묘사하면서 학생들은 강의내용을 정확하게 이해하지 못했을 뿐
만 아니라 말하거나 쓸 수도 없었다고 보고했다. 국내 연구로는
강소연과 박혜선(2004)이 한 공과대학에서 영어강의를 수강하고
있는 학부 학생들을 대상으로 한 연구가 있다. 연구 참여 학생의
85%가 '자주' 강의를 이해할 수 없었다고 응답했고, 27%가 넘는
학생은 예습을 위하여 내어 준 과제의 내용을 60%도 이해하지
못했다고 응답했다. 이들이 수행한 다른 연구에서는 영어강의에
서 학생들의 영어 능력은 내용학습과 직접적인 상관관계가 있다
는 것을 보여 주었다(강소연, 박혜선, 2004). 영어 실력과 내용의
습득 그리고 학과목 성적과의 상관관계는 다른 연구에서도 많이
입증되었다. 또한 여러 연구는 영어 실력이 높은 학생들은 영어
강의에 대한 만족도가 높았고 자신이 수강하고 있는 영어강의가
효과적이었다고 응답한 반면, 상대적으로 영어 실력이 낮은 학
생들은 영어강의에 대한 만족도가 낮았고 그 효과에 대하여 부
정적으로 인식하고 있다는 것을 보여 주었다(김영환, 2009; 윤민
희, 2009; Kang et al., 2007).

일반적으로 영어강의에 관한 연구는 영어강의가 학생들이 영
어로 의사소통하는 능력을 어느 정도 향상시켰다는 것은 인정
하지만, 영어로 말하고 쓰는 실력을 향상시키는 데는 효과가 없
었다고 보고한다(Maiworm & Wachter, 2002). 비평가들은 영어강
의를 수강하는 많은 학생이 학문적인 내용을 이해하기에 충분
한 영어 실력이 없다(그리고 없을 것이다)는 것을 강조한다. 다시

말하면, 영어강의가 영어로 말하는 환경에 학생들을 노출시키는 것은 성공했지만, 영어로 교과내용을 배울 수 있도록 하는 데는 실패했다는 것이다. 실패의 원인 중 하나로 지적된 것은 영어강의에서 학생들이 영어로 소통할 기회를 제공하지 않은 것을 꼽고 있다. 더 구체적으로 말하면, 다른 모든 강의에서와 마찬가지로 영어강의에서도 교수자가 주제에 맞추어 선택한 적절한 학습활동과 학생들의 적절한 준비 없이는 학습자들은 영어학습과 교과내용 학습 그 어느 것도 성공할 수 없다는 것이다.

Gibbson(2002)은 언어학습과 교과내용 학습을 통합해야 하는 몇 가지 이유를 들었다. 그것은 언어는 다양한 상황에서 의미 있게 사용하고 구사하면서 배워야 한다는 믿음, 외국어 학습자가 특정한 학문 분야에서 사용하는 학문적인 용어들을 습득하여 실력을 향상시키는 것, 그리고 언어와 교과내용 사이의 호혜적인 상호 지원 가능성 등이다. 내용 교육과 언어 교육을 통합하는 것에 대하여 전 세계적으로 많은 관심과 연구가 진행되고 있는데도 영어강의에서 효과적인 교수방법을 찾아내는 데는 여전히 많은 어려움과 난제가 쌓여 있다는 것이 드러나고 있다(Crandall & Kaufman, 2002; Davison & Williams, 2001; Stroller, 2004). 이 연구들은 내용 교육과 언어 교육을 통합하기 위해서는, 첫째, 특정한 학문 분야 혹은 전공에서 영어학습에 적합한 내용을 선택하는 것, 둘째, 장래에 학생들에게 영어강의를 하기 위한 준비로 미리 내용중심 강의에 참여할 학과들에게 이 프로그램의 필요성을 납득시키는 것, 셋째, 언어학습과 내용학습을 통합해 가는 방법에

대하여 언어 전문가와 교과목 교수자들 간에 지속적인 의사소통
이 필요하다는 것 등을 주장한다.

결핍 관점과 차이 관점이 우리에게 주는 메시지는 현재 국내
대학의 영어강의 환경이 처해 있는 여러 가지 복잡한 요인 중에
서 교수자와 학습자 요인, 그리고 이 두 요인 간의 상호작용을
미처 인식하지 못하고 있다는 것이다. 영어강의에서 원하는 학
습 효과를 얻기 위해서는 학습의 개인적·사회적인 측면, 즉 학
생들의 사전 학습 경험 및 지식, 교수자가 학생들의 사전 학습
경험과 지식에 대하여 이해하고 인식할 수 있는 능력, 더 나아가
단과대학, 대학 및 정치적 차원과 지역사회를 연결시키기 위한
더 광범위한 통합된 이론체계가 요구된다.

6 요약 및 결어

이 장에서는 교수 및 학습의 이론적 토대를 분석하여 영어강
의에 접근하는 이론들을 살펴보았다. 여기에서 주로 영어로 진
행되는 수업에서 학생들이 의사소통에 소극적인 것의 원인을 설
명하기 위해 두 가지 관점—결함 관점과 차이 관점—을 살펴보
았다. 문헌 연구를 통하여 어떻게 이 두 관점이 영어강의에서 효
과적인 학습을 일어나게도 하고 제한하기도 하는지에 대해 관련
된 요인들을 각각 살펴보았다. 결함 관점은 영어강의가 어려운
것이 학생들의 빈약한 영어 실력, 낮은 학습 동기와 학습 능력

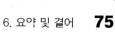

때문이라고 설명하였다. 반면, 차이 관점은 교수 및 학생들의 인식력 차이, 기대, 언어, 그리고 교수자와 학생 사이의 다른 의사소통 방식 등을 학습의 어려움의 근원으로 돌리고 있다.

Chapter 1 I'm trying to...

제3장

성찰을 통한 교수법

A B C

 이 장에서는 우리나라에서 대학원 교육을 마치고 우리 대학에서 학생들을 가르치다가 호주로 이민을 가서 다시 대학 학부, 대학원을 마치고 호주의 한 대학에서 학생들을 가르쳤던 K의 경험을 제시한다. K가 호주의 대학에서 학생들을 가르치면서 성찰적 교수법(reflective practice)을 적용하여 자신의 수업을 개선해 나간 경험을 소개한다. Brookfield(1995)는 교수자들 자신이 학생들을 가르치는 교수법에 대하여 더 잘 알고 이해하기 위해서는 네 가지 관점에서 자신의 교수법을 분석해 볼 것을 제안했다. 그가 제시한 네 가지 관점은, 첫째, 교수자 자신이 학생이었을 때의 관점, 둘째, 교수자로서의 관점, 셋째, 자신의 학생들의 관점, 그리고 마지막으로 동료의 관점으로, 이들 관점에서 자신의 교수법을 성찰·분석해 보는 것이다. 이 장에서는 이 네 가지 관점을 통하여 자신의 경험을 성찰하는 과정이 K의 개인적인 교수 및 학습 경험을 성찰하고 탐구하고 배우는 데 큰 영향을 미쳤다는 것을 보여 준다.

K는 자신이 학생들을 어떻게 가르치고 있는가를 알아보기 위하여 이 네 가지 관점을 적용하여 자신의 교수법을 분석해 보았다. 자신의 교수법 성찰을 통하여, 교수자의 개인적 경험이 현재 자신의 교수법에 어떻게 영향을 미치고 있는지 살펴보고, 이를 바탕으로 더 나은 교수법을 찾아본 것이다. 이러한 다각도의 성찰적 분석을 통하여 지금 교수자가 학생들을 가르칠 때 적용하는 교수법이 어디에서 시작되었는지 숙고해 볼 수 있다. 이로써 자신의 교수법에 대한 새로운 이해가 생기면, 이를 기반으로 교수법을 재구성해 볼 수 있을 것이다.

① 성찰적 교수법이란

성찰(reflection)과 성찰적 실천(reflective practice)에 대하여는 학자에 따라서 다양한 정의와 다양한 관점을 갖고 있지만, 학자들이 공통적으로 동의하는 것은 성찰적 실천은 평범한 주제로 특별히 어떤 '올바른 방법'이 없다는 것이다. 그러나 학자들은 어떤 방식으로든지 성찰하면서 실천해 나가는 것은 가치가 있다고 보았다.

성찰적 실천의 기원은 보는 관점과 학문 분야에 따라 다양하지만, 다수의 학자는 John Dewey를 초기 연구자로 보고, Schon

(1983), Mezirow(1990)와 Argyris(1996)가 성찰적 실천의 근간을 확립하고 한층 더 깊이 발전시켰음을 말한다. Brookfield(1994)의 성찰적 교수법은 성인 교육의 관점에서 학습을 보고, 특히 성인의 학습에서는 학습자의 감정적인 면을 간과하지 말 것과 비판적 교수법에 초점을 둔다.

이와 유사하게, Schon(1995)은 교육 전문가들이 교육에 대하여 갖고 있는 다양한 가정(assumptions)을 도출해 내는 것을 강조하며, 행위 중의 성찰과 행위 후의 성찰을 구분하면서 연구를 확대해 갔다. 성찰적 실천은 교수자가 학생들을 가르치는 동안 무엇을 생각하고 느끼는지를 의식하는, 즉 일을 수행하는 동안 일어나는 생각을 말하는 것이다. 그리고 수업이 끝난 후에 수업 중에 이루어진 학습활동을 되새겨 보면서, 교수자가 수업 중 생각하고 느낀 것을 회상해 내는 것을 말한다(Schon, 1983). Brookfield(1994)는 이것을 '비판적 성찰(critical reflection)'이라 명명하고, 교수자가 비판적 생각, 즉 개인적 경험을 사회적 권력과 연결시켜 생각을 해야 할 필요성을 강조한다.

Brookfield(1995)는 무의식적으로 우리를 지배하는 편견, 권력관계, 이데올로기 비평 등의 근원을 파헤쳐서 사회 변화를 가져오는 것이 성찰적 실천을 통하여 가능하다고 주장한다. '성찰(reflection)'과 '비판적 성찰(critical reflection)'은 학자마다 학문 분야와 실제 경험에 따라 다르게 정의하고 해석한다. 그러나 학자들은 종종 이 두 용어를 자기 나름으로 정의하지 않거나, 어떤 점이 다른지에 대한 설명 없이 다 같은 의미로 사용하고 있다

(Redmond, 2006). 이 두 용어의 같은 점에 대해서 설명해 보려고 시도한 학자들은, '비평적 성찰'은 체계적이면서 엄격하고, 성찰적 실천에 접근하는 것이 본질적인, 인식론적인 화법으로 접근한다. 이 학자들은 우리가 누구인가보다는 우리가 무엇을 하고 있는가를 이해하기 위한 성찰에 초점을 맞춘다.

이 장에서는 K의 개인 경험으로부터 '결정적인 사건(critical incident)'을 성찰해 보고, 그 경험이 교수자로서 교육을 실천하는 것과 어떻게 관련되어 있는지 살펴보고자 한다. 여기서 결정적인 사건은 '영어로 전공과목'을 배우고 가르치는 것으로 정했다.

② 학생으로서의 경험

K가 호주 시드니 대학교에서 학부 학생으로 공부한 경험은 대학에서 학생들을 가르칠 때 중요한 것이 무엇인지를 배운 중요한 경험이었다. 비영어권에서 호주에 정착한 이민자로서, 그리고 교수자로서의 경험이 있는 성인이 영어권인 호주의 대학에서 학생으로 공부한 것은 대단히 가치 있는 경험이었다. K는 다른 나라에서 유학생으로서 공부한 경험과 이민자로서 공부한 경험은 다를 것이라고 말한다. 물론 정도의 차이는 있겠지만, 이민자는 유학생에 비해 학교생활뿐만 아니라 자신이 처한 주위의 사회적·문화적 환경을 비롯한 여러 가지 다른 환경에 더욱더 적극적으로 적응해야 하기 때문이다.

호주는 사회문화적 및 정치적 환경이 우리나라와는 '완전히' 라는 단어를 써도 될 만큼 아주 판이한 점이 많다. 특히 K가 학부에서 공부하던 1980년대 중반의 호주 사회는 백호주의 정책 (White Australian Policy)을 폐기한 지 얼마 되지 않았으며 아시아 및 유색인종에게 이민의 문호를 개방한 지도 얼마 되지 않았다. 그가 공부하던 사회대학에서는 그가 유일한 비영어권 국가에서 온 학생인 것으로 기억된다고 한다. 대학원에는 아시아권에서 유학 온 학생들이 더러 있었지만, 주로 자연계열 학생들이었고, 학부에는 아시아권에서 온 유학생을 찾아볼 수 없었다고 한다. 물론 그도 유학생은 아니었다. 그 당시에는 대학에는 비영어권 에서 온 학생에게 어떠한 서비스도 제공되지 않았다(학생이 없었 으므로!).

물론 대학은 비영어권 국가에서 이민 온 학생들이 대학 입학 을 원하는 경우에는 본국인과 똑같은 수준의 영어 능력과 학문 적인 능력을 엄격히 평가하여 입학을 허가했다. 그러나 이 평가 에서 통과하여 입학했다는 것과 학문을 할 수 있는 능력이 있다 는 것은 또 다른 문제라는 것을 그가 깨닫는 데는 오랜 시간이 걸리지 않았다. 교수들은 처음으로 비영어권 학생이 포함된 강 의실에서 수업을 하였지만 이로 인해 그들의 가르침에 어떤 변 화가 필요하다고는 여기지 않았던 모양이다. K는 많은 학생 중 한 명이었고, 각 교과목 교수들은 강의실에 영어를 잘 하지 못 하고 강의를 이해하기 위하여 고군분투하는 비영어권 학생이 한 명 앉아 있다는 사실조차 인식하지 못하였다. 물론 교수들이

K의 외모를 보고 아시아계 학생이라는 것 정도는 인지하고 있었을 수 있다. 아마 교수들은 그가 학교에서 요구하는 영어 능력을 비롯한 모든 입학 전형을 다 통과하고 입학하였기 때문에 학업을 수행하는 데 어떠한 문제가 있을 것이라는 것을 상상조차 해 보지 않았을 것이다.

첫해에 수강신청을 한 과목은 사회학, 심리학, 사회정책과 행정이었고, 이 모든 교과목에서 그는 유일한 비영어권 학생이었다. 사회학과 심리학을 공부하는 데는 비교적 큰 어려움이 없었지만, 사회정책과 행정을 공부하는 것은 쉽지 않았다. 교수의 강의는 그 당시 호주 사회정책을 비판하는 것을 중심으로 시작되었는데, 호주에 도착한 지 몇 달밖에 되지 않은 그가 그 비판적 강의를 이해한다는 것은 상당히 어려웠다. K는 자신이 강의내용을 이해하지 못하는 것을 영어 실력이 부족한 탓이라고 생각하였다 한다. 그러나 K가 강의내용을 이해하기가 어려웠던 진짜 이유는 그가 호주의 사회정책에 대한 배경지식이 없어서였다는 것을 수년이 지난 다음에야 깨닫게 되었다고 한다. '호주 사회정책과 행정'이라는 교과목은 호주의 사회정책에 대한 배경지식이 있어야만 강의내용을 이해할 수 있었으며, 사회복지 정책과 호주 사회 전반에 대한 배경지식이 있어야만 교수의 심도 깊은 비판적 강의를 이해할 수 있었던 것이다.

한국을 떠날 당시 사회정책과 행정에 대한 지식이 조금도 없었던 K가 이 강의내용이 이해하기 어려웠던 것은 당연한 일이었다. 교과내용이 사회정책에 대한 지식과 정보를 제공하는 것이 아니라 모든 학생이 사회정책에 대한 지식과 정보를 알고 있다는 전제하에 사회 이슈에 대한 비판으로 시작되는 강의는 우리말로 한다고 하여도 이해하기 어려웠을 것이다. 왜 사회가 개인의 복지를 책임져야 하는지 이해하지 못하고 있는 상황에서, 또 호주 사회의 현실이 어떤지를 알지 못하는 상황에서 사회정책에 대한 비판을 이해하고 또 비판에 대한 비판을 한다는 것은 쉽지 않은 일이었다.

이 교과목을 성공적으로 마치기 위해서 K가 취할 수 있는 방법은 오직 모든 것을 외우는 방법밖에 없었다. 교수의 모든 강의에서 중요한 요점과 비판적인 견해들을 제대로 이해하지 못한 채 통째로 외워서 과제를 수행하고 시험을 통과했다. 당시 그는 강의내용을 잘 이해하지 못할 때마다 자신의 영어 능력 부족, 즉 단어와 어휘의 부족, 청취 능력 부족 때문이라고 생각했다. 또 수업시간에 다른 학생들처럼 적극적으로 질문을 하지 못하고 이해를 잘하지 못하는 것도 다 영어 능력이 부족해서라고 생각했다.

그러나 지금 K는 그 어려움이 전적으로 영어 능력이 부족해서만은 아니었다는 것을 깨닫게 되었다. 교과내용에 대한 사전 지식과 경험이 없었을 뿐만 아니라 그 학문에서 사용하는 전문적인 전공용어를 알지 못했기 때문이었다는 것을 깨닫게 된 것이다. 또한 호주 사회의 문화, 가치 그리고 사회규범에 대하여 잘 알지 못한 것이 강의내용의 이해를 더 어렵게 했다는 것을 새삼 인식하게 되었다. 뒤늦게나마 알게 된 것도 호주에 몇 년 동안 살면서 호주 사회에 대하여 전반적인 사회정책과 사회 분위기를 많이 익히고 경험하고 난 후였다. 그때까지 교과내용에서 학습한 지식과 정보만으로는 교수가 전달하고자 하는 내용을 이해하기에 충분치 않았다는 것이다.

■ 비판적 성찰

되돌아보면 학습자로서의 K는 교수자의 주요 책임은 학생들의 이해 여하를 막론하고 내용을 가르치는 것이라고 생각했다. 교수자는 학생들이 주요 개념을 이해하였는지는 개의치 않고, 열심히 준비한 강의내용을 학생들에게 전달하는 것이 교수자의 책임과 의무라고 생각했던 것 같다. 당시 K가 학습에 임하는 태도는 어떻게든 교수자로부터 전달받은 모든 지식과 정보를 외우자는 것이었다. 이러한 학습 태도를 Biggs(2003)는 학습에 대한 겉핥기식 접근으로 분류했다. 그에 따르면, 이러한 형태의 학습은 기본적인 학습법으로, 레벨로 본다면 교수자의 첫 단계인 레벨 1에 해당된다. 이 단계의 교수자는 자신의 주요 임무는 학생들에게 새로운 지식과 정보를 전달해 주는 것이라고 여긴다. 이 교수자는 학습의 성패는 학습자 자신에게 달렸고 학습자의 책임이라고 여긴다. 만약 학습자가 배우는 데 실패했다면, 문제는 학습을 성취하지 못한 학습자에게 있다고 보는 것이다.

K는 교과내용을 이해하는 데 어려움이 있어 교수자에게 도움을 요청했다. 그러나 그 교수자는 그가 이해할 수 있도록 의문점에 대하여 보충설명이나 더 명확한 설명을 해 주는 대신, 많은 참고문헌과 관련된 학술 자료들을 소개해 주었다. 그가 회상해

보면, 이 교수자는 모든 학생을 똑같이 평등하게 취급했고, 모든 학생에게 똑같은 정보와 지식을 제공했다. 가르치는 동안 도움이 더 필요한 학생이건 아니건 상관하지 않고 모든 학생을 조금도 차별하지 않고 동등하게 하였다. 그러나 이 교수자는 학생들 간에 개인적인 차이, 사전 지식의 유무에 따라 교과내용의 이해 정도에 차이가 있다는 것을 고려하지 않고 있었다. K가 비영어권 학생으로서 호주의 대학에서 공부를 시작했을 때, 그는 호주 학생들과 비교하여 공부하는 방법과 알고 있는 지식에서 많은 차이가 있었다. 좋은 학습은 학습자와 교수자 모두에게 학습이 일어나는 것이다. 교수자가 강의계획을 세울 때, 학습자들의 사전지식과 경험 유무에 대하여 알게 되면 효과적인 강의계획을 설계하는 데 도움이 될 것이다. 학생들이 효과적인 학습을 할 수 있도록, 그리고 학생들의 잠재력을 최대한 이끌어 내기 위해서는 그들이 처한 상황을 잘 살펴볼 필요가 있다. 학습에 방해가 되는 요소를 알아보기 위하여 학기 초에 간단한 구두조사나 설문조사를 실시할 수 있을 것이다.

 학습동기가 강하고 학습활동에 적극적으로 참여하는 학습자에게 좋은 학습이 일어나는 것은 당연한 일이다. 하지만 그러한 학습자라 하더라도 교과내용을 배우는 데 필요한 사전지식이 없거나 부족하다면 좋은 학습을 기대하기는 어려울 것이다. 따라서 교과내용 학습에 필요한 전문용어와 어휘 그리고 담론들을 학기 초에 학생들에게 제공하는 것은 효과적인 학습을 위해 필수적이다. 그리고 영어강의에서는 그 중요성이 훨씬 더 강조된다.

3 교수자로서의 경험

K가 호주의 대학에서 가르치면서 성찰하고자 하는 교과목은 유학생들이 비교적 많이 수강하는 것이었다. 그가 강의한 대학원 교과목 중 '국제 인적자원 관리전략'은 유학생들이 많이 선호하는 교과목이었다. 수강생이 보통 50~60명 정도였는데, 유학생들이 수강생 전체의 1/3 정도를 차지하고 있었다. 물론 이 모든 유학생은 호주 대학의 입학 전형에서 요구하는 높은 영어 점수를 충족시켰을 뿐 아니라 학문을 위한 영어(English for Academic Purpose) 프로그램을 적어도 6개월 이상 이수하였다. 따라서 이 유학생들은 호주 대학에서 영어로 학업을 이수할 수 있는 능력이 인정되어 입학이 허가된 학생들이었다. 서류상으로는 이 유학생들이 영어로 학업을 이수하는 데 필요한 영어 능력이 인정된 것이다.

그러나 실제로 수업에 임했을 때 K는 예상하지 못했던 문제에 직면하게 되었다. 무엇보다도 먼저 영어 능력의 문제와는 별개로, 비영어권 유학생들(여기에서는 주로 아시아권 유학생을 말한다)과 호주 학생들 간의 지식과 경험 차이가 너무 크다는 것을 발견했다. 대부분의 호주 학생은 고등학교 때부터 시간제 일에 종사하고 있었고, 대학 재학 중에도 직업과 학업을 병행하고 있었다. 반면, 거의 대부분의 유학생은 대학을 졸업하고 바로 대학원에 진학했기 때문에 직업을 가진 경험이 거의 없다시피 했다. 따라서 일한 경험이 없는 비영어권(아시아권) 유학생은 수업시간에 배운 이론들을 실제 현장 경험을 반영하여 토론하는 학습활동을 대단히 어려워했다. 그러나 호주 학생들은 수업에서 배운 이론들을 바로 자신이 하고 있는 일에 반영하여, 이론과 실제의 차이를 지적하면서 토론에 적극적으로 임했다. 이럴 경우, 유학생들은 호주 학생들의 빠른 말 속도에 더하여 호주인만 알고 쓰는 은어 또는 직장에서 그들만이 사용하는 전문용어 탓에 토론내용을 제대로 이해하는 것을 어려워했다.

호주 학생들은 지금 현재 그들의 일터에서 겪고 있는 문제들을 수업시간에 배운 이론에 접목하여 공부하는 것이 상당히 흥미가 있기 때문에 적극적으로 토론에 임하지만, 유학생들에게는 토론시간이 대단히 괴로운 시간이다. 유학생들은 자신감이 적고, 배경지식 및 현장 경험이 부족하며 호주 학생들의 자신감에 압도되어, 감히 토론에 참여할 생각을 하지 못하는 것처럼 보였다.

호주 학생들은 어릴 때부터 자신의 의견을 적극적으로 피력하도록 지속적으로 교육을 받고 그러한 훈련이 되어 있다. 그렇지만 대다수의 아시아권 유학생은 수업시간에 교수자의 강의를 잘 경청하고 교수자가 전달하는 내용을 열심히 받아쓰는 것이 바람직한 학생의 태도라고 교육받은 것 또한 영향을 미쳤다.

뿐만 아니라 호주 학생들은 강의실에서 토론하고 있는 문제들이 지금 자신의 직장에서 일어나고 있는 일과 직접적으로 연관이 있기 때문에 더 적극적으로 수업에 참여했다.

K는 대부분 강의를 질문으로 시작한다. 학생들의 주의를 끌고 지난 시간에 배운 내용을 학생들이 떠올릴 수 있도록 하기 위해

서이다. 질문은 이미 배운 것부터 시작하여 현재 미디어에서 논란이 일고 있는 이슈에 대한 것이다. 효과적인 대학 교육에 대하여 많은 연구를 한 Biggs(2003)는 좋은 학습은 신문, 방송 혹은 다양한 미디어에서 나온 관련 기사나 글을 통하여 주요 의미를 배우는 것이라고 하였다. 하지만 반 이상의 호주 학생이나 유학생이 미리 읽을 과제로 제시한 신문기사, 글 또는 학술논문을 읽지 않고 출석하는 경우가 허다했다. 따라서 의미 있는 토론을 진행하는 것은 거의 불가능한 경우가 많았고, 종종 교수자가 학생들에게 새로운 정보와 뉴스를 전달해 주는 것처럼 되는 경우가 빈번했다. 특히 비영어권 유학생들에게 영어로 된 신문기사와 참고문헌을 읽고 수업에 참여하는 것을 기대한다는 것 자체가 무리한 것이라고 생각될 정도였다.

K는 학생들이 어느 정도 강의내용을 이해했는지 알아보기 위해서 강의 도중 자주 학생들에게 질문을 하였다. 그는 이 질문으로 학생들이 강의의 요점을 얼마나 이해했는지를 확인할 수 있었으며, 동시에 학생들이 내용을 이해하는 데 어떤 어려움이 있는지를 파악할 수 있었다. 그러나 학생들이 강의내용을 잘 이해하지 못하여 부적절한 답변을 하더라도 잘못을 지적하여 바로 고쳐 주는 것은 신중해야 하는 것으로, 강의실에서는 더욱더 주의가 필요하다. 교수자의 질문에 학생들이 질문과 전혀 상관이 없는 엉뚱한 대답을 했을 때나 틀린 대답을 했을 때는 아주 난처하다. 이럴 때 K가 보통 쓰는 해결책은 (학생들의 대답이 틀렸다고 바로 지적하지 않고) 틀린 대답을 한 학생들에게 "대답해 주어서

고마워요."라고 한 후, 계속해서 더 나은 대답을 할 수 있는 사람이 있는지를 물어보면서 질문을 계속하는 것이다.

K는 수업시간에 학생들이 강의 핵심과 내용의 이해 정도를 파악하기 위하여 학생들에게 강의내용과 관련된 직장에서의 경험을 이야기할 기회를 준다. 강의가 거의 끝날 즈음, 약 5분의 시간을 할애하여 학생들이 이해한 주요 개념들을 쪽지에 쓰게 한다. 그리고 나서는 학생들이 그 쪽지를 옆에 있는 학생과 교환하여서 읽고 토론하게 한다. 그다음 학생들에게 주위에 있는 다른 학생(누구인지 알지 못하게 하고)의 쪽지를 소리 내어 읽게 한다. 이러한 방법은 만약 쪽지에 틀린 대답이 적혀 있다 할지라도 누구인지 알지 못하게 하여 학생들이 다른 학생들로부터 평가받는 것에 대한 두려움을 없애기 위해서이다.

토론을 할 때, 대부분은 호주 학생들이 주도권을 잡는다. 비영어권 유학생들은 호주 학생들이 토론을 활발히 주도하는 동안 수동적으로 조용히 듣고 있는 경우가 비일비재하다. 물론 비영어권 유학생들이 영어의 어려움 때문에 적극적으로 토론에 참여하지 못했을 수도 있을 것이다. 그러나 더 심각한 문제는 그들이 수강하고 있는 교과내용에 대하여 충분히 이해하지 못했을 뿐만 아니라 직장 경험까지 없다는 것이다. 교수자로서 K가 겪는 어려움은 여기에 있었다. 영어가 모국어이면서 사전 지식과 직장에서 일한 경험까지 있는 호주 학생들과 외국어인 영어로 강의를 들으면서 영어도 유창하지 못하고 사전 지식과 경험도 부재한 비영어권 유학생들과 함께 같은 수준의 교과내용으로 동일한 방식의 수업을 하는 것이 과연 옳은지, 그리고 무엇을 위한 수업인지에 대한 의문이 지속적으로 그의 뇌리에서 맴돌고 있었다.

■ 비판적 성찰

K는 교수자로서 자신의 경험을 되돌아보면서, 자신의 수업을 통하여 학생들에게 어떤 학습이 일어나기를 기대하는가에 대하여 심각하게 성찰하게 되었다. 이 과정에서 K는 자신은 학생들이 심화학습 접근(deep approach)을 할 수 있도록 하는 것을 목표로 한다는 것을 재확인할 수 있었다. 학생들의 심화학습을 목표로 하는 교수자들에게 학습은 '학습자들이 이미 가지고 있는 지식과 그에 투입한 노력, 그리고 이 모든 것을 통합한 전체적인 맥락에서 학생들이 실제로 수행한 학습활동의 결과'이다. 이러한 맥락에서 K는 교수자로서 학생들의 학습활동에 어느 정도 관여하여야 하는가에 대하여 다시 한번 생각해 보는 계기가 되었다.

학습자들이 가치 있는 학습 경험을 갖도록 하기 위해서 교수자가 할 일은 단지 학습자에게 많은 교과내용과 정보를 전달해 주는 것에 그치지 않을 것이다. 학습자의 학습을 위하여 강의, 개인지도 그리고 개념 설명을 하는 데 많은 노력을 한다고 하여도, 성공적인 학습의 결정적인 요인은 결국 학습자 자신의 의지이다. 학습자가 자신의 학습을 위하여 미리 예습을 하고, 준비하고, 다른 사람들의 다른 관점과 비판적인 의견도 받아들일 준비가 되어 있을 때 학습이 이루어진다. 이 성찰의 과정을 통하여 K 자신은 지금까지 의도적으로 학생들에게 교과내용을 전달하는 방식의 강의를 줄이고, 학생들 스스로 학습할 수 있도록 유도하는 교수법을 적용하여 수업을 진행했다는 것을 깨닫게 되었다. 그는 학생들에게 무엇을 '하라'고 지시하기보다는 학생들 스스로 자신의 학습을 위하여 총체적으로 필요한 것이 무엇인지를 깨달을 수 있도록 하는 학습활동을 많이 했다는 것을 인식했다. 그뿐만 아니라 자신은 학생들이 토론을 잘할 수 있는 역량을 기를 수 있는 학습활동을 선호했다는 것 또한 인지하게 되었다.

그러나 이 성찰은 K가 학생들의 효과적인 학습을 위하여 사용한 학습활동이 모든 학생의 학습에 도움이 되지는 않았다는 것 또한 보여 주었다. 학생들의 지적 호기심을 자극하여 그들을 심화학습으로 이끌기 위하여 선택한 학습활동 중 토론은 특히 그러했다. 호주 학생들은 적극적으로 토론에 참여하여 자신의 관점을 다각도에서 피력하여 수업을 활기차게 했다. 반면, 대다수의 비영어권 유학생은 수동적으로 조용히 앉아서 다른 학생들(호주 학생들)의 토론을 듣고만 있었던 것을 학생들의 피드백을 통해서 알게 되었다. 때로는 비영어권 유학생들이 토론에 참여하고자 시도할 때도 있었지만, 대개 그들의 의견은 진행되고 있는 토론의 주제와 상관이 없는 엉뚱한 것일 경우도 있어 학생들을 더 혼란스럽게 하기도 했다. 비영어권 유학생들은 언어 문제와 더불어 교과내용에 대한 사전 지식과 경험의 부재로, 강의내용의 기본 개념과 핵심을 이해하는 것을 힘들어하고 있는 것을 볼 수 있었다.

자신의 수업을 성찰한 결과, K는 모든 학생이 교과내용을 이해하고 학습활동에 능동적으로 참여할 수 있도록 하기 위해 자신이 다양한 교수법을 사용하고 있다는 것을 알게 되었다. 토론과 더불어 그는 종종 모든 학생이 공평하게 토론에 참여할 수 있도록 하기 위하여 '사례 연구'를 이용하기도 했다. 그렇지만 사용되는 사례들은 거의 모두 서구의 조직사회에서 서구의 학자들에 의해 일어난 것이었고, 서구의 관점에서 비판·분석된 것이었다. 따라서 K는 서구의 관점에서 쓰인 사례를 학습활동으로 선택했던 것은 비영어권 학생들이 내용을 이해하는 것을 더 어렵게 했을 수 있고, 또 혼란을 일으켰을 수 있다는 것을 인식하게 되었다. 물론 호주 학생들에게는 이러한 '사례' 분석이 상대적으로 쉬웠을 것임에 틀림없다.

　K는 이 성찰을 통하여 학습활동을 준비할 때 다양한 사회문화적 배경, 그리고 다양한 조직사회 문화와 직장에서 생기는 문제를 사례로서 골고루 사용했더라면 학생들의 학습에 더 많은 도움이 되었을 것이라는 것을 깨달았다. 앞으로는 이러한 점에 유의하여 모든 학생이 능동적으로 학습활동에 참여할 수 있도록 다양한 사례를 준비할 것이다. 학생들의 학습에 대한 K의 이러한 접근은 모든 학생에게 유익할 것이다. 호주 학생들은 다른 문화권에서 일어나고 있는 다양한 직장 문화를 배우고, 유학생들은 그들 모국의 직장 문화를 이론적으로 분석해 볼 기회가 주어질 것이다.

④ 학생을 통해 본 K의 수업

Brookfield(1995)가 '학생들의 눈을 통하여 우리 자신을 보는 것'은 자신이 지금까지 보지 못했던 우리 자신의 모습을 볼 수 있게 한다고 말한 바 있다. K는 학생들의 눈을 통해 자신을 보기 위하여 Brookfield의 '결정적인 사건 질문지(Critical Incidents Questionnaire: CIQ)'를 사용하여 학생들에게 조사를 했다. K는 이 조사를 학기를 시작하고 난 후 네 번째 주에 실시했다. CIQ를 4주차에 실시한 것은 학생들이 강의를 얼마나 이해하고 있는지, 그리고 학생들이 학습에 어떤 어려움이 있는지를 일찍 파악하여 나머지 학기 동안 더 나은 수업을 준비하고 진행하기 위해서였다.

조사는 네 번째 주 강의가 끝나기 10분 전에 실시되었고, 학생들에게 이 조사가 필요한 이유를 설명하고 성실히 답해 주기를 당부했다. CIQ는 다음과 같은 질문으로 구성되어 있다.

1. 이 수업에서 어떤 순간에 가장 수업에 참여하고 있다고 느꼈는가?
2. 이 수업에서 어떤 순간에 가장 지루하고 거리감을 느꼈는가?
3. 이 수업에서 누가(학생 혹은 교수) 한 어떤 행동/조치가 가장 긍정적이고 도움이 되었나?
4. 이 수업에서 누가(학생 혹은 교수) 한 어떤 행동/조치가 가장 수수께끼 같거나 혼란스러웠나?
5. 이 수업에서 당신을 가장 놀라게 했던 것은 무엇인가? (당신

자신의 반응, 다른 학생이 한 일, 자신에게 일어난 일 등)

　CIQ 조사에서, 질문 1의 응답을 통하여 K가 알아낸 것은 학생들은 수업을 시작하고 난 후 처음 15분 동안 강의에 가장 집중한다는 것이었다. 처음 15분 동안 K는 학생들에게 공개적인 질문, 학생들이 읽은 내용에 대한 간단한 대화, 그리고 그날 학습할 주제와 관련된 사례들을 문답 중심으로 진행한다. 대부분의 학생이 수업에 가장 집중할 때는 '내가 미리 공부할 참고문헌과 교과서를 충분히 읽고 이해하여 질문에 대한 답을 같이 살펴볼 때'라고 응답했다. 이 학습활동에 대해 학생들이 긍정적인 반응을 보인 것은 두 가지로 해석해 볼 수 있겠다. 첫째, 학생들은 이미 충분히 예습을 했고 또 예상되는 질문에 대한 대답을 준비해 왔으므로 토론 등의 학습활동에 자신이 있었던 것이다. 둘째, 수업이 시작된 지 얼마 되지 않은 시간이어서 일반적으로 학생들의 신체적·심리적 상태가 최고로 깨어 있는 상태이기 때문에 가장 잘 집중했던 것이다.

　그럼에도 질문 2의 응답에서 몇몇 학생은 수업을 시작하고 첫 15분 동안에 진행된 토론이 가장 지루했다고 응답했다. 이 학생들의 반응은 다양했는데, '수업시간에 질문에 대한 답이 너무 쉬워서' '오늘 수업준비를 제대로 하지 못해서' 그리고 '영어를 잘 못하는 학생들의 질문을 이해할 수 없어서' 등이었다. 그리고 몇몇 학생은 학습활동과 관계없는 이유를 들었는데, '나는 수요일에는 강의가 많기 때문에 피곤하다' 같은 것이었다.

몇몇 학생은 '현재 호주에서 일어나고 있는 사건과 정치적인 이슈' '세계 정세와 기업에서 일어나고 있는 일'이기 때문에, 그리고 다른 학생들은 '수업시간에 토론하고 있는 것이 주제와 관련이 있는 것 같지 않아서' 수업에 집중할 수 없었다고 했다. 학생들의 이러한 반응은 수업시간에 어떤 내용을 다루고 있는지 충분히 이해하지 못하는 학생들이 있었다는 것을 말해 준다. 학기를 시작할 때 이 과목은 현재와 미래에 세계에서 일어나는 사건들과 밀접한 관계가 있으므로, 신문과 저널 읽기, 뉴스 보기 등은 아주 중요하다는 것을 강조했다. 그럼에도 CIQ의 응답을 보면, 학생들 중에는 방송과 신문 등 대중매체에서 중요한 사회 · 경제적 이슈로 다루고 있는 사건들을 수업시간에 토론하는 것은 주제와 관련이 없으며, 시간 낭비라고 보는 학생도 있었다. 어떤 학생들은 신문을 읽을 시간이 없었거나 수업시간에 발표할 기회가 없어 그들의 노력이 교수자에게 인정받지 못했다고 생각했을 수도 있을 것이다. 전반적으로, 절반 이상이 넘는 학생들이 교과내용의 핵심 개념이 현재 대중매체에서 논란이 되고 있는 사회 · 경제적 이슈와 어떤 관계가 있는지 알지 못했다. CIQ 조사는 학생들이 신문이나 관련 참고문헌들을 읽지 않았다는 것을 명확하게 보여 주었다.

K는 질문 3에 대한 학생들의 응답을 통하여 대다수의 학생에게 새로운 주제의 핵심 개념을 설명하는 것이 가장 도움이 된다는 것을 확인했다. '질문에 대한 교수의 대답과 다른 학생들의 의견이 내가 핵심 개념을 이해하는 데 도움이 되었다'를 시작으

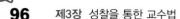

로, 학생들은 질문 3에 대해 '이론을 설명하는 것' '이번 주 새로운 주제와 관련하여 새로운 아이디어를 배웠다' '전체 토론' '교수자가 우리 질문에 대한 대답으로 개념의 이해를 돕기 위하여 다이어그램을 그리면서 설명해 줄 때' '새로운 주제를 설명하며 많은 시간을 할애할 때'와 같이 반응했다.

대다수의 학생은 교수자가 직접 수행한 학습활동이 학습에 더 도움이 된다고 말했다. 예를 들면, '교수자가 무엇인가를 할 때' 또는 '교수자로부터 배울 때' 도움이 된다고 하였다. 또한 대부분의 학생은 교수가 실제로 '가르칠 때' 더 만족하는 것으로 나타났다. 이러한 결과는 학생들 절반 이상이 '토론을 할 때 혼란스러웠고 힘들었다'고 말하는 것과 직접적인 관계가 있는 것으로 보인다. 비영어권 유학생들은 '토론'으로 진행되는 수업보다는 교수자가 직접 지식과 정보를 전달하는 '가르치는' 방식으로 진행되는 수업을 더 선호하는 것으로 나타났다. 이 학생들이 수업시간에 진행되는 토론이 힘들었던 이유로 지적한 것은 '나는 서양(호주) 학생들이 이야기하는 것을 이해할 수 없었다'로 시작하여 '시사 문제와 직장에서 일어나는 문제에 대하여 토론하는 것은 아주 혼란스러웠다' 등이었다. 또한 몇몇 학생은 '다른 학생들이 말하는 것을 이해할 수 없었다' '어떤 학생들은 수업과 관계없는 이야기를 오래 한다' 등을 지적했다.

■ 비판적 성찰

CIQ 조사를 통해서 파악한 학생들의 반응은 K에게 수업시간에 수행할 학습활동을 어떻게 준비해야 할지에 대해 다시 생각하게 하였다. 그는 학생들이 주도하는 학습 환경을 조성하고자 학생 중심으로 학습이 진행될 수 있는 토론 위주의 수업방식을 택했다. K는 수년간 토론 중심으로 이루어지는 수업을 진행해 오고 있다. 지금까지 그가 가르친 대다수의 학생은 이 토론식 수업방식이 자신의 학습에 도움이 되었다는 것을 인정하였다. 그렇지만 비영어권 유학생들이 많이 수강하고 있는 이 강의실에서는 절반 이상의 학생에게는 토론식 수업이 효과적이지 않았다는 것이 드러난 것이다. "학습활동을 한다는 것이 학습이 이루어지는 것을 보장하는 것은 아니다."라는 Biggs(2003)의 경고가 새삼 떠오르는 순간이었다. 효과적인 학습을 위하여 도입한 학습활동, 즉 토론이 모든 학생에게 동일하게 심화학습으로 이끌지는 않았다는 것을 의미한다.

이 수업에서는 많은 시간이 학생들의 토론에 사용되었고, 학생들이 토론에 참여하기는 하였지만, 절반 이상의 학생들(특히 비영어권 유학생)은 토론을 시간 낭비라고 말하면서 토론을 학습활동의 하나로 인정하지 않았다. CIQ 조사를 통해서 K는 자신이 학생들에게 토론을 통한 수업의 중요성을 충분히 설명하지 않았다는 것을 깨닫게 되었다. 이 수업은 대학원생들이 수강하는 수업으로, 교수자는 당연히 학생들이 토론의 중요성에 대하여 알고 있으리라고 생각하여 토론이 학습에 없어서는 안 될 중요한 활동이라는 것에 대한 자세한 설명을 하지 않았던 것이다. Brookfield(1995)는 교수자들이 새로운 학습활동을 시행할 때마다 학생들에게 그 학습활동을 하는 이유를 지속적으로 되풀이하여 알리는 것은 필수적이라고 조언하고 있다. K는 이것을 간과했을뿐더러, 학생들에게 누구나 알고 있는 당연한 사실을 설명하는 것이 그들을 귀찮게 하는 것이며 수업에 부정적인 영향을 주는 것이라고 여겼다.

이 사례는 교수자가 주제에 따라 효과적이라고 생각하는 교수 방식을 적용하여 학습활동을 했음에도 그것이 모든 학생에게 동일하게 효과적이지는 않다는 것을 보여 주고 있다. 토론 중심의 학습활동을 도입한 것은 학생들이 다른 학생들과의 상호작용을 통하여 비판적 사고를 고양시키고 이론을 실제에 응용할 수 있는 능력을 신장하기 위한 목적에서였다. 그러나 학생들 중에는 토론시간을 단순히 '시간만 때우는' 것으로 생각하는 이들도 있었고, 토론이 중요하지 않을뿐더러 심지어 학습활동의 일부가 아니라고 생각하는 학생도 있었다. 이것은 교수자가 학습자들의 심화학습을 돕기 위하여 의도적으로 선택한 새로운 교수 기법이나 학습활동을 시도할 때 학생들에게 자세히 설명하는 것의 중요성을 일깨워 준다. 그리고 CIQ 조사가 학기 초에 실시되었기에 수업에서 문제가 발견된 즉시 학습활동의 방향을 적절하게 수정할 수 있는 것이 장점으로 부각되었다. 이 점은 현재 많은 대학에서 실시하고 있는 학기말 강의 평가와 대조된다. CIQ 조사를 통해 현재 수강하는 학생들이 겪고 있는 문제를 알아낼 수 있고, 바로 그것을 수정 및 보완할 수 있는 기회가 있어서 더 나은 수업을 진행할 수 있었던 것이다.

5 동료 교수자의 경험을 통한 성찰

K는 자신이 비영어권 국가 출신으로 호주에서 영어로 학부과정을 공부하면서 겪은 경험을 생생하게 기억하고 있다. 그것은 영어로 진행되는 교수자의 강의내용과 다른 학생들이 교수자에게 하는 질문과 대답을 잘 이해하지 못한 경험이었다. 따라서 K는 호주 대학에서 가르칠 때에 비영어권 국가에서 온 유학생들에게 특별히 더 세심한 주의를 기울여 수업준비를 했다. 비영어권 학생들이 강의내용을 잘 이해할 수 있도록 다양한 교수법을 적용하려고 노력했다.

K는 종종 학생들의 이해 정도를 확인하기 위하여 질문을 하거나 토론을 할 때 주의 깊게 살펴보았다. 학생들 중에는 자주 엉뚱한 대답을 하거나 맥락에 맞지 않는 질문을 하는 학생이 있었고, 토론 중인 주제와 관련이 없는 내용에 대하여 말하는 학생도 있었다. 이런 경우 다른 교수자들은 어떻게 하고 있는지 알아보기 위하여 그는 동료 교수 제임스(가명, 호주인)에게 상황을 설명하고, 그의 경험을 물어보았다. 제임스는 K가 이 대학에서 처음 가르치기 시작했을 때부터 지속적으로 조언을 해 주고 있는 동료 교수로, K는 문제가 있을 때마다 그를 찾았다. K의 질문에 제임스는 이 대학에 임용되기 전에 근무하던 호주의 대학에서 있었던 자신의 경험을 이야기해 주었다. 제임스는 지금은 전공과목을 가르치고 있지만, 이전에는 오랫동안 대학에서 외국인에게 영어를 가르쳤다. 그는 외국어를 영어로 가르칠 수 있는 자격증

(Qualification of Teaching English as a Foreign Language)이 있었고, 실제로 오랫동안 영어를 가르치기도 했다. 다음은 제임스의 경험이다.

제임스가 이전에 수업했던 A 대학은 학생의 대부분이 유학생으로, 영어권과 비영어권에서 온 학생들로 구성되어 있었다. 그의 수업시간에 적극적으로 토론에 참석하고 수업에 열정적인 태도를 보이는 학생들은 대부분 영어권 유학생들이었다. 반면, 비영어권 유학생들은 조용히 앉아서 영어권 학생들의 열띤 토론을 지켜보면서 그들의 이야기를 경청하곤 했다. 제임스는 수업시간에 열심히 토론에 참여하는 영어권 유학생들로부터 그들이 열심히 공부하는 좋은 학생일 것이라는 강한 인상을 받았고 아주 흐뭇해하였다. 때때로 그는 이 학생들이 토론 중에 주제와 관련 없는 내용을 말하는 것을 듣기는 했지만, 어쩌다가 있을 수 있는 일이라고 여겨 별로 심각하게 생각하지 않고 그냥 지나갔다. 이 학생들에게 주요 개념을 이해했는지를 물을 때마다 그들은 얼굴에 자신만만한 환한 웃음을 띠면서 모든 것을 이해했다는 듯한 표정을 보였다.

그러나 중간고사가 끝나고 난 후 영어권 학생들이 보인 낮은 성적에 실망한 나머지, 제임스는 자신이 교수자로서 실패했다는 생각까지 하게 되었다. 그는 영어권 유학생들이 수업 중 가르친 내용의 모든 것을 이해한 것으로 알고 있었는데, 시험의 결과는 그렇지 않다는 것을 보여 주었던 것이다. 반면, 비영어권 유학생들(토론에 거의 참여하지 않고 수동적으로 듣고만 있었던)은 영어권 유학생들(적극적으로 토론에 참석했던)과 사실상 거의 같은 수준의 성적을 보였다. 학생들의 학습 결과에 실망한 제임스는 다음 학기에 이 유학생들에게 적합한 교수 기법을 선택하고 강의계획서를 다시 만들었다. 그러나 그가 새로이 준비한 교수 기법으로 수업을 시도해 보지 못한 채 현 대학으로 오게 되었다. 편의상 이 대학을 B 대학으로 칭한다.

제임스는 B 대학에서 강의를 시작하면서 A 대학에서 준비한 새로운 교수 기법을 적용하여 학생들을 가르쳤다. 그러나 한 학기를 마친 후 학생들의 수업 평가는 그를 실망시켰다. 제임스의 강의 평가 결과는 그 학기에 그 대학 전체 교수의 하위 10%에 속할 정도로 좋지 않았다. 결과가 너무나 충격적이어서 받아들이기가 힘들었다. 그는 아무리 생각해 보아도 자신이 학생들로부터 그렇게 낮은 평가를 받은 이유를 알 수 없었다. 그 학기 내내 강의 중 학생들을 주의 깊게 관찰했지만, 그의 강의시간에 불만이 있는 것처럼 보이는 학생들을 볼 수 없었다. 오히려 대다수의 학생은 수업시간을 즐거워하는 것처럼 보였고, 수업시간에 불만을 제기하는 학생도 없었다. 그 수업은 20%의 호주 학생과 80%의 유학생들로 구성되어 있었다. 그리고 유학생들은 영어권 학생들과 비영어권 학생들의 비율이 반반이었다. 강의 중 어느 누구도 강의에 문제를 제기하지 않았고 모두가 열중하여 강의를 듣는 것처럼 보였다. 제임스는 자신의 수업에 무슨 문제가 있는지 감지하지 못했기 때문에 많은 학생이 그의 강의에 만족하지 못한 이유를 알 수가 없었다. 그가 B 대학에서 가르치기 시작한 첫 학기였기 때문에 학생들로부터 좋은 강의로 평가를 받는 것은 중요한 일이었다. 다음 학기를 위해, A 대학에서 그랬던 것처럼 그는 B 대학 학생 구성원에 적합한 강의내용으로 다시 강의계획서를 준비했다. 여기까지가 제임스의 이야기이다.

■ 비판적 성찰

K가 자신의 문제를 놓고 동료 교수와 대화를 나눈 것은 교수자로서 자신을 성찰해 볼 수 있는 계기가 되었다. 그리고 자신이 준비한 학습활동에 대하여 다시 한번 생각하게 하였다. 제임스의 경험을 들었을 때 K는 자신이 다시 살아나는 기분이었고, 용기가 생겼다. 그가 겪고 있는 문제는 그만의 문제가 아니며 다른 교수자들도 다 같이 겪고 있는 문제라는 것을 깨닫게 되었다. 제임스와 대화를 하기 전까지 K는 제임스처럼 호주에서 태어나고, 공부하고 또 경험이 풍부한 교수자가 자신과 같은 문제로 고민하고 있으리라고는 생각도 해 보지 않았다. K가 자신이 경험하고 있는 문제에 대해 제임스와 서로 대화하는 동안, 그들은 유학생들의 배경지식 및 사전 지식과 경험의 결여가 문제의 출발점이라는 것을 깨달았다. 호주 대학에서 가르치는 교과내용과 다른 나라 대학에서 가르치는 교과내용(동일한 교과목 명칭을 사용하고 있다고 하더라도!)이 동일하지 않은 것은 흔한 일이다. 그럼에도 교수자들이 유학생들도 호주 학생들과 같은 배경지식을 가지고 있을 것이라는 전제하에 수업을 준비하고 진행한 것이 이러한 문제를 야기하게 되었다고 결론을 내렸다.

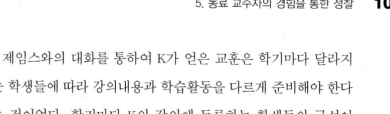

제임스와의 대화를 통하여 K가 얻은 교훈은 학기마다 달라지는 학생들에 따라 강의내용과 학습활동을 다르게 준비해야 한다는 것이었다. 학기마다 K의 강의에 등록하는 학생들의 구성이 다르다면 강의내용과 학습활동은 학생들의 언어 능력과 사전 지식에 따라 바뀌어야 한다는 것이다. K는 지금까지 학기마다 학생들의 구성이 다르다는 것을 인식하고 그에 따라 수업을 준비해야 한나는 것을 알고는 있었지만, 강의내용을 학생들에 따라 바꾸지는 않았다. 대신에 그는 학생들의 수준에 맞추어서 교수 기법과 학습활동의 난이도를 조절하곤 하였다.

제임스와의 대화는 K가 가진 기존의 생각을 재확인할 수 있는 기회가 되었다. 유학생들이 강의내용을 잘 이해하지 못하고 토론에 적극적으로 참석하지 못하는 것은, 영어 능력 부족으로 인한 낮은 자신감도 문제이지만, 교과내용에 대한 사회문화적 배경, 사전 지식 그리고 경험이 부족한 것이 더 큰 문제라고 확신하게 되었다. 제임스가 제안했던 것처럼 그는 학기마다 수강신청을 한 학생들의 특성에 따라 강의내용의 난이도를 조절했다. 그렇지만 그는 이 문제를 해결하기 위하여 공식적으로 학교에 수강신청을 받기 전에 학생들에게 선수 과목 제도를 두도록 하자는 요청을 하지는 않았다. 실제로 그는 낮은 영어 실력과 함께 배경지식 및 사전 지식과 경험이 없는 비영어권 학생들이 수업시간에 어떤 어려움을 당할지를 알고 있었지만, 이 문제를 예방할 방법이 없었다. 제임스가 이 문제에 대하여 상당히 고민하고 있는 것이 명백하게 보였지만, 그는 더 이상 자세히 이야기하고

싫어 하지 않았다. 대학에서 현재 그의 직책상 이 문제에 대하여
강하게 권고할 수는 있지만 최종 결정은 그가 할 수 없기 때문이
었다.

제4장

영어강의와 영어 읽기

1 읽기와 학습

대학뿐만 아니라 대부분의 교육에서 읽기를 빼놓고 학습에 대하여 논하기는 어려울 것이다. 새로운 지식을 습득하는 데 있어 읽기는 필수적으로 요구되는 학습 행위이다. 더욱이 영어강의에서는 영어 읽기의 필요성을 새삼 강조할 필요가 없다. 지금까지 영어강의에 대한 대부분의 논의는 교수자와 학습자가 외국어인 영어로 가르치고 배울 수 있는 영어구사능력, 즉 언어적 능력에만 집중해 왔다. 학습자의 영어구사능력 향상만 학습목표가 되고, 교수와 학습에서 가장 중요한 영어로 된 글 읽기는 논의조차 되지 않고 있는 것이 현실이다. 영어로 진행되는 수업에서 효과적인 학습을 위하여 필요한 영어로 쓰인 텍스트와 참고문헌을 읽는 방법에 대한 가르침과 논의는 거의 볼 수 없다. 아마 학습에서 글 읽기는 너무나 당연한 것이기 때문에 언급할 필요조차 없기 때문이 아닌가 유추해 볼 수 있다.

영어강의에서 학생들이 수업에 들어오기 전에 미리 그날 배울 주제와 관련된 텍스트와 참고문헌을 읽고 수업에 들어온다면 강의내용의 이해가 쉬울 것이다. 우리나라 대학생들이 외국어인 영어로 된 텍스트와 참고문헌을 읽고 이해하기는 쉽지 않다. 이 장에서는 교수자와 학습자가 효과적으로 학습을 진행해 나가는 데 필수적인 요소인 영어 글 읽기에 대하여 살펴본다.

학습자들이 교수자가 강의하는 내용과 학습활동을 이해하기 위해서 필수적으로 요구되는 두 가지는 언어 지식과 비언어 지식이다. 언어 지식은 무엇보다도 문자로 기록된 언어를 읽고 이해하는 과정이므로 주어진 문자언어를 읽고 내용을 잘 이해할 수 있는 능력을 말한다. 일반적으로, 우리가 외국인들과 우리말로 대화를 할 때는 보통 우리나라 사람들과 대화할 때보다 말의 속도를 천천히 하고 더 정확하게 말하려고 애쓴다. 우리가 보통 속도로 대화를 할 수 있음에도 대화 상대가 외국인일 경우 상대방의 우리말 이해 능력을 고려하여 말의 속도를 조절하는 것은 상대방을 배려하는 마음에서이다.

우리는 주위에서 영어를 상당히 유창하게 한다고 하는 이들이 영어권 국가에 갔을 때 현지인과 소통하면서 어려움을 겪었다는 이야기를 흔히 접한다. 아마 이 책의 독자 중에도 이런 황당한 경험을 한 적이 있을 것이다. 국내에서는 외국인과 영어로 어려움 없이 의사소통을 할 수 있었던 이들이 영어권 국가에서 영어로 소통을 하는 데 어려움을 겪는 것의 원인은 여러 가지가 있다. 그중에는 국내에 있는 외국인들이 영어로 한국인과 대화를 할 때 우리를 배려하여 천천히 말하는 것도 포함된다. 국내에서 영어를 가르치는 언어 교강사들이 영어를 외국어로 배우고 있는 비영어권 화자인 우리를 위하여 가능한 한 천천히 정확한 발음으로 대화에 임하기 때문이다.

그뿐만 아니라 영어권 대학에서 최종 학위를 받은 대부분의 국내 교수자와 학자는 대학이나 학회에서, 학문적인 토론과 발표에서는 큰 어려움 없이 영어로 이러한 과제를 수행할 수 있다. 그렇지만 이들도 학문적 영역을 벗어나 일상생활에서 부딪히게 되는 현지인(영어권 국가)들과의 대화에서는 소통이 제대로 되지 않는 경우가 더러 있다. 이럴 경우, 대부분의 비영어권 화자는 자신의 영어가 부족하여 소통이 제대로 되지 않는다고 여겨 낙담하곤 한다. 하지만 이것은 비영어권 화자의 영어구사능력 부족이라는 단순한 문제가 아닌 보다 더 복잡한 문제와 연관되어 있다. 미국인이 호주인과 대화를 할 때 소통이 원활하지 않고, 또 미국인이 때로는 영국인과도 원활한 소통이 이루어지지 않는 것이 좋은 예이다.

비언어 지식은 일반상식, 사회적·문화적 지식, 주제에 관한 지식 그리고 장르에 대한 지식으로 구분할 수 있다. 이러한 지식은 모두 한 개인이 이미 이전에 다양한 경로를 통하여 습득하여 소유하고 있는 지식과 경험으로 얻은 지식을 포함한다. 읽기 능력은 한 사람의 언어 지식과 기존 지식의 상호작용을 통해서 읽은 글을 이해할 수 있는 능력을 말한다(Hedge, 2000).

대부분의 우리나라 학생은 초등학교 때부터 정독을 중심으로 학습을 시작한다. 초등학교에서 자주 과제로 내주는 독후감은 정독을 해야만 쓸 수 있다. 우리나라에서 학생들의 학습 평가에 가장 많이 사용되는 사지선다형에서 정답을 고르기 위해서도 정독은 중요하다. 1990년대부터 초등학교부터 시작된 영어 공부는 단순한 회화 중심에서 시작하여 중 · 고등학교로 올라가면서 점차 영어(언어)시험을 위한 영어학습이 되었다. 대학 입학을 위한 영어시험에서 좋은 점수를 얻기 위한, 시험에서 높은 점수를 얻기 위한 학습을 한 것이다. 대부분의 영어 읽기는 시험에서 출제되는 답을 효과적으로 찾는 방법을 중심으로 이루어졌다. 사교육의 폐해를 줄이기 위하여 EBS교육방송 중심으로 출제를 하게 된 것은 이러한 학습법을 더욱더 부추기고 있는 중이다. 결과적으로 이러한 영어 학습법은 수능 점수에서 영어 1등급을 받고도 기본적인 영어 몇 마디도 자신 있게 말할 수 없는 비정상적인 영어 능력을 보유한 학생들을 배출하고 있는 실정이다.

우리는 흔히 국내 학생들이 10년 이상 학교에서 영어를 배웠는데도 영어를 잘하지 못한다고 한탄하면서 영어 교사와 학생들에게 그 책임을 전가한다. 이러한 책임 전가는 외국어를 배우는 것이 얼마나 많은 시간과 노력이 필요한지 잘 모르고 있다는 것을 보여 줄 뿐이다. 일주일에 몇 시간 배운 영어, 그것도 사지선다형 중심으로 출제하는 시험을 목표로 한 영어를 공부한 학생들이 대학에 입학하였다고 해서 그들의 영어 실력이 당장 달라지는 것은 아니다. 이들에게 대학 수준에 맞는 영어로 된 텍스트를 읽고 그 내용을 이해하기를 기대하는 것은 애초에 무리한 요구이다.

또한 학생들이 영어로 된 교재를 읽었더라도 텍스트 내용을 이해한 후 수업에 참석한다고 보기는 어렵다. 앞 장에서 교수자들과 학습자들이 어려운 영어 텍스트와 배경지식 부족으로 영어 강의에서 어려움을 겪는다는 것을 살펴보았다. 교수자는 학생들의 내용학습을 교수목표로 하고 있기 때문에 학습자들이 학습할 주제에 대한 내용의 이해 없이 수업에 들어올 경우, 교수자와 학습자 양쪽 다 대단히 힘든 수업시간을 보낸다는 것이다.

② 영어 읽기에 영향을 미치는 요인

비영어권 대학생들이 영어권에서 출판된 대학 수준의 전공 텍스트와 참고문헌을 읽고 내용을 이해하는 것은 그렇게 용이한 일이 아니다. 전공내용을 읽고 이해하는 데는 언어 지식뿐만 아니라 전공에 대한 사전 지식 및 그 밖의 다양한 요인이 영향을 미친다. 즉, 언어 지식뿐만 아니라 비언어 지식, 주제에 대한 사전 지식 및 배경지식이 큰 영향을 미친다. 마찬가지로 학생 개개인의 인지력 및 지적 성향, 모국어와 영어의 언어적 차이, 읽기 능력의 차이와 이해력 및 읽기 전략 등이 내용을 이해하는 데 영향을 미친다. 이것은 독자의 인지력 및 지적 성향은 읽기 속도와 함께 내용을 이해하는 수준에 영향을 미칠 수 있다는 것을 의미한다(Cummin, 1979, 1981; Royer & Carlo, 1991). 개인에 따라 전체적인 맥락에서 글의 내용을 이해하려고 하는 이들이 있는가 하면, 부분적인 내용은 잘 파악하나 전체적인 글의 흐름은 놓치는 이들도 있다.

　외국어 읽기 능력은 모국어 읽기 능력의 영향을 받는다고 주장하는 학자도 있다. Cummin(1979, 1981)은 외국어든, 모국어든 읽기에는 동일한 인지 능력이 사용되므로, 모국어로 읽는 능력이 뛰어나면 외국어로 읽는 능력 또한 뛰어날 것이라고 주장한다. Royer와 Carlo(1991)는 이 주장을 뒷받침하는 것으로, 모국어와 외국어 사이에 읽기 능력은 전이된다는 연구 결과를 제시하였다. 이들은 모국어 읽기 능력이 뛰어난 독자는 외국어를 읽을 때에도 그 능력을 적용하여 읽는 내용과 목적에 따라 읽기 속도를 조절하고, 자신의 이해 정도에 따라 적절한 읽기 전략을 사용한다는 것을 밝혀내었다. 반면, 모국어를 읽을 때 읽기 능력이 없거나 부족한 사람은 외국어를 읽을 때에도 읽기 전략을 적용할 수 없다는 것을 알아내었다.

　이 연구들이 시사하는 것은 모국어로 독서를 할 때 주로 정독을 한 사람은 외국어로 독서를 할 때도 정독을 하는 경향이 있다는 것이다. 또한 글의 내용에 대한 배경지식도 문화적 영향의 일면으로 본다. 내용이 한 특정 문화에 관한 것일 경우, 그 문화권에 속하지 않은 독자는 그 내용을 이해하는 데 어려움을 느낄 수 있다는 것이다. 그러므로 서로 다른 두 문화에 관한 내용을 읽을 경우, 자신의 문화권을 배경으로 한 내용을 다른 문화권을 배경으로 한 내용보다 훨씬 더 쉽게 이해하게 된다(Carrell & Eisterhold, 1988).

예를 들면, 한 연구에서 인도어를 모국어로 하는 학생들과 영어를 모국어로 하는 학생들에게 미국식 결혼식과 인도식 결혼식에 대하여 영어로 쓰인 글을 읽고 그 내용을 쓰게 하였다. 연구자들이 예상했던 대로 연구에 참여한 학생들은 자신의 문화권을 배경으로 한 내용에 대하여 더 많은 것을 기억하고 있었다. 또 이 연구자들이 주목한 것은 학생들이 자신의 문화적 배경의 영향으로 텍스트의 내용을 잘못 이해한 부분이었다. 학생들이 기억해 낸 내용을 분석한 결과, 자신의 문화권에서의 결혼식에 대한 생각을 다른 문화권의 결혼식에 적용하여 혼동을 일으킨 경우가 많은 것으로 나타났다(최연희, 전은실, 2011). 이와 같이 외국어인 영어로 내용을 읽고 이해한다는 것은 언어 지식뿐만 아니라 모국어와 외국어의 언어적 특징의 유사성이나 차이점, 외국어 능력과 같이 외국어 읽기에 관련되는 다양한 요인들의 영향을 받는 복합적이며 복잡한 과정이라는 것을 알 수 있다.

1) 외국어 읽기

여러분은 영어로 쓰인 글을 읽을 때 우리말로 쓰인 글을 읽을 때에 비해 읽는 속도나 내용을 이해하는 속도가 느리다는 느낌을 받은 적이 있을 것이다. 외국어로 된 글을 이해하는 속도가 느린 이유는 글을 읽는 동안 눈동자가 단어 하나하나 머물러 있기 때문이라고 한다. Cohen(1990)은 외국어 글을 읽을 때는 모국어 글을 읽을 때보다 눈동자가 각 단어에 더 오래 머물러 있는 것을 알아내었다. 최연희와 전은실(2011)의 연구에서는 국내 학생들이 영어권 학생들에 비해 영어로 된 책을 읽을 때 눈동자가 단어에 고정되는 시간이 세 배나 된다는 것을 발견하였다. 또 다른 차이점은 외국어 글을 읽을 때에는 모국어 글을 읽을 때에 비해 의미를 이해하지 못하거나 어려운 단어가 더 많다는 것이다.

내용을 이해하는 데 있어 어휘를 아는 것이 매우 중요하다는 점에서 볼 때, 학생들이 부족한 어휘로 영어로 쓰인 텍스트를 읽으면서 겪을 어려움을 충분히 예상해 볼 수 있다. 이들은 모르는 단어와 어휘가 나올 때마다 사전을 이용하거나 또는 문맥을 통하여 내용의 의미를 추측하기도 할 것이다. 그러나 여러분은 아무리 사전을 빠짐없이 사용한다고 하여도 사전에 의지하여 글 내용의 전체를 이해하는 데는 상당히 한계가 있으며, 모르는 단어가 나올 때마다 사전을 찾아보는 것이 때로는 이해를 더 어렵게 한다는 것을 경험해 보았을 것이다. 앞서 제시한 읽기 전략에서처럼 때로는 사전을 사용하는 것보다 모르는 단어가 나오면 문맥을 통해 그 뜻을 유추하거나 문장 구조에서 단서를 찾아 의미를 추측하는 것이 더 나을 수도 있다.

Nuttall(1986a, 1986b, 1986c)은 글을 읽다가 모르는 단어가 나타날지라도, 전체적인 내용을 이해하는 데 문제가 되지 않는 단어라고 판단되면 그냥 무시하고 계속하여 읽어 나갈 것을 권유했다. 그가 제시한 다양한 읽기 전략은 외국어로 글을 읽는 독자들의 부족한 어휘를 보완해 줄 수 있는 효과적인 전략으로서, 읽기지도의 한 부분으로 소개되어야 할 것이라고 본다. 영어강의에서 교수자는 이러한 외국어(영어) 읽기 전략을 학생들에게 소개해 줄 필요가 있다. 그리고 교수자가 학생들이 텍스트와 학습자료를 이해했는지를 파악해 가면서 수업을 진행하면 효과적인 수업을 이끌어 낼 것이다. 교수자는 학습자들이 영어로 된 텍스트를 효과적으로 읽고 내용을 이해할 수 있도록 지속적으로 관심을 가지고 읽기지도를 할 필요가 있다. 지속적인 영어 텍스트 읽기는 글의 내용에서 의미를 파악하고 내용을 이해할 수 있는 어휘 수를 늘려 주어, 학생들이 점점 더 영어강의와 교과내용에 대한 자신감을 갖게 할 것임에 틀림없다.

2) 영어 능력과 배경지식

국내 대학에서 영어강의를 수강하는 학생들의 영어 능력은 저마다 상당한 차이가 있다. 따라서 영어 능력이 우수한 학생들과 그렇지 못한 학생들 간에 교과내용을 이해하는 수준 또한 상당히 차이가 있다. 뿐만 아니라 만약 영어강의를 수강하는 학생들의 영어 수준에 상관없이 누구나 수강신청을 할 수 있고 선수 과목이 없다면 이러한 차이는 더욱더 클 것이다. Yang(2002)은 영어 수준이 상대적으로 높은 학생들과 낮은 학생들의 내용 이해 정도를 점검하여 비교 관찰해 본 결과, 영어 수준이 높은 학생들

은 내용을 읽으면서 지속적으로 자신의 이해 정도를 점검해 가
며 읽고 있는 내용과 기존 지식 및 정보를 통합하면서 읽는 것을
알아내었다. 반면에, 상대적으로 영어 수준이 떨어지는 학생들
은 읽고 있는 내용의 지식과 정보에 단편적으로 접근하며, 자신
의 이해 정도를 점검하는 것도 주로 단어 중심으로 하고 있는 것
을 발견했다. 이 연구는 영어독해 능력이 부족한 학생들이 영어
강의에서 효과적인 학습을 할 수 있도록 하려면 체계적이고 조
직적인 교과과정 설계가 필요하다는 것을 말해 준다. 학생들이
텍스트 내용을 영어로 이해할 수준이 되어야만 자신이 그것을
어느 정도 이해했는지 점검해 볼 수 있다. 따라서 영어강의의 경
우에는 영어로 읽고 이해할 수 있는 언어 지식과 더불어 교과목
에 대한 배경지식 및 사전 지식을 갖춘 학생들만 수강신청을 할
수 있는 제도적 장치가 만들어져야 할 것이다.

(1) 텍스트의 주제와 내용

모국어로 된 텍스트도 마찬가지지만, 영어로 쓰인 텍스트의
내용이 추상적이면서 일반적인 주제가 아니라면 이해하기가 더
어려울 것이다. 따라서 영어로 된 텍스트를 선택할 때에는 내용
도 중요하지만 학생들의 영어 수준 및 교과내용에 대한 사전 지
식 유무를 고려할 필요가 있다. 특히 영어 텍스트가 영어권 국가
에서 출판되었고 영어권 저자가 쓴 것이면 더욱더 그러하다. 학
문에 따라서 차이가 있겠지만, 이러한 텍스트들은 종종 국내 학
생들이 이해하기 어려운 내용이 실려 있다. 이것은 단지 학생들

의 영어 능력의 문제만은 아닌데, 영어 능력이 뛰어난 학생이라 도 교과내용에 대한 사전 지식의 부족 혹은 문화 차이로 내용 이 해에 어려움을 겪는 경우를 흔히 볼 수 있다.

게다가 텍스트에 실려 있는 지식과 정보의 양이 많을수록, 또 내용이 체계적으로 명확히 기술되지 않고 사전 지식이 필요한 내 용일수록 이해하기가 더 어려울 것이라는 것은 두말할 나위가 없 다. 반면, 교과과정의 주제와 텍스트의 내용이 구체적이고, 우리 나라 학생들에게 익숙한 상황에서 일어나는 일상적인 주제의 글 이 영어로 쓰여 있다면, 학생들이 이해하기에 더 쉬울 것이다.

(2) 배경지식

읽고 있는 글의 내용에 대한 배경지식이 새로운 글의 내용을 이해하는 데 긍정적인 영향을 미친다는 사실은 많은 연구를 통 하여 이미 입증되었다(Carrell, 1984b, 1987; Johnson, 1981). 새로 이 읽기 시작한 내용에 대한 배경지식이 있거나 그 내용이 이전 에 배운 지식과 연관성이 있을 때 내용 이해에 도움이 된다는 것 은 이미 여러 번 기술한 바 있다. 이미 알고 있는 지식은 새로운 내용을 쉽게 이해할 수 있게 할 뿐만 아니라, 동시에 추론을 가 능하게 한다. 통합할 수 있는 능력은 학습자가 새로 습득한 지식 과 정보를 이용하여 더 새로운 지식을 구성할 수 있게 하는 원동 력이다(Grabe, 2004).

학생들이 기존에 가지고 있는 지식에 새로운 지식과 정보를 더하는 것이 학습에 긍정적인 영향을 미친다는 것을 보여 준 많은 연구가 있다. 이 연구들은 학생들에게 다음 시간에 학습할 주제와 내용에 대해 미리 알려 주는 것이 학습목표를 달성하는 데 효과적이라고 주장한다. 또한 글의 내용을 이해하기 위하여 필요한 배경지식이 없는 학생들에게 적절한 배경지식을 제공했을 때 그들이 읽고 있는 내용을 더 잘 이해할 수 있었음을 밝힌 연구도 있다(Floyd & Carrell, 1987). 이 연구는 효과적인 학습 전략을 알아보기 위해 세 그룹으로 나누어 다른 방식으로 가르치는 연구를 수행했다. 첫 번째 그룹에게는 학습에 필요한 배경지식 및 선수 과목을 가르치고, 두 번째 그룹에게는 교재의 내용을 미리 검토하게 하고, 세 번째 그룹에게는 주제와 관련된 배경지식을 가르친 후 그 효과를 측정하였다. 연구 결과, 학습을 하기 전에 미리 학습할 내용을 검토한 두 번째 그룹이 사전 준비를 하지 않은 통제 그룹이나 미리 배경지식을 배운 그룹보다 내용을 더 잘 이해한 것으로 나타났다. 그리고 이 두 가지 학습활동을 동시에 한 그룹은 내용을 미리 검토한 그룹과 비슷한 수준으로 내용을 이해하고 있었다.

이 연구는 학생들에게 일반적인 배경지식만을 가르치는 것보다는 텍스트의 내용과 연관되는 구체적인 지식과 정보를 동시에 가르치는 것이 내용을 이해하는 데 더 효과적이라는 것을 보여 준다. Chen과 Donin(1997)은 중국의 한 대학원의 학생들을 대상으로 한 연구에서 학생들에게 모국어인 중국어와 영어로 된 내용을 모두 읽게 하는 실험을 실시했다. 이 연구의 참여자들 모두 모국어로 된 내용을 읽었을 때는 배경지식이 없어도 내용을 잘 이해했으나, 영어 능력이 부족한 참여자들이 영어로 된 내용을 읽었을 때는 배경지식이 없을 경우 이해하기 어려워하는 것을 알아내었다. 이 연구는 배경지식이 내용의 이해를 어느 정도 도와줄 수 있다는 것을 보여주고 있다.

이상의 연구들은 학생들이 새로운 내용을 읽기 전에 이미 그들이 알고 있는 지식을 상기시킬 수 있는 기회를 가지는 것이 새로운 내용을 이헤히는 데 효과적이라는 것을 말한다. 따라서 학생들이 텍스트의 내용에 대한 지식과 정보가 많이 부족할 경우에는 학습할 내용을 미리 소개하는 것이 내용 이해에 도움을 줄 것이라는 주장이다.

③ 읽기지도의 필요성

여러 가지 읽기 전략에 대한 분석을 통하여 성공적인 독해 전략의 특징이 속속 밝혀지면서 읽기 전략 훈련이 학생들의 이해력을 향상시킬 수 있음을 시사하는 많은 연구가 나왔다. Hamp-Lyons(1985)는 ESL 학생들을 대상으로 통제그룹과 실험그룹으로 나누어서 읽기 실험을 하였다. 통제그룹은 전통적인 교수법으로, 실험그룹은 전통적인 교수법과 함께 읽기 전략을 포함한 교수 기법으로 가르쳤는데, 실험그룹이 통제그룹보다 내용 이해에서 더 많은 향상을 보였다. Kern(1989)은 대학에서 불어를 공부하는 학생들을 대상으로, 어휘의 뜻을 추측하는 것을 비롯하여 핵심 내용을 파악하는 것과 같은 다양한 읽기 전략을 사용하여 읽기 훈련을 시켰다. 훈련 결과, 훈련을 받은 학생들은 훈련을 받지 않은 학생들에 비해 읽은 내용에 대한 이해력이 더 향상된 것을 보여 주었다. 이 연구의 핵심은 외국어 읽기 훈련은 이해력이 높은 학생보다는 이해력이 낮은 학생에게 상대적으로 더 큰 효과가 있다는 것이다. 이 연구들 외에도 읽기 훈련을 받은 학생의 독해력이 향상되었다는 많은 연구가 있다(Carrell et al., 1989; Salataci & Akyel, 2002). 학생들에게 읽기 기법을 가르칠 때, 읽기 기법에 대하여 설명해 주고 시범만 보여 주는 것으로는 충분하지 않다. 수업에서 사용하는 텍스트를 사용하여 학생들이 실제로 다양한 읽기 기법을 적용하여 읽어 보도록 하면서 가르치는 것이 더 효과적이다(Bereiter & Bird, 1985).

1) 영어 읽기 전략

학생들이 영어로 된 텍스트를 읽는 것에 흥미를 느끼도록 하기 위하여 교수자는 다양한 전략을 세울 필요가 있다. 학생들은 텍스트를 읽고 싶어도 영어로 된 내용을 읽어야 한다는 심리적 부담 때문에 아예 엄두를 내지 못하는 경우도 있다. 이러한 학생들을 위하여 교수자는 그들이 영어 읽기에 쉽게 접근할 수 있도록 다양한 방안을 강구해야 할 것이다. 여기서 제시하는 방법은 새롭고 독창적인 것이 아니라 이미 일반적으로 많이 사용하고 있는 방법이기 때문에 참고문헌은 생략하기도 한다.[1] 학생들의

이해력을 향상시키기 위하여 활용할 수 있는 몇 가지 기법을 소
개한다.

- 학생들이 수업에서 다루는 내용을 잘 이해하도록 하기 위해서
  는 학생들에게 중요한 사건이나 배경을 소개하는 것으로 수
  업을 시작할 수 있다. 학생들이 수업에서 다루는 주제에 대한
  배경지식이 있으면 내용을 더 잘 이해할 수 있다. 수업을 시
  작하면서 배경지식을 소개하는 것은 수업 도중에 소개하는
  것보다 더 효과적이다. 특히 영어강의에서는 효과가 더 크다.
- 교수자는 미리 다음 시간에 공부할 주제에 대하여 우리말로
  간단히 설명한다. 학생들이 내용을 읽고 이해할 수 있도록 도
  와주는 가장 기본적인 방법은 우리말로 배울 주제의 핵심을
  소개하는 것이다. 읽을 텍스트를 직접 펴서 간단히 5분 정도
  우리말로 요약하여 설명하는 것도 좋을 것이다. 학생들에게
  내용을 요약하여 말해 주는 것은 읽기 전에 하는 것이 가장
  효과적이다. 주제에 대한 배경지식이 없거나 부족하면 학생
  들은 내용을 이해하기 어렵고, 따라서 효과적인 학습을 하
  기가 어렵기 때문이다.
- 그다음 학생들에게 내용을 읽으면서 나타나는 새로운 용어

---

1) 예: Pre-reading Strategies: http://www.studygs.net/preread.htm, Pre-
   reading activities for ELLS: http://www.colorincolorado.org/article/pre-
   reading-activities-ells

와 생경한 어휘들을 목록으로 만들어서, 그 수업에서 사용하는 의미를 노트에 적어 오게 한다. 이 목록은 학생들에게 과제로 부과하여 만들게 할 수도 있고, 교수자가 미리 준비해서 유인물로 나누어 줄 수도 있다. 개인적인 경험으로는 학생들이 과제로 해 오는 것이 학생들의 학습에 더 효과적이다. 상황에 따라 학생들을 소그룹으로 나누고, 소그룹 활동의 하나로 어휘 목록을 작성하고 관련 예시도 포함하게 할 수 있다.

- 학생들에게 텍스트를 읽는 간단한 방법을 제시한다. 예를 들면 다음과 같다.
  - 학습 자료를 읽다가 모르는 단어가 나올 경우, 문맥 안에서 모르는 단어의 뜻을 추측하도록 한다.
  - 문장과 문장, 문단과 문단 사이에 있는 지시어를 찾아 문장이나 문단 간의 연결관계를 이해할 수 있도록 지도한다.
  - 때로는 뜻을 모르더라도 문맥상 중요한 단어가 아니라고 생각되면 무시하고 다음 문장으로 넘어가도록 한다.
  - 소그룹 또는 팀을 만들어서 서로 협력하여 텍스트를 읽고 수업에 임할 수 있도록 한다.
- 본격적으로 읽기를 시작하기 전에 할 수 있는 활동으로는 사전에 내용을 검토하는 것과 읽을 내용을 예측해 보게 하는 방법을 소개할 수 있다. 사전 검토는 책이나 참고문헌의 한 부분을 읽을 것인가 혹은 전체를 읽을 것인가를 결정하기 위하여 책의 제목이나 목차, 서론을 살펴보는 것이다. 예

측은 책이나 텍스트의 내용에 대하여 미리 생각해 보면서, 연관되는 선험 지식을 활성화시켜 어떤 내용이 들어 있을지 추측해 보는 것이다.

- 읽기의 목적에 따라서 서로 다른 읽기 전략을 세우도록 한 다. 텍스트를 어떻게 읽을 것인가에 대하여 자세히 설명해 주는 것도 좋은 방법 중 하나이다. 일반적으로 국내의 초·중·고등학교에서는 학생들에게 별도로 특별히 읽는 방법을 가르치지 않고 있다. 우리말로 된 글을 읽을 때는 특별히 읽는 방법을 배우지 않고도 여러 맥락에서 자연적으로 습득할 수 있다. 그러나 외국어인 영어로 읽을 때는 학생들에게 별도로 내용을 읽는 방법을 가르치는 것이 내용 이해력을 향상시킨다. 읽기의 목적에 따라 대충 훑어보기, 중요하지 않다고 생각되면 건너뛰어 읽기, 중요한 글에 표시하기, 어휘 풀이 등을 따로 가르칠 필요가 있다. 예를 들면, Cohen(1990)은 읽는 방법에 대하여 다음과 같이 소개한다.

－훑어보기(scanning)는 빠른 시간에 긴 글의 요지를 파악하기 위해 읽는 방법으로, 각 문단의 첫 문장만을 읽는 것을 말한다.

 그리고 이 방법에서는 '예시' 같은 것들은 읽지 않고 그냥 넘어간다. 교수자는 내용에 따라서는 예시를 읽지 않고 그 부분을 건너뛰어 읽을 때 문장이 더 명확하게 이해될 수도 있음을 말해 준다.

－훑어보기와 건너뛰어 읽기 전략은 외국어로 읽고 이해하

는 능력이 부족할 때 많이 사용하는 방법이다. 학생들이 영어로 읽고 내용을 이해하는 수준에 따라 읽기 전략이 달라질 수 있다는 것을 주지시킨다.

－글의 내용이 의미하는 바를 명확하게 이해하기 위하여 의역을 하는 것도 하나의 방법이다. 또한 글의 전체적인 의미를 이해하기 위해 내용의 일관성을 파악하는 방법도 가르칠 필요가 있다.

• 그 밖에도 사회문화적 지식 및 주제에 대한 배경지식을 활용하여 글의 의미를 파악하고 추론하는 전략 등이 있다.

이상의 읽기 전략을 학생들에게 주지시켜 텍스트를 읽는 목적에 따라 각각 다른 전략을 사용한다는 것을 가르친다. 또한 글의 종류, 글이 쓰인 상황과 맥락에 따라, 그리고 어떤 목적을 가지고 글을 썼는가에 따라 다른 읽기 전략을 사용해야 한다는 것을 학생들에게 보여 줄 필요가 있다.

2) 영어 읽기를 위해 필요한 어휘 수

그렇다면 비영어권 학생들이 영어로 된 텍스트를 읽고 내용을 제대로 이해하기 위해서는 어느 정도의 어휘를 알아야 할까? 필요한 어휘의 수는 글을 읽는 목적, 글의 종류, 학문 분야에 따라 상대적으로 달라진다. 종합적으로 볼 때 외국어를 읽고 내용을 충분히 이해하기 위해서는 상당히 많은 수의 어휘를 알고 있어야 한다는 것이 많은 연구에서 밝혀졌다. Nation과 Waring(1997)은 외국어로 된 글을 읽기 위해서는 기본적으로 사용되는 3,000단어 정도를 숙지하고 있어야 한다고 주장한다. 이들은 이 기본적인 단어들을 숙지하지 않고 다른 어휘를 습득하는 것은 텍스트의 내용을 이해하는 데 별 효과가 없다는 견해를 피력했다. 연구에서 이들은 비교적 높은 수준의 어휘가 많이 사용되는 영어로 된 신문, 잡지 등에서 사용된 단어를 세어 본 결과, 80%의 내용이 3,000단어 정도로 구성되어 있는 것을 알아내었다. 여기에서 말하는 3,000단어는 국내의 경우 중학교 영어과정에 포함되어 있는 단어들로, 종이로 출판된 영어사전에서 사용하는 빈도순의 3,000단어로 표시되어 있다. 여기에서는 단순히 3,000단어라고 하지만, 이 단어들은 교과내용과 맥락에 따라 다양한 뜻을 내포한 경우가 많고, 그로부터 파생된 단어와 단어의 조합이 셀 수 없는 다양한 의미를 만들어 내기 때문에 결국 수만 단어를 지칭한다고 보아도 될 것이다(Gouldern et al., 1990).

최연희와 전은실(2010)은 영어로 된 신문과 잡지 등을 읽고 내용을 이해하기 위해서는 약 5,000~8,000단어가 필요하다고 보는데, 이는 대략 국내 고등학교 영어과정에 포함된 어휘 수이다. 그렇다면 전공서적 및 학술지, 다방면의 학습 자료를 읽어야 하는 대학생은 이보다 훨씬 더 많은 어휘가 필요할 것이다. 영어권 대학에서 수학할 준비를 하는, 학문을 위한 영어(English for Academic Purpose)프로그램에서 공부하는 학생들은 기본 단어인 2,000~3,000단어보다 훨씬 더 많은 단어를 습득해야 한다. 네덜란드의 대학교 1학년 학생들을 위하여 영어로 출판된 텍스트에서 사용되고 있는 어휘 수를 조사·분석한 연구에서는 적어도 1만 단어 이상을 숙지하고 있어야만 대학 수준의 내용을 읽고 이해할 수 있다는 결론을 내렸다(Hazenberg & Hulstijin, 1996). 단어 하나가 내용에 따라 다양한 의미를 가질 수 있고, 형태상으로도 여러 용도로 변용될 수 있다는 것을 고려한다면, 실제로 학생들이 숙지해야 할 어휘의 수는 더욱더 많아진다(Gouldern et al., 1990).

그러나 Ward(1999)는 이러한 주장을 반박하면서, 전공서적을 읽기 위하여 기존의 연구들이 제시하는 만큼의 어휘력이 필요한 것은 아니라고 주장한다. 그는 공학을 전공하는 대학교 1학년 학생들의 교재를 분석한 결과 약 2,000단어가 교재의 95% 정도를 차지한다는 연구 결과를 근거로 제시했다. 이렇게 각각 다른 학문에서 다른 결과가 도출된 것은 학문 분야와 전공에 따라서 필요한 어휘의 수는 상당한 차이가 있다는 것을 말해 준다. Laufer(1989)는 히브리어와 아랍어를 모국어로 하는 대학생들이 학문을 위한 영어 프로그램에서 텍스트를 읽을 때 전체 단어의 95% 이상을 알고 있을 때와 그 이하를 알고 있을 때 내용을 이해하는 데 차이가 있다는 것을 발견하였다. 그는 어떤 텍스트를 읽을 때 그 글 전체에 나오는 단어의 95% 이상을 알고 있는 사람은 그 글의 내용을 성공적으로 이해할 수 있는 확률이 높다고 결론지었다. 그러나 Hu와 Nation(2000)의 연구에서는 더 높은 수치가 제시되었는데, 어떤 텍스트의 내용을 충분히 이해하기 위해

서는 그 글에 실려 있는 단어의 98% 정도를 알고 있어야만 한다
고 주장했다. 이 연구를 수행하기 전에 이들은 취미로 읽는 영어
단편소설에서 사용되는 어휘의 수를 세어 보았는데, 소설의 전
체 내용의 97~98%를 이해하려면 약 5,000단어를 숙지하고 있
어야 한다고 하였다(Hirsh & Nation, 1992).

이처럼 영어로 된 텍스트를 읽고 내용을 충분히 이해하는 데
필요한 정확한 어휘의 수와 비율이 연구마다 다른 것은 연구에
서 분석 대상이 된 텍스트의 전문적 수준 그리고 학문 분야에 따
라 내용이 다르기 때문인 것으로 추정할 수 있다. 따라서 이러한
연구 결과는 어디까지나 텍스트를 선택할 때 참고로 할 수는 있
겠지만, 절대적 기준이 된다고는 보기 어렵다.

3) 사전 사용법

외국어로 텍스트를 읽을 때 사전을 얼마나 자주 그리고 어떻
게 사용할 것인가? 영어로 된 텍스트를 읽을 때 사전을 사용하
는 문제는 새로운 단어를 습득하는 것뿐만 아니라 내용의 이해
에 미치는 영향에 대한 관점에서도 연구가 이루어지고 있다. 한
연구에서는 외국어로 된 글을 읽다가 모르는 단어의 뜻을 알기
위하여 사전을 찾아보는 것은 글의 내용을 이해하는 데 크게 도
움이 되지 않는다고 보고 있다(Bensoussan et al., 1984). 이 연구
는 영어를 외국어로 배우는 EFL(English as Foreign Language) 과
정을 수강 중인 이스라엘 대학생들을 대상으로 수행한 것으로,

사전의 사용 여부가 내용 이해 정도를 측정하는 사지선다형 문제의 점수에는 영향을 미치지 않는 것으로 나타났다. 그러나 Knight(1994)가 미국에서 실시한 연구에서는 컴퓨터로 내용을 읽으면서 모르는 단어가 나올 때마다 전자사전을 사용했던 학생들이 그러지 않았던 학생들보다 읽은 내용을 더 많이 기억하고 있는 것을 보여 주었다. 그러나 학생들의 언어 능력에 따라서 점수를 분석하였을 때는 양상이 달랐다. 사전 사용 여부가 언어 능력이 비교적 높은 학생들에게는 의미 있는 차이를 보여 주지 않았지만, 언어 능력이 낮은 학생들은 사전을 사용했을 때 더 많은 내용을 기억하고 있었다. 이 두 연구는 내용 이해라는 측면에서만 볼 때 사전을 사용하는 것이 언어 능력이 높은 학생에게는 외국어 내용을 이해하는 데 별 도움이 되지 않지만 아직 어휘 지식이 충분하지 않은 언어 능력이 낮은 학생에게는 내용 이해에 도움이 될 수 있다는 것을 말해 준다.

　일반적으로 영어 교육에서는 외국어 읽기에서 모르는 단어가 나오면 사전을 찾는 것보다는 문맥에서 의미를 유추하는 것을 권장하고 있다. 그러나 Bensoussan과 Laufer(1984)의 연구에서는 영어를 외국어로 학습하는 대학생에게 그들의 모국어인 이스라엘어로 어휘를 번역하게 한 후 분석한 결과, 전체 응답자 중 13%만이 단어의 뜻을 추측하는 데 문맥이 도움이 되었다고 응답했다. 뿐만 아니라 이번에는 언어 능력이 높은 학생들도 낮은 학생들과 마찬가지로 주어진 문맥을 효과적으로 활용하지 못하였다는 것을 알게 되었다. 결론적으로 이 연구는 글을 읽으면서 모르는 단어를 유추하거나 사전을 사용하는 것보다는 많은 단어를 습득하여 단어를 보자마자 즉시 이해할 수 있는 능력을 갖추는 것이 내용의 이해에 더 도움이 된다는 것을 보여 준다.

4 교재의 선택과 읽기

효과적인 수업을 위하여 학생들의 영어 능력 및 지식 수준에 적절한 텍스트와 학습 자료를 선택하는 것은 무엇보다도 중요하다. 그러나 때로는 학생들이 이해하기 어려운 언어표현과 어려운 내용이 포함된 학습 자료를 읽는 것이 필요할 수도 있다. 학생들이 항상 이해할 수 있는 내용만 읽는다면, 지식의 향상은 기대하기 어렵다. 그렇다고 하여 학생의 능력보다 지나치게 어려운 내용을 읽게 하는 것보다는 학생들의 능력보다 한 단계 정도 높은 내용이 학생들의 지적 호기심을 자극하여 더 높은 단계의 학습을 가능하게 할 것이라고 본다.

아무리 훌륭한 텍스트라고 하더라도, 특히 외국어인 영어로 쓰여 있는 경우, 그 내용에 대한 배경지식과 정보 없이는 이해할 수 없는 것이 많다. 실제로 이러한 텍스트는 학생들에게 정독을 기대하는 것이 현실적으로 불가능할 수도 있다. 이런 경우에는 텍스트의 주제를 파악하는 것 정도를 읽기 목적으로 정할 수 있다. 텍스트를 소개할 때는 내용이나 저자에 대한 자세한 정보보다는 학생들이 이미 알고 있는 지식과의 연관성을 찾아보게 한다. 이러한 활동을 통하여 학생들은 자신이 알고 있는 지식을 상기하면서 교수자가 원하는 방향으로 내용을 읽을 준비를 할 수 있다. 이때 교수자가 텍스트 내용에 대하여 지나치게 장황하게 설명하는 것은 바람직하지 않다. 학생들과 소통하면서 그들이 갖고 있는 지식을 이끌어 내기 위해 간단한 문답식으로 수업을 진행하는 것도 한 방법이다. 새로이 읽을 텍스트의 주제와 연관 지어 학생들끼리 짧은 토론을 해 보는 방식으로 진행할 수도 있을 것이다.

Nuttall(1996, p. 157)은 학습자에게 읽을 내용을 소개할 때 바람직한 방법 네 가지를 제시했다.

- 학생들이 텍스트를 읽고 싶게 한다.
- 학생들이 텍스트에 나오는 내용을 그들의 경험, 목적, 흥미와 연관시킬 수 있도록 흥미를 유발한다.
- 학생들이 질문 혹은 토론에 능동적으로 참여할 수 있도록 한다.
- 학생들이 텍스트에서 무엇을 알아낼 수 있는지 자세히 말하지 말고, 내용의 소개는 아주 산난히 한다.

새로운 주제로 수업을 시작하기 전주에 학생들에게 미리 읽을 텍스트 내용의 목적을 제시하고, 학생들의 호기심을 자극하기 위하여 그들의 지식, 경험 및 흥미와 연결시켜 생각해 볼 기회를 주는 것은 좋은 읽기지도 방법이다. 더 나아가 학생들에게 질문이나 토론을 하도록 하는 학습활동은 학생들이 능동적으로 교재를 읽도록 한다(Nuttall, 1996).

5 읽기를 권장하는 학습활동

Aebersold와 Field(1997)는 학생들에게 교재의 내용을 소개할 때 할 수 있는 학습활동으로 브레인스토밍(brainstorming), 관련 있는 비디오 시청(video watching), 내용매핑(content mapping), 의미매핑(semantic mapping), 어휘 연상(word association) 등을 제시했다. 이러한 학습활동은 일반적으로 많이 사용하는 것으로 특별한 것은 아니다. 첫 번째로, 브레인스토밍은 가장 보편적으로 사용되는 학습활동으로 학생들에게 주제와 관련하여 연상되는 모든 생각을 말해 보도록 하는 것이다. 이 방법의 장점은 준비가 필요하지 않다는 것과 학생들 각자가 알고 있는 지식과 정보를 서로 교환할 수 있다는 것이다. 뿐만 아니라 학생들이 각자의 의견을 자유롭게 피력할 수 있게 하여 모든 학생이 능동적으로 학습에 참여할 수 있도록 하는 장점도 있다(Wallace, 1992).

두 번째 학습활동은 비디오 시청 혹은 영상 콘텐츠 활용이다. 학생들에게 주제와 관련된 영상 자료를 간단히 소개하고, 영상물을 과제로 시청하게 할 수 있다. 글로 된 텍스트와 교수자의 강의로만 전달되는 교과내용보다 영상물과 같은 다른 형식으로 전달되는 내용은 학생들의 호기심을 불러일으킨다. 영상물은 통상적으로 교수자가 강의를 할 때 학생들이 보이는 반응보다 더욱 능동적이고 활발한 시청각적 반응을 유발한다. 이것은 영상물을 통한 학습이 대체로 흥미와 재미를 동반하기 때문이다(최경진, 2012). 특히 영어로 된 텍스트의 내용을 이해하기가 어려울 때는 적절한 영상물이 효과적인 읽기에 큰 도움을 준다. 학생들이 텍스트 내용과 관련된 적절한 영상물을 시청한 후 실제로 내용을 읽을 때 이해가 더 용이해질 것이다.

세 번째로, 내용매핑은 읽을 텍스트의 내용을 학생들이 한눈에 보고 이해하기 쉽게 조직하는 시각적 기법이다. 여기에서는 주제와 관련된 텍스트 내용을 의미 있게 조직하여 연결한다. 내용매핑을 짜는 방식은 여러 가지가 있을 수 있으나, 대개는 주제를 중심에 놓고, 그 주변에 소주제들을, 그리고 소주제별로 학습 내용을 배열하고 관계되는 것끼리 선으로 연결하는 방식을 취한다. 내용매핑은 주제와 관련된 소주제들 그리고 텍스트 내용이 어떻게 연결되어 있는지를 한눈에 볼 수 있도록 구성한다. 마인드맵(mind maps)과 유사하지만, 내용매핑은 내용에 초점을 맞추고 있다. 보다 구체적으로 내용매핑은 텍스트를 읽는 목표와 관련하여 텍스트에 있는 내용을 소주제로 나누어 분류하여 열거해 봄으로써 학생들이 내용을 쉽게 이해할 수 있도록 하는 읽기 전략이다.

네 번째로, 의미매핑은 학생들이 글을 이해하는 데 중요한 개념과 관련된 단어를 브레인스토밍한 후 교수자와 학생이 그 단어를 시각적인(visual) 매핑으로 구조화시키고 그 개념의 같은 면에 관련되는 단어를 범주별로 함께 묶는 것을 말한다. 의미매핑은 학생들의 기존 지식을 활성화시켜 그 기반 위에 새로운 지식을 쌓으려는 방법이다. 의미매핑 모형은 핵심 질문(core question), 그물 가닥(web strand), 가닥 지지대(strand support), 가닥 연결띠(strand ties)의 네 가지 요소로 구분되어 있다. 교수자가 설정한 핵심 질문은 그물의 초점이고, 학습자의 대답은 그물 가닥이다. 가닥 지지대는 학습자의 대답에서 그물 가닥을 뒷받침하기 위해 취하는 사실, 추론, 일반화이다. 그리고 가닥 연결띠는 가닥 간의 관계이다. 의미매핑은 텍스트 내용을 이해시키기 위한 설명을 할 수 있게 해 주며, 내용을 도식(diagram)으로 나타내어 체계화하여 시각적으로 표현할 수 있게 해 준다. 사전 읽기활동으로 사용된 의미매핑을 보면, 학생들은 텍스트를 읽기 전에 주제에 관한 사전 지식을 범주화하여 나타낼 수 있다 (Heimlich & Pitterman, 1986). 의미매핑은 학생들에게 단어나 개념이 서로 어떻게 관련되어 있는지를 보여 주는 다이어그램이다. 의미매핑을 만드는 절차는 교수자가 목표하는 바에 따라 다를 수 있지만, 일반적으로는 학생들이 주제나 자극 단어에 대하여 연상되는 것을 체계적으로 관련시키고 텍스트 내용에 따라 관련 개념을 범주화하는 것이다. 의미매핑을 만드는 학습활동은 학생들에게 축적된 기존 지식을 도출하도록 정신적인 활동에 깊이 몰두하게 하고 그들이 도출하는 개념들을 도식으로 보여 준다. 토론을 통하여 학생들은 자신이 개념을 얼마나 이해했는지를 확인하고 이해의 폭을 넓혀 나간다. 그들은 자기 나름의 배경지식에 새로운 개념을 연관시키며 읽기 능력을 향상시켜 나간다.

마지막 학습활동은 어휘 연상을 통한 문맥 추론이다. 학자들
은 문맥이나 맥락을 통해 어휘의 의미를 추측하는 것이 어휘력
을 확장하는 가장 중요한 방법임을 강조한다(Clarke & Nation,
1980; Kruse, 1987). 어휘가 있는 문장의 전후 문맥을 통하여 그
어휘의 의미를 파악하는 방법은 학습자에게 맥락에 따라 같은
어휘가 다양한 의미로 사용될 수 있다는 것을 깨우치게 한다.
이 방법은 실제 맥락에서 추론 학습활동이 이루어져 어휘가 사
용되는 맥락에 맞게 내용을 이해하는 데 매우 유용하다. 장은실
(1997)은 어휘 자유연상 학습이 문법에 구애받지 않고 중요한 내
용어를 중심으로 단어의 의미를 파악하도록 학습자를 도와주는
데 매우 효과적이라고 주장한다. 이 전략은 의사소통의 기본 단
위인 어휘들을 자유롭게 떠올려 스스럼없이 자주 접하게 함으로
써 학생들의 불안과 초조함을 없애고 그들이 알고 있는 것을 스
스로 표현할 수 있도록 도와주는 장점이 있다.

물론 효과적인 학습을 위해서 학습활동을 진행하는 교수자가
텍스트 내용에서 학생들이 알아야 할 것이 무엇인지를 정확히 파
악하고 있어야 함은 두말할 나위가 없다. 교수자는 내용의 핵심
이 무엇인지, 무엇을 강조해야 하는지, 학습할 주제에 영향을 미
치지 않으면서 넘어갈 수 있는 부분은 무엇인지 등을 미리 파악
하고 있어야 한다. 또한 교수자는 전체 글의 이해를 어렵게 하는
요소와 학생들의 이해를 방해하는 요인을 파악할 수 있어야 한
다. 글의 내용을 이해하는 데 방해가 되는 요인이 발견되면, 학생

들이 이를 무시하고 읽기를 계속할 수 있는 훈련 또한 필요하다.

1) 내용에 대한 질문하기

수업을 시작하기 전에 학생이 그날 배울 주제에 대한 텍스트와 참고문헌을 읽었는지, 그리고 그 내용을 얼마나 이해했는지를 점검하는 것은 학생들의 지속적인 읽기를 유도하는 효과가 있다. 학생의 이해 정도를 알아보기 위하여 가장 많이 하는 학습활동은 읽은 내용에 대해 질문하는 것이다. 이런 질문을 통하여 얼마나 많은 학생이 내용을 읽었는지를 가늠해 보는 동시에 학생들의 이해 정도를 알아볼 수 있다. 질문과 대답 활동은 여러 방식으로 진행할 수 있다. 앞뒤 혹은 옆에 있는 두세 명의 학생과 한 팀으로 진행할 수도 있고, 강의실에 있는 모든 학생을 대상으로 하는 반 전체 활동으로 진행할 수도 있다. 이 활동을 통하여 교수자는 학생들의 이해 정도를 파악할 수 있고, 이를 바탕으로 후속학습활동도 준비할 수 있다.

읽은 내용을 이해했는지에 대한 질문에 답을 하는 학습활동은 수업시간에 할 수도 있지만, 과제로도 할 수 있다. 텍스트에 실려 있는 사실에 대한 이해 정도를 알기 위하여 하는 질문에 대한 답은 학생들의 개별 활동 또는 과제를 통해서 하는 것이 좋을 수도 있다. 반면, 내용을 다각적인 관점에서 다루어야 하는 분석, 비판, 종합 및 평가와 같은 좀 더 깊은 사고를 필요로 하는 질문에 대한 답은 개별 활동보다는 소그룹 활동으로 하는 것이 더 효과적이다. 다양한 관점에서 다루는 높은 인지력과 사고력을 필요로 하는 학습활동은 그룹이나 팀 과제를 통하여 더 효과적인 학습이 이루어질 수 있다. 소그룹 토론을 통해서 학생들은 같은 문제를 저마다 다른 관점에서 볼 수도 있다는 것을 알 수 있다. 그뿐만 아니라 소그룹 활동을 통하여 학생들은 서로 협력하면서 또는 비판하면서 더 높은 단계의 학습, 즉 심화학습에 도달하게 된다.

　질문을 할 때는 우리말이나 영어 어느 쪽을 써도 무방하다. 대답은 구두로 하거나 노트에 적는 방식을 택할 수 있다. 어떤 언어로 질문을 할 것인가는 학생들의 영어 능력과 질문의 목적에 따라 선택할 수 있다. 영어 능력에 자신감이 부족한 학생에게는 언어에 따른 부담감을 덜어 주기 위해 우리말로 질문을 하는 것이 더 효과적일 수도 있다. 학생들에게 영어로 질문을 할 경우에는 읽은 교재보다 더 어려운 단어나 문장을 사용하지 말 것을 권고하는 이도 있다(Nuttall, 1996). 질문에서 사용된 어휘나 문장이 텍스트에서 사용되고 있는 것보다 어려울 경우, 학생들이 내용을 이해했음에도 질문을 이해하지 못하여 답을 하지 못하는 것을 막기 위함이다.

　수업 중에 학생들에게 텍스트를 읽게 할 경우, 학생들의 이해력을 바로 알아볼 수 있다는 장점이 있다. 뿐만 아니라 학생들이 자신의 답과 다른 학생들의 답을 바로 비교해 볼 수도 있다. 그리고 답을 노트에 적을 때는 시간 여유가 있어 이해 속도가 느린 학생에게는 심리적 부담을 줄여 줄 수 있고, 답의 내용에 대해 좀 더 생각해 볼 시간을 줄 수 있다. 더욱이 영어로 답을 쓸 경우에는 좀 더 신중하게 어휘를 선택하여 답을 작성할 수 있다는 장점이 있다. 따라서 교수자는 학생의 언어 능력 및 배경지식, 성향, 학습목표, 질문 난이도 등에 따라 질문 유형, 응답방식, 사용시기 및 방법 등을 신중하게 선택해야 할 것이다.

2) 웹 기반 읽기지도

인터넷이 발달되면서 컴퓨터, 아이패드, 스마트폰 등의 화면을 통하여 글을 읽는 경우가 급증하고 있다. 현재 세계적으로 E-learning을 포함하여 웹 기반 교육을 하는 기관이 급격히 늘어나고 있고, 대학에서 인터넷을 통한 교육이 이미 보편화된 학문도 있다. 이제 세계의 대학들과 강의를 서로 공유하면서 전 세계인들이 다른 국가에서 이루어지는 수업을 자기 집에서 수강하고 학습할 수 있게 되었다. 인터넷 혹은 웹을 기반으로 하는 개방형 대중교육이 바로 그러한 것들이다. 가장 대표적인 것으로는 MOOC (Massive Open Online Course)를 들 수 있다. 일반 강의실에서도 필요하면 수업에서 사용하는 텍스트와 참고문헌을 인터넷을 통하여 이용하는 경우도 비일비재하다. 인터넷에 탑재된 자료는 책, 전문 학술지, 논문에 수록된 자료보다 비교적 최신의 지식과 정보로 구성되어 있으며, 학생들의 흥미를 더 유발할 수 있다. 디자인과 테크놀로지가 발달하면서 인터넷에 탑재된 읽기 자료는 독자의 이해를 돕기 위한 다양한 시청각 자료와 함께 제공되고 있다. 이러한 자료는 교수자가 수업목표와 학생들의 수준에 맞추어 응용할 수 있도록 편집이 용이하다.

주제가 특정 지역에 관한 것이라면 그 지역을 동영상으로 보여 주거나 학생들이 집에서 미리 보고 오게 할 수 있다. 이러한 학습활동은 학생들의 기존 지식과 정보를 상기하도록 자극하여 교과내용의 이해를 도와준다. 그리고 배우고 있는 주제와 관련된 다양한 자료를 활용할 수 있는 학습법도 가르칠 수 있다. 학생들의 언어적 · 지적 수준에 적절한 읽기 자료를 선택하는 방법을 가르칠 수 있는 동시에 학생 개개인의 학습 속도에 적합한 교수법을 고안해 낼 수도 있다(최연희, 전은실, 2011).

인터넷의 발달로 교육에 깊숙이 침투한 웹 기반 교육은 기존의 교육 환경을 급진적으로 변화시켜 가고 있다. 이제 우리는 대부분 강의실에 인터넷 설비가 구비되어 있고, 인터넷을 이용하지 않는 전통적인 교수자의 강의중심 수업방식은 진부하다는 오해를 받기 십상인 교육 환경에 놓여 있다. 하지만 인터넷을 통한 웹 기반 교육이 아무리 최신의 교육기기를 사용하고 많은 장점이 있다고 하더라도 모든 교육에서 효과를 볼 것이라 기대하기는 어렵다. 다른 모든 교육방법과 마찬가지로 웹 기반 교육 역시 교수자 요인, 학습자 요인, 교육 환경 및 사회 환경 등에 따라 효용성에 차이가 있기 때문이다. 연구자들이 지적한 문제는 인터넷이 유용한 학습 자료를 제공하기는 하지만, 너무 많은 자료가 체계적으로 분류되어 있지 않고, 서로 링크되어 있는 경우 학생들에게 혼란만 일으킬 수 있다는 것이다(Hammond, 1992; Roselli, 1991). 또한 교수자가 주제를 선택한 의도와는 달리 인터넷에 떠

도는 자료 중 흥미 위주의 학습 자료를 피상적으로만 읽음으로
써 내용 이해에 도움이 되지 않을 수도 있다. 이에 정현준(1999)
은 인터넷에서 학습 자료를 선택할 때 고려해야 할 사항을 다음
과 같이 제시하였다. 첫째, 인터넷 자료를 교과학습의 주 자료로
사용할 것인지 또는 보조 자료로 사용할 것인지 고려해야 한다.
둘째, 학생들의 읽기 수준, 영어 능력 및 흥미 정도를 고려해야
한다. 셋째, 인터넷 접속 환경 및 자료 접근의 유연성을 고려해
야 한다. 마지막으로, 읽기 자료를 이해하기 위한 배경지식이 더
필요한지 여부를 판단해야 한다.

3) 수업을 마친 후의 학습활동

수업을 마친 후 학생들이 학습한 내용의 이해 여부를 점검하
기 위한 학습활동으로는 강의내용과 읽은 글의 내용을 요약하게
하는 것이 있다. 영어로 내용을 요약하는 것은 학생들에게는 이
중 부담이 될 수 있다. 따라서 교수자는 학생들이 자신의 능력에
따라 원하는 언어를 선택하여 요약문을 작성하게 한다. 이 학습
활동은 주요 내용을 간결하게 줄일 수 있는 능력이 필요하기 때
문에 학생들에게 언어의 선택권을 주는 것도 한 방법이다. 요약
하기는 수업시간 중 몇 분 동안 혹은 수업 끝나기 5분 전에 할 수
있다. 경우에 따라 과제로 각자 집에서 해 오는 방식으로 이루어
질 수도 있다. 이때 요약문을 교수자가 검토한다면 학생들이 이
해하지 못한 부분을 파악할 수 있다. 영어로 요약문을 쓰는 학생

에게는 읽기와 쓰기의 학습활동이 통합해서 동시에 이루어진다. 영어 글쓰기 능력이 읽기 능력에 비해 떨어지는 학생들에게 우리말로 요약할 수 있게 하는 것은 그들의 심리적 부담을 덜어 준다. 학생들이 서투른 영어로 쓰는 경우, 그들이 내용을 이해하였는지를 교수자가 파악하기 어렵다는 문제가 있다. 우리말로 쓰도록 하는 것은 이런 문제를 극복하는 방법이기도 하다.

결론적으로, 학생들이 외국어인 영어로 하는 강의내용을 조금이라도 쉽게 이해할 수 있게 하기 위하여 그들이 수업 전에 교재를 읽고, 이해한 후 강의에 참석하도록 하는 것은 필수이다. 다시 한번 간단하게 정리하면, 교수자는 다음과 같은 일을 할 수 있을 것이다.

- 교재, 참고문헌 및 학습 자료를 읽는 것의 중요성을 항상 강조한다.
- 학생들이 영어로 교재를 읽을 수 있도록 자신감을 키워 준다.
- 학생들의 학습 동기를 지속적으로 유지한다.
- 내용에 대한 배경지식과 정보를 제공한다.
- 좋은 영어 읽기 습관을 강조한다.
- 내용에 적합한 읽기 전략을 가르친다.

제5장

영어강의의 이론적 배경과 강의 계획

대학에서 교과내용을 영어로 가르치는 정책의 이론적 배경은 교과내용을 기반으로 가르치는 외국어 교육 이론에 근거한다. 학생들이 흥미 있어 하는 내용을 외국어인 영어로 가르치면 학생들은 내용에 흥미를 느끼고 학습에 열중하게 되고, 그러다 보면 자연히 외국어 학습도 이루어진다는 이론이다. 영어강의에서 교과 교수자는 외국어를 가르치는 것이 교수목표가 아니지만 영어로 교과내용을 가르치는 것이다. 이 장에서는 영어강의 도입의 근간이 되는 외국어 교육의 한 방법인 내용중심 접근법에 대하여 간단히 소개한 다음, 영어강의에 필요한 강의 계획에 대하여 살펴보고자 한다.

1 내용중심 교수법

성인이 되어 외국어 학습을 할 때, 의미 있는 내용을 배우면서 언어를 배우는 것이 효과적이라는 이론이 내용중심 교수법(content based instruction)의 근간이다. 이 이론은 성인들이 외국어를 배우는 것은 '언어 습득(language acquisition)'이 아닌 '언어학습(language learning)'의 결과라는 언어학자 Krashen의 주장에서 시작되었다. 그는 성인이 외국어를 배울 때는 단어를 암기하는 것과 같은 단순한 반복적인 연습을 통해 외국어 학습이 일어나지 않는다고 주장한다. Krashen은 성인은 외국어를 습득하는 것이 아니라 학습하는 것이기 때문에, 성인이 이해할 수 있는 지식이나 정보를 외국어로 입력했을 때 외국어가 습득된다고 주장한다. 다시 말하면, 성인의 외국어 학습은 현재 언어 수준보다 한 단계 높은 수준의 어휘나 용어를 사용하여 그들이 이해할 수 있는 내용으로 된 언어 자극을 받았을 때 언어 습득이 일어난다는 것이다. 이 이론의 핵심은 학습자가 언어에 내포된 의미를 이해했을 때 언어를 효과적으로 습득할 수 있으므로 '학생들이 이해 가능한 내용으로 가르치는 언어 교수법'이라는 것이다(Krashen, 1982, 1984). 이 이론에서는 성인에게 언어에 대한 지식—즉, 문법, 단어 등—을 가르치는 것보다는 성인이 관심 있어 하고 흥미 있어 하는, 의미 있는 내용이 포함된 지식을 통하여 언어 습득이 이루어지는 것이 더 효과적이라고 주장한다. 영어강의를 지지하는 이들은 교수 매개어를 영어로 하여 학생들이 교과내용을 배우면서 부수적으로 영어 실력을 향상시킬 것을 기대한다. 영어 강의 정책의 입안자들은 영어강의가 학생들에게 교과 지식과 영어 실력을 동시에 향상시킬 것이라고 믿고 있음에 틀림없다.

그러나 이러한 원대한 희망에도 불구하고 다수의 연구는 현재 우리나라 대학의 영어강의에서 내용학습을 통한 언어 습득을 기대하는 것은 어렵다는 부정적인 결과를 많이 보여 주고 있다. 언이학자들은 새로운 외국어가 습득되기 좋은 환경은 그 외국어가 모국어와 비슷한 언어 계통의 동족어(cognate)이고, 그 외국어를 일상생활에서 많이 사용할 수 있으며, 학습자가 그 외국어와 관련된 용어에 대한 지식과 정보를 많이 가지고 있는 경우라고 주장한다(Gass, 1997). 이러한 관점에서 한국어와 영어를 비교해 보면 이 두 언어는 어군이 매우 다르며, 학생들은 수업시간외에는 영어로 대화를 나눌 수 있는 기회가 지극히 제한적인 환경에 놓여 있다. 학생들이 강의실에서 교과내용을 배우면서 알게 된 새로운 영어 단어와 어휘를 실생활에 사용해 볼 기회는 상당히 희박하다. 특수한 경우, 예를 들어 대학 캠퍼스 내에서는 모든 학생이 영어로 소통을 하는 정책이 있거나 기숙사에서는 영어만 사용한다든지 하는 규정이 있는 경우를 제외하고는 수업시간 외에 강의실에서 배운 영어로 대화를 할 환경은 마련되어 있지 않다.

내용 중심으로 언어를 가르치는 교수자는 언어, 문법 및 발음 등 언어와 관련된 기능보다는 학생들이 학습해야 할 교과 지식을 중심으로 교과과정을 편성한다. 여기에서 내용은 교과내용, 정보 또는 각 학문 영역에서 사용되는 '전공 및 전문 지식'을 의미한다. 텍스트에 수록된 어휘가 교과내용에서 어떻게 사용되는지, 그리고 어떤 의미가 내포되어 있는지를 이해하지 못한다면 학생들이 강의내용을 이해하는 것은 쉽지 않을 것이다. 따라서 내용중심 교수법에서는 교수자가 영어강의를 하기로 결정했다면, 먼저 학생들이 영어강의 내용을 이해하기 위하여 필수적으로 알아야 할 전문용어를 중심으로 교과과정을 편성한다. '내용'은 언어를 통해서 우리가 배우거나 의사소통을 하는 실체(substance) 또는 주제(subject matter)를 의미한다. 따라서 대학에서 전공과목을 영어로 강의하는 교수자는 언어 교수자가 아니지만, 학생들의 내용 이해를 돕기 위하여 실물, 그림, 시청각 자료 등의 여러 가지 교수 자료를 이용하거나 시범, 모방, 번역, 설명, 정의(definition) 등의 다양한 방법을 사용하여 학생들이 내용을 이해할 수 있도록 도울 필요가 있다.

1) 내용중심 교수법과 영어강의

앞서 언급한 것처럼 영어강의의 핵심 논리는 교과내용을 가르치는 것을 목적으로 하며 영어가 교과내용을 전달하는 도구로 사용될 때 영어학습(언어학습)이 일어난다는 것을 근거로 한다. 따라서 영어강의에서 영어는 내용을 가르치기 위한 도구이다. 다시 말하면, 영어로 진행되는 교과내용 수업에서 교수자가 학생들에게 가르치는 것은 영어로 된 각각의 문장이 아니라, 여러 문장으로 이루어진 문단인 것이다. 따라서 교수자의 주요 관심은 내용을 학생들이 잘 이해할 수 있도록 어떻게 설계하느냐이다. 실제 수업에서 핵심은 교수자가 교수 매개어인 영어로 교과 내용을 어떻게 구체적으로 일관성 있게 잘 설명해 나가는가이다 (Richards & Rodgers, 2001).

첫째, 영어강의에서는 여러 언어 기능이 통합적으로 이루어진다. 영어로 읽고, 쓰고, 요약하고, 강의를 듣고, 말하고, 또 동시에 분석, 비판과 토론을 하는 학습활동이 포함된다. 이러한 다양한 학습활동은 학생들이 교과내용과 영어 능력뿐만 아니라 일상생활에서 필요한 영어 능력도 향상시킬 수 있도록 한다. 그러나 영어강의에서 이러한 다양한 학습활동을 기대하기는 어려우며, 또 교과 교수자가 다 해야 하는 것도 아니다. 교과 교수자는 교과내용을 가르치는 교수자이지 언어 교수자가 아니기 때문이다. 교과 교수자는 언어 학습적인 측면을 도와주고 보완해 줄 수 있는 언어 교수자 혹은 언어 전문가의 전문적인 협조가 필요하다. 교과 교수자와 언어 교수자의 긴밀한 협조하에 교과과정을 계획하고 준비하여 강좌가 개설되었을 때 더 나은 영어강의가 이루어질 수 있다. 그러나 이렇게 체계적으로 준비된 영어강의는 현재 우리나라 대학 교육제도로는 실현하기가 쉽지 않다. 이러한 체계적인 프로그램은 대학 차원에서 충분히 검토하고 제도를 정비하고 준비하고 난 후에야 가능하기 때문이다.

새 학기가 시작되기 전에 먼저 교과 교수자가 교과목 강의 계획을 설계하여 가르칠 내용을 정한다. 그다음 언어 전문가가 그 강의계획서와 강의내용을 언어학습의 관점에서 분석한다. 그러고 나서 교과 교수자는 언어 전문가의 언어적인 관점을 반영한 체계적인 강의계획서를 완성하는 것이다. 이때 언어 전문가는 직접 강의에 참여하지는 않는다. 그의 역할은 교과 교수자가 준비한 강의내용에 실린 언어의 난이도를 분석하여 학생들이 내용을 잘 이해할 수 있도록 언어적 측면에서 체계가 잡힌 강의계획서를 설계하는 것을 돕는 일이다.

내용중심 교수법에서는 문법을 언어 기능의 한 구성 요소로 본다. 내용 중심으로 계획된 언어 교육과정은 언어 기능을 포함한 언어 교수법의 한 방식으로 언어학습의 좋은 기초를 제공한다. 내용중심 언어 교육과정에서는 특정한 학문 영역에서 사용되는 전문용어와 담론(discourse)이 다양한 학습활동에서 한 학기를 마칠 때까지 혹은 전 학년을 통해서 지속적으로 사용되기 때문이다. 영어강의를 준비하는 과정에서 교과 교수자와 언어 전문가가 협력하여 특정한 학문 영역에서 사용되는 전문용어와 담론을 수집, 분류, 분석하여 영어강의에 적절한 교과과정을 만드는 것은 효과적인 수업을 위해 반드시 거쳐야 할 과정이다. 언어 전문가와 교과 교수자의 긴밀한 협력하에 교과과정이 만들어졌을 때 비로소 영어강의는 본래의 목적을 달성하는 데 가까워질 수 있을 것이다(Richards & Rodgers, 2001).

둘째, 우리가 다른 사람을 대상으로 말을 할 때는 말하는 목적이 있다. 그 목적이 무엇이든 말하는 사람이 정한 목적은 담론, 글 또는 말의 방향 및 톤, 말의 체계에 영향을 미치고, 궁극적으로 표출되는 말에 어떤 의미를 부여한다. 학생들이 수업에서 교수자가 사용하는 전문용어와 담론을 이해하고 학습활동을 하면서 그 용어들을 사용하고 있는지의 여부로 학습목표의 성취 수준을 가늠해 볼 수 있다. 목표 성취의 극대화에 요구되는 필수 요건은 학생들이 수업시간에 배울 내용에서 사용되는 전문용어, 어휘, 담론을 미리 습득하고 이해하고 난 후 수업에 참여하는 것이다. 학생들이 배울 내용에 대한 텍스트를 미리 읽고, 사용되는 어휘, 전문용어와 담론을 충분히 이해할 수 있는 기반을 만들어 주는 것은 영어강의에서 학생들의 학습 효과를 최대화하기 위한 필수 조건이다(Richards & Rodgers, 2001).

영어강의에서 교수자는 학생들이 강의내용을 쉽게 이해할 수 있도록 가능한 한 쉽고 단순한 표현을 사용할 필요가 있다고 주장하는 이도 있다. 외국인과 대화할 때 가능한 한 쉬운 용어로 표현하는 화법을 언어 교육에서는 '외국인 화법(foreign talk)'이라고 한다. 외국어로 강의하는 교수자는 외국어로 수강하는 학생들을 위해 의식적이든 무의식적이든 언어를 외국인 화법으로 쉽게 조절해서 말하는 경향이 있다(Stryker & Leaver, 1993). 이 분야의 전문가들은 우리가 외국인과 대화를 할 때는 가능한 한 언어를 간결하게 하고, 문법에 맞는 표준어를 사용하고, 정확한 발음과 이해하기 쉬운 다양한 표현으로 말의 요점을 강조해야 한다고 조언한다.

마지막으로, 내용 중심으로 잘 준비된 영어강의는 학생들이 영어로 학습하는 목적을 잘 구현할 수 있다. 내용 중심으로 만들어진 교과과정은 비영어권 학생들이 미래에 학문을 연구할 때 국제적인 연구 환경과 조직사회에서 전문가들과 소통하고 연구할 수 있는 좋은 기반을 제공한다. 이 이론에 따르면 단시간에 학생들이 영어로 학문을 할 수 있는 역량을 키우기 위한 최우선 과제는 내용 중심으로 만들어진, 체계적이고 효율적인 영어강의를 수강할 수 있는 준비과정을 운영하는 것이다. 이러한 교과과정은 주로 영어권 국가에서 학부에 유학생을 유치하기 위하여 만든 프로그램에서 시행되고 있다.

1990년대 초반부터 학부 유학생 유치에 많은 노력을 기울이고 있는 호주의 여러 대학에 개설된 〈파운데이션 스터디(Foundation Studies) 프로그램〉이 그 예이다. 애초에 이 프로그램은 외국에서 호주 대학에 유학 온 학생들을 위하여 개설된 프로그램이었다. 전공에 따라 다르긴 하지만, 호주 대학에 입학하기 위해서는 대학에서 요구하는 영어 점수가 일반적으로 IELTS(International English Language Testing System) 6.5~7.5 수준이어야 한다. 그런데 이 영어 점수를 충족한 유학생이 대학에서 학업을 수행하는 데 상당한 어려움을 겪었고, 학업을 중도에 포기하는 유학생들이 상당히 많다는 것을 알게 되었다. 대학에서는 이 문제를 해결하기 위하여 유학생들의 학습 지원의 일환으로 영어로 소논문 쓰는 법, 발표하는 법, 시험 치르는 법 등 호주 대학에서 학업 수행에 필요한 다양한 워크숍을 지속적으로 열고 학업에 문제가 있는 유학생들을 위한 상담도 제공하였다.

이러한 노력이 있었음에도 그 효과가 미미하여 마침내 학부 유학생을 위한 맞춤형 프로그램을 개발하게 되었다. 호주 대학

중에는 유학생의 배경지식과 학업 능력에 따라 대학에서 요구하는 영어 성적뿐만 아니라 파운데이션(Foundation) 프로그램을 이수하는 것이 입학의 필수 요건인 대학도 있다. 이 프로그램은 크게 인문계(Arts), 상경계(Commerce), 디자인(Design), 과학(Science)의 네 개 학문 분야로 되어 있다. 예를 들어, 이 프로그램에서 인문계열을 선택하여 성공적으로 이수했을 경우, 대학에서 국제관계, 언어, 미디어와 커뮤니케이션 등 사회과학, 교육 등과 관련된 전공을 선택할 수 있다.[2] 이 프로그램은 언어 교수자와 전공 교수자의 긴밀한 협조하에 설계되었다. 이 프로그램에서 전공 교수자는 전공내용만 가르치지만, 교과내용을 가르치는 순서와 수업시간에 사용되는 언어와 학습활동은 언어 교수자와 같이 공동으로 계획하고 만든다. 이 프로그램은 호주 시드니에 있는 뉴사우스웨일스 대학교에서 1990년 초에 만들어져 25년이 지난 지금까지 성공적으로 운영되고 있다.

2) 강의 계획과 수업목표

영어강의는 무엇보다도 내용학습이 최우선 목표이고, 내용학습을 통해서 부수적으로 영어학습이 이루어지는 것을 목표로 한다는 것은 앞에서도 여러 차례 언급하였다. 따라서 강의 계획은

---

2) 이러한 프로그램을 운영하고 있는 대학 중 하나인 호주 뉴사우스웨일스 대학교 홈페이지(https://www.ufs.unsw.edu.au/)에 자세하게 나와 있다.

무엇보다 교과목의 수업목표를 중심으로 이루어진다. 교과에 따라 차이가 있겠지만, 영어로 진행되는 강의 계획은 우리말로 하는 강의의 계획보다 더 많은 시간과 교수 전략이 요구된다. 수업에서 사용할 교재, 교수 기법과 학습 자료를 외국어인 영어로 준비해야 하기 때문이다. 강의 계획은 항상 정확하게 순서에 따라 단계적으로 진행되는 것은 아니다. 일반적으로 교육 전문가들은 강의를 계획할 때 제일 먼저 수업목표를 정하는 것부터 시작하라고 제안하지만, 항상 이 조언을 그대로 따르게 되지는 않는다. 강의 계획을 하다 보면, 미리 계획한 것을 다시 고쳐야 할 때도 종종 있다. 강의 계획이 진행됨에 따라 먼저 했던 것을 다시 보고 몇 차례 수정을 거치기도 한다. 여기에서 핵심은 시작하는 것이다.

강의 계획의 첫 단계는 수업목표를 정하는 것이다. 수업목표에 따라 교재 선택, 과제의 유형과 순서, 교수 기법 등 강의 계획에 필요한 모든 구성 요소가 도출되기 때문이다. 강의 계획을 하기 위하여 책상 앞에 앉았을 때, 교수자들은 새 학기 수업에 들어올 학생들에 대하여 생각해 볼 것이다. '내 수업에 들어올 학생들은 어떤 학생들일까? 왜 이 학생들은 영어로 하는 내 수업을 선택했을까? 졸업을 하기 위해 이수해야만 하는 필수과목이기 때문에? 내 수업에서 학생들이 무엇을 배우기를 기대하는가? 이 학생들의 영어 실력은 어느 정도 될까?' 하는 생각이 머리에 맴돌 것이다. 이때 교과목의 수업 목적 혹은 목표 목록에는 대충 생각나는 대로 적어 본다. 이 초안은 강의 계획이 진행됨에 따라 점점 발전하면서 수정될 것이다. 때로는 강의를 시작한 후 학생들과 수업을 하면서 미리 정한 수업목표를 더 많이 변경해야 할 경우도 생긴다.

강의계획서에 수업목표를 먼저 쓰는 것은 교수자가 달성하기를 원하는 목표를 명료하게 하는 데 도움을 준다. 명확한 수업목표는 교수자가 수업에서 달성하고자 하는 목표의 성취 여부를 가늠해 볼 수 있는 잣대로, 교수자가 어떤 학습 결과를 기대하고 있는지를 명확히 보여 준다. 학생들은 수업에서 부과하는 과제 및 시험, 평가방법을 통해서 교수자가 무엇을 가장 중요하게 여기고 있는지를 알 수 있다. 따라서 수업목표와 과제, 시험 및 평가는 가르치는 일과 분리하여 생각할 수 없다. 그렇다고 하여 강의 계획에서 제시한 모든 목표를 평가하고 점수화해야 한다는 의미는 아니다. 수업목표에는 학생들에게 동기부여, 태도 그리고 가치관에 관한 것도 포함되어 있을 수 있기 때문이다.

그렇다면 수업목표는 무엇인가? 이에 대한 대답은 두말할 나위 없이 교과목과 학문 분야에 따라 다를 것이다. 그렇지만 전반적으로 모든 교과과정의 목표는 학생의 교육이라는 점에 주목해야 한다. 교육이란 단순히 어떤 주제를 가르치는 것이 아니라, 그 주제에 관련된 내용을 학생이 배우면서 생각할 수 있는 능력을 기르도록 도와주는 것이다. 실제로 교수자는 자신이 가르치고 있는 교과목을 학생들의 평생학습 과정 중 한 과정으로 보고, 학습을 도와주는 것에 더 관심을 기울여야 할 것이다. 즉, 교수자는 학생이 교과내용을 배움으로써 해당 학문에 흥미를 느끼고, 그 학문에 흥미를 가지게 되고, 더 알고 싶어 하고 배우고 싶은 의욕을 일깨우는 데 더 많은 관심을 기울여야 한다는 것이다. 교수자는 학생들이 학문을 더 발전시키도록 하기 위해 심화된 학습을 통하여 기본적인 지식과 역량을 제공하는 역할을 하는 것이다. 따라서 수업목표를 정할 때 교수자는 먼저 자신이 가르칠 학생들에게 중요한 것이 무엇인지를 깊이 생각해 보아야 할 것이다. '내가 가르치는 수업에서 정한 수업목표들이 학생들의 현재와 미래에 실제로 중요한 가치가 있는 것일까?'와 같이 자문해 보는 것이다.

　교수자의 가치관이 수업목표의 선택에 영향을 미치는 것은 어쩔 수 없다. 교수자는 아주 엄격하게 객관적으로 학문을 하도록 배웠고 또 그렇게 학문을 연구하고 있음에도, 교수자의 가치관이 교육에 영향을 미치지 않는 것이 불가능하다는 것을 모두 깊이 인지하고 있을 것이다. 교수자의 가르침에는 항상 그의 가치관이 의식적으로든 무의식적으로든 내재되어 있다. 그런데 학습자들은 교수자의 편향된 견해와 주장에 대하여 공정하게 토론을 통해 평가할 기회가 있을 수도 있고 없을 수도 있다. 특히 우리나라 대학에서는 더더욱 그러하다. 수업 중 교수자가 어떤 사안에 대하여 확고하게 자신의 견해를 피력하면 학습자는 교수자의 견해를 별생각 없이 그대로 받아들일 수도 있다. 단순히 객관적이라는 구실로, 또는 제한된 시간 때문에 진지한 토론이 필요한 중요한 이슈에 대하여 토론할 기회를 갖지 못하는 상황이 비일비재하다.

강의 계획은 한 교과목의 지식을 통합적으로 구성한다는 것과 더불어 또 다른 의미가 있다. 강의계획서는 학생들이 교과내용에 관심을 가질 수 있도록 그들 앞에 무엇을 어떻게 가르칠 것인지, 아울러 그 순서를 펼쳐 놓아 보여 주는 것이다. 강의 계획은 교수자가 학습자에게 가르칠 내용의 순서를 정하고, 교수자가 무엇을 진정한 앎과 지식으로 여기는지를 보여 주고, 그의 철학을 반영하는 것이다. 여기에서 말하는 강의 계획은 특별히 영어강의에만 해당되는 것은 아니다. 일반적으로 대학에서 가르치는 모든 강의에도 적용된다. 따라서 모든 강의 계획에 적용할 수 있는 것에 대하여 전반적으로 살펴본 후, 영어강의에 특히 유의할 부분에 대하여 살펴보도록 한다.

2 강의 계획의 핵심 요소

강의 계획의 핵심은 한 교과목에서 가장 기본적인 지식과 문제, 총체적이고 포괄적인 다양한 요소를 일관성 있게 설계하는 것이라고 할 수 있다. 연구자들은 강의 계획에 반드시 포함되어야 할 것에 대하여 다음과 같이 기술하고 있다(Light et al., 2010).

첫째는 교과내용을 배운 학습자가 다른 사람에게 학습한 지식을 전달할 수 있는 능력, 그리고 이 지식을 이용하여 한 단계 더 심화된 깊은 지식을 배울 수 있는 능력(meta-learning)이다. 나날이 방대해져 가고 광범위하게 퍼져 가는 전문적 기술과 점점 더 복잡한 기술이 요구되는 시대에 맞추어 새로운 것을 잘 배울 수 있는 능력은 무엇보다도 중요하다.

둘째는 교수자가 일방적으로 지식을 전달하지 않고 학생들과의 토론을 포함한 상호작용을 통하여 이루어지는 학습 분위기 조성이다. 교수자가 지식을 전달하는 강의중심 수업에서는 학생들에게 많은 지식을 전달할 수 있지만, 학생들이 의문점이나 궁금한 점이 있을 때 질문을 하거나 비판할 기회를 제한한다. 새로 습득한 지식에 대하여 의문 나는 점을 질문하거나 비판할 기회가 없고 그대로 받아들여야만 하는 수업에서는 학생들의 진정한 학습이 이루어지기는 어렵다.

셋째는 실제로 학생들의 참여를 권장하는 학습 환경이다. 학생 개개인이 삶에 가치를 두고 있는 것에 더 높은 단계의 동기를 부여할 수 있고, 더 높은 단계의 심화학습을 유발하는 학습 환경을 만드는 것의 중요성은 아무리 강조해도 지나치지 않다.

강의 계획의 핵심은 학생들에게 가르칠 교과내용을 준비하면서 수업이 진행될 강의실 환경과 학생들에 대하여 얼마나 많이 관심을 기울이느냐 하는 것이다. 수강할 학생이 누구인지, 그들이 어떤 지식과 경험을 갖고 있는지를 알 필요가 있다. 더구나 영어강의라면 더 많은 정보가 필요하다. 학생들이 영어강의에서 기대하는 것이 무엇인지, 그들의 영어 능력과 배경지식이 강의 내용을 이해할 만한 수준인지 등 학생들에 대하여 알아야 할 정보가 많다. 교수자는 수강생들이 학습을 통하여 어떤 변화가 일어나기를 원하는지, 그리고 어떻게 학생들의 학습을 도와주려고 하는지를 비롯하여 학생들의 어떤 측면을 더 많이 고려해야 하는지 등에 대한 다각적인 검토가 필요할 것이다.

학자들은 강의 계획에 필요한 핵심 요소를 다음 네 가지의 질문으로 요약하고 있다(Light et al., 2010).

- 이 수업에서 학생들이 성취하고자 하는 학습목표는 무엇인가? (지적, 사회적, 실용적 그리고 개인적으로)
- 이 수업은 학생들이 그 학습목표를 달성하는 데 도움이 되는가?
- 이 수업에서 학생들이 학습목표를 달성하였는지 여부를 어떻게 알 수 있나?
- 교수자의 가르침이 학생들의 학습목표 달성에 기여하였는지 어떻게 알 수 있나?

지금부터 강의 계획의 핵심 요소를 요약한 이 네 가지 질문 중 영어강의와 연관된 일부를 살펴보려고 한다. 강의 계획은 교과과정의 목표, 내용의 순서, 학습활동 및 과제, 평가를 포함한다. 이 장에서는 첫 번째 질문, 즉 강의를 계획할 때 가장 중요한 것으로 보는 학습 결과에 초점을 맞추고자 한다.

1) 교과과정의 일관성

학습자의 학습목표를 달성하는 것을 목표로 하는 강의계획서는 전 교과과정이 일관성 있게 설계되어야 한다. 즉, 학습자의 학습목표, 학습활동, 그리고 학습 성취 여부를 평가할 수 있는 과제와 평가들이 일관성이 있어야 한다. 과제와 평가들은 학습 목표 성취 정도를 평가하기에 적합한지, 교과내용과 수업시간에 수행한 학습활동들은 학습목표를 성취하는 데 효과적인지에 대하여 심사숙고해야 할 것이다. 이것은 너무나 당연한 것임에도 많은 강의계획서가 교과내용에만 초점을 맞추고 있고 학생들의 학습 결과에는 소홀한 것을 볼 수 있다. 따라서 학생들은 학습목표가 무엇인지 잘 알지 못하고, 교수자가 수업에서 학생들이 무엇을 배우기를 기대하는지 알 수 없어 혼란스러워하기도 한다. 예를 들어, 비판적인 사고를 배우고자 하는 학생들에게 교과내용을 암기하고 또 암기한 지식을 재현할 것을 요구하는 과제를 제공하고 평가가 이루어진다면, 학생들은 혼란에 빠지고 판단력을 잃고 학습 의욕이 감퇴될 수 있다.

특히 영어강의에서는 명확한 수업목표를 제시하는 것이 학생들의 학습 평가에서 초래될 혼란을 없앤다. 다른 수업에서도 마찬가지이지만, 특히 영어강의에서 명확한 학습 평가 지침은 중요성이 더하다고 볼 수 있다. 평가에 대한 정확한 지침이 제시되지 않는다면, 영어를 유창하게 잘한다고 자타가 공인하지만 교과내용을 충실히 공부하지 않았던 학생들이 높은 점수를 기대하다가 실망할 수 있다. 뿐만 아니라 이 학생들은 영어가 유창하지 않음에도 수업내용을 충실히 공부한 학생이 높은 점수를 받은 것을 보고 의아해하면서 이의를 제기할 가능성도 있다. 따라서 영어강의에서는 다른 강의에서보다 더욱더 명확하고 자세한 수업목표와 평가 기준이 제시되어야 이후에 야기되는 문제를 줄일 수 있을 것이다.

2) 내용 과부하

영어강의를 위한 강의 계획을 할 때 교수자들이 가장 염려하는 것은 가르쳐야 할 교과내용의 분량일 것이다. 외국어인 영어로 강의를 하면서 우리말로 강의를 할 때와 같은 양의 내용을 가르치는 것을 목표로 한다면 실제 수업에서 상당한 어려움이 따를 것이다.

교육이 '지식을 학생들에게 전달하는 것'이라는 견해를 가진 전통적인 교수자의 강의중심 수업에서는 학생들에게 가르친 지식의 양과 교육의 질을 통해서 그 성과를 평가한다. 그리고 한 교과목이 학생들에게 얼마나 도전이 되었느냐 하는 것은 교수자가 가르친 지식의 양에 의해서 평가된다. 강의시간이 많은 수업일수록 내용 과부하가 많은 것이 특징인데, 교육에 대한 이러한 접근은 학생들에게 겉핥기식 학습(surface learning)을 하도록 유도하는 경향이 있다. 겉핥기식 학습은 학생들이 학습한 내용에 대하여 깊이 생각하는 과정 없이 학습이 진행되는 것을 말한다. 겉핥기식으로 학습에 임하는 학생들은 전적으로 평가 요건, 즉 점수에 관련된 것만 공부하고, 교수자가 가르친 새로운 지식, 정보와 아이디어를 비판 없이 수동적으로 받아들이며, 습관적으로 사실, 순서 같은 것들만 기억하고 원칙이나 패턴을 무시하며, 학습의 기본 목적이나 전략을 깊이 성찰하지 않는 경향이 있다.

한편, 심화학습(deep learning)을 유도하는 수업은 학생들이 새로 배운 지식을 자신의 것으로 만들기 위해 학습에 진지한 자세로 임하도록 유도한다. 심화학습을 추구하는 학생들은 스스로 학습내용을 이해하기 위해 노력하고, 그 내용을 비판적인 시각으로 다각도에서 면밀하게 살펴보고, 학습한 새로운 아이디어를 기존의 지식 및 경험과 연관 지어 다각도에서 심사숙고한다. 또한 이들은 아이디어를 통합하기 위한 원칙을 만들고 결론을 내릴 때 명료한 증거에 근거한 것인지, 주장의 논리가 타당한지 등을 진지하게 검토한다. 심화학습을 유도하는 수업은 학생들이 학습내용에 몰입하게 하며 배우는 것을 즐겁게 할 뿐만 아니라, 지적 수준이 높은 체계화된 학습이 일어나게 한다. 그러나 겉핥기식 접근은 기껏해야 서로 관련이 없는 정보들을 단기간 기억할 수 있게 할 뿐이다. 겉핥기식 접근으로는 진정한 의미의 학습이 일어나지 않을 뿐만 아니라, 평가 요건에만 맞추어 공부하기 때문에 학습 결과 역시 일시적이다. 그리고 학생들은 평가가 끝나면 공부한 것을 쉽게 잊어버린다. 학습에서 겉핥기식 접근과 심화 접근에 대한 정의는 교과목과 전공에 따라 다르다. 마찬가지로 각 교과목과 전공에 따라 학생들에게 요구하는 학습목표도 다르다. 그렇지만 학생들이 그들의 학습에 접근하는 이 두 가지 접근방식은 모든 교과목에 충분히 공통적으로 적용될 수 있을 것으로 본다(Ramsden, 2003). 그 이해를 돕기 위해 학습에 대한 겉핥기식 접근과 심화 접근에 대하여 Ramsden(2003)이 작성한 도표를 소개하면 〈표 5-1〉과 같다.

〈표 5-1〉 겉핥기식 접근과 심화 접근 학습 맥락의 특성

겉핥기식 방식을 유도하는 학습 맥락
• 평가방법이 암기한 지식을 기록하는 것 또는 사소한 절차적인 지식을 적용하는 것
• 불안을 조장하는 평가방법
• 보상에 대한 냉소적 혹은 갈등을 일으키는 메시지
• 교과과정에 과도한 양의 학습 자료
• 피드백이 없거나 빈약할 때
• 독자적으로 공부하지 않을 때
• 주제에 대해 관심이 없고, 배경지식이 없을 때
• 이전의 학습 경험이 겉핥기식 학습을 권장할 때

심화 접근을 유도하는 학습 맥락
• 교수법과 평가방법이 능동적이고, 장기적으로 학습 과제를 수행하도록 촉진할 때
• 특히 주제에 대한 교수자의 열정을 보여 주고, 학생들에게 그 의미와 관련성을 강조하는, 학생들을 자극하면서 배려하는 교육
• 명확하게 명시된 학문적 기대
• 연구의 내용과 방법에서 책임 있는 선택을 할 수 있는 기회
• 주제에 대한 배경지식과 흥미
• 심화 접근을 권장하는 이전의 학습 경험

출처: Ramsden (2003).

전통적인 강의 중심으로 영어강의를 계획하고 진행한다면, 우리말로 진행되는 강의와 동일한 분량의 내용을 다 가르치기는 어려울 것이다. 더 큰 문제는 강의중심 수업은 기본적인 내용의 이해와 지식을 기억해 내는 것조차 보장하지 않는다는 점이다. 교수자의 강의를 중심으로 진행되는 수업에서 학생들은 한 학기를 마치는 시점에서 배운 내용의 1/3 정도도 잘 기억하지 못했고, 6개월에서 일 년 정도 지나서는 기억하고 있는 양이 훨씬 더 적어졌다는 연구 결과가 있다(이혜정, 2014; Bligh, 2000).

　영어강의 계획을 할 때 특히 신중하게 고려해야 할 것은 어떤 학생들을 기준으로 강의를 해야 하는가이다. 학생들의 영어 수준, 수강 동기 그리고 그들의 전공 및 배경지식 유무를 알 수 없는 상황에서 그들에게 적합한 강의계획서를 만드는 것은 쉬운 일이 아니다. 그렇다고 영어로 진행되는 강의의 내용을 학생들이 이해하지 못할 것을 염려하여 낮은 학습목표를 세운다면, 그들의 학습 동기를 약화시킬 수 있다. 반면, 학생들의 영어 수준과 배경지식 수준이 높을 것으로 미리 예상하여 학생들에게 과도한 학습량을 부여한다면, 그들은 교수자가 가르친 지식과 정보를 받아들이는 데 급급하여 배운 내용을 비판 없이 그대로 받아들일 수밖에 없는 상황이 될 수 있다. 학생들이 새로이 배운 내용에서 핵심 문제에 대하여 호기심을 가지고 더 깊이 탐구하려면 생각해 볼 시간이 필요하다. 강의 중심으로 진행되는 주입식 교육에 익숙한 학생들은 교수자가 수업시간에 가르친 지식과 정보를 무조건 받아들이는 것처럼 자기보다 높은 지위에 있는 사람들의 말에 비판 없이 그대로 순응하는 사람으로 훈련될 수 있다는 견해를 편 이도 있다(이혜정, 2014). 강의 계획을 세울 때, 적절한 분량의 교과내용을 정하기 위해서는 학생들에게 가르칠 내용을 잘 구별해서 선택해야 한다. 그 방법 중 하나는 학생들이 학습한 내용을 완전히 습득(mastery)해야 할 것과 인지(acquaintance)해야 할 것을 구분하는 것이다(Light et al., 2010). 교과목의 학습목표를 달성하기 위하여 학생들이 완전히 학습을 해야 하는 필수 내용은 어떤 것일까? 영어강의에서 혹은 대학의 어떤 수업에서도, 완전학습과 인지학습 중에서 학습목표를 선택하고 가르칠 교과내용을 줄이는 일은 말하기는 쉬워도 실행하기는 그리 쉽지 않으리라 본다.

3) 교육기간

국내 대학에서는 일반적으로 한 학기를 기준으로 강의가 개설된다. 교육기간은 학문 분야에 따라 그리고 교과과정을 가르치는 목적과 내용 그리고 학습목표에 따라 결정된다. 한 학기 동안 가르칠 내용과 분량과 수준은 수강생들의 배경지식 및 경험 유무에 따라 달라질 수 있다. 특히 외국어인 영어로 진행되는 강의에서는 학생들의 영어 능력이 교과내용의 수준을 결정하는 데 대단히 중요하다. 학생들의 교과내용에 대한 배경지식과 경험 유무에 따라 그리고 학생들의 영어 능력에 따라 내용을 이해할 수 있는 수준, 속도와 능력에서 차이가 나기 때문이다. 일반적으로 교수자는 강의계획서에 적혀 있는 대로 다 가르쳐야 한다는 부담감에서 벗어나기가 쉽지 않다. 그렇기 때문에 강의 계획을 할 때 미리 수강할 학생들에 대한 정보가 많으면 많을수록 그들에게 적절한 강의 계획을 세울 수 있다. 이런 정보에는 학생들의 영어 수준, 교과내용에 대한 배경지식 및 경험 및 전공 등이 포함된다. 이러한 정보에 근거하여 수립한 강의 계획은 학생들이 이해할 수 있는 수준의 교과내용과 학습량을 적절히 배분할 수 있다.

만약 한 학기에 학생들이 필수적으로 배워야 할 교과내용이 너무 많다면, 진도에 대한 부담 없이 수업시간 외 학습활동을 통하여 학습을 도울 수 있다. 수업시간 외 학습은 소그룹 학습, 팀 학습, 문제해결 모임, 그리고 새로운 테크놀로지를 통하여 다 함께 하는 협동학습으로 운영할 수 있다. 수업시간에 다 다루지 못하는 내용을 교수자가 직접 강의실에서 가르치지 않고도 학생들이 스스로 학습을 할 수 있는 방식을 택할 수 있다. 이러한 학습활동은 수업시간을 늘리지 않고도 학생들의 실제 학습시간이나 학습기간을 연장할 수 있는 방법 중 하나이다. 특히 영어강의에서는 이러한 학습활동이 상당히 효과적이다. 그룹활동을 통하여 학생들이 영어로 토론하고 의문점에 대하여 서로 논의함으로써 영어 능력이 신장되고 소통 능력 및 비판력도 함양될 것이다. 여기에서 말하는 강의실 외의 학습활동은 학생들에게 새로운 내용을 더 가르치기 위한 것은 아니다. 그보다는 그룹활동을 통하여 수업시간에 학습한 내용에 대한 이해 수준을 높이고, 토론을

통하여 한 단계 높은 수준의 지식을 배우고 이해할 능력을 향상
시킬 기회를 주기 위한 것이다. 강의실 밖에서 진행되는 학습활
동은 교과목에서 필수적으로 요구되는 지식만 배우는 것이 아니
라, 학습한 내용의 문제점과 한계점을 면밀히 조사하고 탐구해
보면서 비판적으로 보는 능력도 기를 수 있는 좋은 기회가 된다.
앞에서도 여러 차례 언급했지만, 학습에서 가장 중요한 것은 새
로운 지식의 습득을 동해 일어나는 학생들의 사고와 행동의 변
화이다. 그러나 보통 이러한 변화는 새로운 아이디어와 정보에
단순히 동화하는 데 필요한 기간보다는 훨씬 더 많은 시간이 필
요한 것으로 오랜 기간에 걸쳐서 일어난다.

4) 학습 순서

학습자의 학습 효과는 그들이 이미 알고 있는 지식과 밀접하
게 연결되어 있다는 견해는 교육의 중요한 원리 중 하나이다. 그
렇다고 하여 학습이 벽돌을 쌓아 올리는 것처럼 단순히 하나의
지식 위에 새로운 지식을 쌓는 것을 뜻하는 것은 아니다. 강의
계획을 할 때, 내용이 배경지식을 필요로 하는 것이라면 선수 과
목을 지정할 수 있다. 내용 이해에 필요한 배경지식을 습득할 수
있는 선수 과목을 이수한 후에 수강신청을 할 수 있도록 하는 제
도적 장치는 효과적인 학습을 위하여 꼭 필요하다. 특히 영어강
의를 할 경우에는 그 중요성이 더 강조된다. 영어강의를 수강할
학생들이 영어로 학습할 수 있는 정도의 영어 능력과 배경지식

을 갖추었을 때 효과적인 학습이 일어날 수 있기 때문이다.

한편, 효과적인 학습을 위하여 가르치는 순서는 그렇게 중요하지 않다는 견해를 표명한 이들도 있다(Light et al., 2010). 이들은 한 주제를 가르칠 때 그 주제에 대하여 통합적인 접근방식으로 학습을 시작할 수 있다고 주장한다. 이러한 관점에서 학습에 접근할 때는 교수 기법과 학습활동 자료를 준비하는 과정에서 여러 가지를 고려한 복합적인 차원에서 강의계획에 심사숙고할 것을 권고한다. 예를 들면, 강의계획을 '나선형 교육과정(spiral curriculum)'으로 준비할 때는 학생들이 이전에 한 번이라도 생각해 본 적이 있는 주제와 개념을 다시 생각해 볼 수 있는 학습활동을 준비하는 것이다. 나선형 교육과정은 '교과과정을 조직할 때 중요한 원리 중 하나인 계속성의 원리를 이용하여, 학생들을 가르칠 때 점진적으로 내용을 심화시키고 확대하여 계열성의 원리를 적용한 학습과정'을 말한다. 다른 말로 하면, '학문의 개념이나 원리 또는 태도, 사고방법 등이 학생의 발달단계가 높아짐에 따라 그 지적 성격의 동일성과 연속성을 유지하면서 점점 세련된 형태로 학습되도록 계획된 교육과정'이라고 정의할 수 있다.

나선형 교육과정은 처음에 초보적인 주요 개념을 간략하게 소개하고, 그 개념을 점진적으로 반복하여 가르치면서 조금씩 더 난이도를 높여 가는 방식으로 구성된다. 구성주의 학습 이론가인 Jerome Bruner(1991)는 교육과정을 구성할 때 조직의 계속성의 원리를 활용하여 같은 개념을 계속해서 단순히 반복하는 것이 아니라 점진적으로 심화·확대함으로써 완전학습에 이룰 수 있다고 주장한다. 학습활동에서는 처음과는 달리 같은 주제와 개념에 대해 다른 관점에서 다양하고 복합적인 개념을 적용한 틀(frameworks)을 이용한다(Light et al., 2010).

최근에 많은 국내 대학에서 활용하기 시작한 문제기반 학습 (problem-based learning) 또한 영어강의에서 활용할 수 있는 좋은 학습활동이다. 문제기반 학습에서 학습활동은 학생들에게 강의를 통하여 먼저 새로운 지식과 정보를 가르친 후, 그에 따른 문제를 후속 학습활동으로 제시하고 실제로 문제를 해결해 볼 수 있는 기회를 주는 것이다. 이러한 학습방법은 수업시간에 배운 지식을 그 자리에서 적용해 보도록 하는 전통적인 학습방법과는 순서가 뒤바뀐 것이다(Gallagher, 1997; MacKinnon, 1999). 이 교수 기법에서는 학생들에게 새로운 지식과 정보를 가르치기 전에, 먼저 그들의 흥미 유발을 위해 재미있는 질문을 던져서 학생들이 해결할 방법을 찾아보도록 유도한다. 특히 이 기법은 영어강의에서 효과를 더하는 것으로, 이러한 학습활동을 수행하면서 학생들이 영어로 소통할 수 있는 기회를 준다. 예습과 복습을 통해서 미리 준비해 온 내용과 주제에 대하여 다른 학생들과 토론을 하면서 문제를 해결하는 과정에서 예기치 않은 학습 효과도 얻을 수 있다. 학생들의 흥미를 끌 수 있는 매력적인 질문들은 교수자가 정답을 말해 주는 것보다 훨씬 더 능동적인 학습활동을 이끌어 낸다. 교수자가 학생들에게 던지는 질문의 본질은 학문 분야에 따라 많이 다르겠지만, 문제해결에 기반을 둔 이러한 수업방식은 중요한 교육혁신의 하나로 인정되고 있고, 다양한

학문 분야에서 응용되고 있다. 관건은 창의적이고 상상력이 풍
부한 교수자들이 교과내용과 관련이 있는 적절한 좋은 질문을 얼
마나 잘 만들어 내며, 제시한 학습활동이 학생들을 얼마나 지적
으로 자극시키는가 하는 것이다. 이 문제기반 학습법을 영어강
의에 적용한다면, 학생들은 개인적으로 또는 소그룹이나 팀에서
의 구성원 간 소통을 통하여 문제해결을 위한 심도 있는 토론을
할 수 있을 뿐만 아니라 영어로 소통하는 능력이 향상될 것이다.

5) 과제와 평가

강의계획서에 반드시 포함되어야 하는 것은 수업 진행방식과
교수법, 과제 및 평가방법 그리고 계획된 교과과정으로 한 학기
를 마친 후 그 교과과정을 재검토하는 방법일 것이다. 이 세 가
지가 모두 일관성이 있어야 하며, 서로 일치해야 한다는 것은 두
말할 필요가 없다. 이 세 가지가 일치하지 않는 수업에서 좋은
학습이 일어나기를 기대하는 것은 어려울 것이다. 강의계획서
에 교과목의 교수목표, 교과내용 및 수업을 진행하는 방법을 명
료하게 제시하면 학생들이 수업에서 요구하는 것들이 무엇인지
명확히 알 수 있다. 이에 더하여 학생들을 가르치고 평가하는 방
법, 그리고 그 교과목이 과거에 어떻게 평가되었는지에 대한 정
보가 포함되어 있다면, 학생들은 그 교과목에 대해 훨씬 더 많은
것을 알 수 있어 수강 여부를 결정하는 데 큰 도움이 된다.

③ 영어강의에서 유용한 학습활동

1) 내용의 이해를 돕는 배경지식과 예습

학습자가 새로운 내용을 배우기 전에 학습할 내용에 대하여 이미 알고 있는 지식과 경험이 새로이 학습하고 있는 내용의 이해를 용이하게 한다는 것은 이미 앞에서 언급한 바 있다. 학습자의 배경지식과 경험은 다른 우리말 수업에서와 마찬가지로 영어강의에서도 효과적인 학습에 많은 영향을 미친다. 학습자들이 배경지식이 있으면 영어로 강의하는 내용에 대한 이해 수준은 높아진다. 학습자의 영어 능력이 조금 부족하더라도 내용에 대한 배경지식은 학생들의 이해를 증진시키는 데 도움이 된다. 영어강의에서는 우리말로 진행되는 강의에서보다 예습이 한층 더 중요하다. 따라서 교수자가 수업에서 새로운 주제로 강의를 시작하기 전에 학습자가 주제에 대한 참고문헌과 텍스트를 미리 읽고 내용을 이해한 후에 수업에 참석할 수 있도록 하는 수업 전략을 세울 필요가 있다. 이러한 전략은 학생들이 자신의 학습에 관심을 갖고 흥미를 느끼도록 하는 데 대단히 큰 도움이 된다. 영어로 진행되는 수업을 위하여 예습을 비롯해 미리 할 수 있는 학습활동을 잘 준비하여 과제를 잘 수행했을 때, 학습자들은 새로운 지식을 습득할 뿐만 아니라 더 깊은 지식을 배울 수 있는 학습 기법까지 터득할 수 있다. 다른 모든 강의에서도 마찬가지이겠지만, 특히 영어강의에서 학생들의 배경지식 유무는 효과적인 학습을 결정하는 주요 요소 중 하나이다.

2) 능동적인 학습 분위기 조성

(1) 어색함 없애기

어색함을 없애는 활동인 아이스 브레이킹(icebreaking)은 대중을 대상으로 하는 강연, 워크숍, 세미나 등에서 많이 사용되고 있는 것으로, 새로운 개념은 아니다. 강연, 워크숍 등에서는 이전에 서로 만난 적이 없는 참가자들을 위해 좀 더 부드러운 분위기를 조성하고자 어색함을 깨기 위한 다양한 활동을 하고 있다. 이 기법은 대학 수업에서도 유용하다. 특히 영어강의에서 학생들의 적극적인 참여를 기대한다면, 학기가 시작되는 초반에 학생들 간에 어색함을 깨는 학습활동은 긍정적인 영향을 미친다. 대부분의 국내 대학생에게 영어강의는 지금까지 한 번도 경험해 본 적이 없는 새로운 경험이다. 영어강의를 처음 수강하는 학생들의 대부분은 호기심 반, 두려움 반으로 첫 시간 수업에 참석할 가능성이 높다. 특히 영어강의가 학과에서 요구하는 필수교과로 지정되어 선택의 여지가 없는 경우는 더욱더 그러할 것이다. 어색함을 깨는 학습활동은 학생들이 편안한 분위기에서 수업을 받을 수 있도록 마음을 열게 해 준다. 그렇지만 학생들 중에는 이러한 학습활동에 대해 거부감을 느끼는 이가 있을 수 있다는 것 또한 유의해야 한다. 이런 학생들에게 학습활동에 참여할 것을 강요할 경우, 학생에 따라 반감을 느끼거나 저항을 하여 오히려 역효과를 낼 수 있다. 그러므로 강의 계획을 할 때, 때로는 교과의 학습목표를 달성하는 데 방해가 될 수도 있는 학생들의 거부감과 저항을 예상하고, 신중하게 학습활동을 준비해야 한다. 또한 학생들의 이러한 과거의 경험을 학습 자료로 이용하여 수업을 할 수도 있다.

(2) 그룹활동

효과적인 영어강의는 그룹활동을 통한 팀학습에서 이루어질 수 있다. 그룹활동을 통하여 구성원들끼리 대형 강의에서 실행하기 어려운 토론을 진행한다면 다른 사람의 의견을 들으면서 판단력과 비판력을 기를 수 있을 것이다. 특히 영어강의에서 학습활동의 한 부분으로 그룹 토론이 진행된다면, 학생들은 영어로 소통하는 역량도 기를 수 있다. 팀원들은 강의를 통해 얻은 새로운 지식과 정보와 아이디어, 새로운 개념들을 실제로 특정 사례에 적용해서 다각도에서 생각해 볼 기회를 갖게 되고, 이를 통해 이론과 실제가 어떤 관련이 있는지 직접 경험해 볼 수 있다 (Bligh, 2000). 그룹 토론을 통하여 학습한 내용에 대한 개인적인 의견을 교환하면서 서로의 입장을 반영할 수 있고, 깊은 성찰을 통하여 개개인의 의문점을 해소할 수 있다. 그룹활동은 영어강의에서 학생들의 소통 능력을 향상시킬 수 있는 좋은 학습활동 중 하나이다.

성격이 내성적인 소심한 학생들은 다섯 명 이상으로 구성된 그룹에서 자신의 의견을 피력하는 것을 주저하는 경향이 있다.

특히 외국어인 영어로 토론을 해야 할 경우에는 이런 어려움이 더욱 커진다. 두세 명으로 구성된 소그룹은 이러한 학생들에게 심리적으로 안정된 환경을 제공한다. 소그룹은 학생들에게 주어진 토론 과제뿐만 아니라 일상적으로 그들의 신변에서 일어나는 감정적인 문제를 표출할 기회도 준다. 이러한 학습활동을 통해 학생들은 자신감을 키울 뿐만 아니라 구성원들과 신뢰를 쌓을 수 있다. 교수자의 판단에 따라 그리고 구성원의 특성에 따라, 한 학기를 마칠 때까지 지속적으로 같은 그룹에 있게 하는 것을 고려해 볼 수 있다. 한 학기의 마지막 모임은 한 학기 동안 해당 교과목을 학습한 결과로 그들이 실제로 무엇을 할 수 있게 되었는지 또는 무엇을 할 것인지를 계획하는 시간으로 활용할 수 있다.

학기 초에 낯선 학생들과 함께 그룹으로 하는 학습활동을 원활하게 수행하기 위해서는 학생들이 서로를 어느 정도 알 수 있는 시간이 필요하다.

새로운 그룹이 형성되면 종종 서로에 대한 이해가 부족하여 서로 간에 충격을 주고받는 '격동(storming)'의 기간을 거치기도 하고, 그룹이 형성된 후에도 구성원들에 대하여 서로 저항하는 기간을 거치기도 한다(Tuckman, 2001). 때로는 이러한 갈등이 겉으로 드러나지 않는다 하더라도, 새로이 형성된 그룹에서 강한 감정적 동요를 경험할 가능성이 높다는 것은 인지하고 있어야 한다. 일반적으로 이러한 혼란은 어떠한 일이 있어도 가능한 피해야 할 것으로 여겨지지만, 실제로는 이러한 위기감이 학생들을 심화학습으로 이끌고 지적 능력을 향상시키는 데 대단히 효과적임을 밝힌 연구도 있다(Frey & Wolf, 2004). 이 연구에서는 이러한 위기가 학습자의 학습을 어렵게 하기보다는 오히려 급진 적인 사고의 변화를 이끌 수 있다는 것을 보여 준다.

안타깝게도 현재 대부분의 국내 대학에서는 특수한 몇 몇 학과를 제외하고 학습활동에 그룹활동이 포함된 교과과정은 극소수이고 그룹활동이 간헐적으로만 이루어지고 있기 때문에 긍정적인 효과를 보기는 쉽지 않다.

(3) 또래학습

또래학습(peer-managed learning)은 그룹 토론과 거의 유사하지만, 내용 면에서는 조금 차이가 있다. 그룹 토론에서는 팀원들이 같은 내용의 글을 읽고 주어진 문제에 대하여 토론을 하는 반면, 또래학습에서는 구성원들이 한 주제에 대하여 각각 다른 관점에서 쓰인 교재 및 참고문헌을 읽고 토론을 한다(McKeachie, 2006). 일반적으로 각 그룹은 4~6명으로 구성된다. 주어진 읽기 과제는 각자 개인적으로 한 다음, 그룹별로 모여 각자 읽은 내용에 대하여 발표한 다음 토의를 거쳐 반 전체 학생을 대상으로 그룹별 토론의 결과를 발표하는 것이다. 특히 이 학습활동은 영어강의에서 활용하기 좋은데, 학생들의 이해력, 발표 및 말하기 능력을 동시에 향상시킬 수 있다. 또한 이 학습활동은 학생들의 대인관계 기술을 향상시킬 수 있고, 이미 검증된 이론에 대한 의문점을 제기할 수 있는 비판적 사고 능력을 향상시킬 수 있다. 뿐만 아니라 연구의 중요성을 재인식할 수 있는 계기가 될 수 있다.

(4) 역할극

교과목에 따라 다르겠지만, 내용에 따라 역할극을 이용한 학습활동이 이루어질 수 있다. 그것은 연극을 통하여 평소에 경험할 수 없는 다른 사람의 입장에서 그들의 역할을 직접 경험해 보도록 하는 것이다(Rao & Stupans, 2012). 특히 영어로 강의를 듣는 목적에 걸맞게 우리나라를 방문한 외국인, 소외된 계층, 노약자 등이 사회에서 어떠한 대우를 받고 있는지를 실제 체험을 통해 몸소 경험하고 느껴 보는 것이다. 영어강의에서 역할극은 실제로 학생들이 수업에서 배운 내용을 영어로 소통하면서 연습을 할 수 있는 좋은 학습활동이다. 다양한 상황에서 수업시간에 학습한 내용을 다각적인 관점에서 학생들 각자가 이해한 대로 대본을 만들어 수행하는 역할극은 학생들에게 비판적 사고의 중요성을 일깨워 주는 데 일조할 것이다. 역할극을 통하여 학생들은 배운 내용을 좀 더 깊고 폭넓게 이해할 수 있는 시각을 키울 수 있다. 역할극은 내용에 따라 교수자가 어떤 결론을 내릴지 이미 결정한 주제에 대하여 학습활동을 하는 것이라고 볼 수도 있겠지만, 결론은 학생들의 소그룹 토론으로 내릴 수도 있다.

역할극이 끝난 다음 그룹으로 나누어 역할극 과정을 분석하고 평가하며 서로 다른 소그룹에 피드백을 주는 학습활동은 영어로 소통하는 능력뿐만 아니라 비판력까지도 향상시킨다. 또한 이러한 학습활동을 통하여 다른 사람들이 느낄 수 있는 감정을 체험을 통해서 학습할 수 있을 뿐만 아니라, 자신의 의견에 대해 비판을 받을 경우 이성적으로 반응하고 논리적으로 대응할 수 있는 능력까지도 신장할 수 있다. 만약 시간이 허락되어, 학생들이 다른 학생들에게 받은 피드백에 따라 그들이 수행한 역할극을 개선하여 다시 할 기회가 있다면, 그들은 학습에서 자신감과 함께 성취감을 느끼게 될 것이다.

(5) 질문을 이끌어 내는 학습 분위기

강의실 분위기와 강의실의 물리적 환경은 학생들에게 효과적인 학습을 일으키는 중요한 요소이다. 학생들을 편안하게 하고 환영받고 있다는 느낌을 주는 강의실 분위기는 학생들의 학습에 긍정적인 영향을 미친다. 다른 수업도 마찬가지겠지만, 특히 영어강의에서는 수업을 자연스럽게 진행하기 위한 전략을 세울 필요가 있다. 교수자가 강의를 시작하기 전에 미리 몇몇 학생을 지정하여 주제에 대한 질문을 하도록 준비시키는 것도 한 방법이다. 이 외에도 학생들에게 미리 어떤 제안을 하게 하거나, 소그룹 토론, 전체 토론 등에서 다양한 형태로 질문을 하도록 권장할 수 있다. 학생들 혹은 교수자의 질문으로 시작되는 수업은 교수자가 일방적으로 가르치고 학생들은 수동적으로 받아들이는 수업보다 훨씬 더 효과적이다.

그리고 학생들에게 미리 교과내용과 관련 있는 실제적인 문제 및 논제를 깊이 생각해 본 후 그 답을 가지고 수업에 들어오게 하는 것 또한 상당히 효과적인 전략이다. 학생들이 수업시간 외에 따로 시간을 내어 진지하게 문제를 생각해 볼 수 있는 시간을 주고, 주어진 문제를 수업시간에 다루는 내용과 연관시켜 생각해 보게 한다. 그리고 학생들의 아이디어와 제안에 대해 피드백과 함께 설명할 수 있는 기회를 주는 것은 그들의 학습 능력을 크게 신장시킬 수 있는 좋은 교수 기법이다. 이러한 학습활동을 통하여 학생들은 배운 지식과 정보를 분석하고 논리적으로 비평할 수 있는 능력과 새로이 학습한 지식과 이론을 적용, 비교 및 평가할 수 있는 능력도 발전시킬 수 있다.

이와 같이 교수자가 모든 학습활동의 주도권을 갖는 것 보다 학생들이 자신의 학습에 주도권을 가지고 적극적으로 참여하도록 하는 것은 학습목표를 훨씬 더 효과적으로 달성하게 한다. 능동적으로 참여한 수업에서 학생들은 그 수업에 소속감을 느끼면서 동시에 자신의 학습을 주도하게 되고, 따라서 책임감이 고양되면서 자연히 학습 효과도 상승될 것이기 때문이다.

(6) 과제와 평가

앞서 언급한 것처럼 과제와 평가는 강의계획서에 제시된 학생들의 학습목표와 일치하여야 한다. 일반적으로 대학에서 이루어지고 있는 대부분의 과제와 평가는 학생들이 수업시간에 배운 내용을 얼마나 기억하고 있는지, 또는 이론에 응용할 수 있는 능력을 평가하는 데 유용하다. 그렇지만 배운 내용과 교재에 있는 지식과 정보를 그대로 암기하여 시험지에 옮겨 쓰거나 암기한 내용을 다시 반복하도록 하는 평가방식으로는 학생들의 사고에 변화가 일어날 것을 기대하기에는 한계가 있다. 배운 내용을 단순히 재생산하는 방식의 평가는 학생들이 새로운 지식을 만들어 내거나 새로운 아이디어를 창안해 내어야 하는 상황을 맞았을 때 그들이 어떻게 행동할 역량이 있는지를 평가하기 어렵다. 21세기에 세계 각처에서 필요한 인재는 학습한 내용을 잘 기억해 두었다가 필요할 때 즉각 기억해 내는 능력보다는 새로운 지식과 정보에 대하여 독립적으로 사고하고 다각도에서 볼 수 있는 비판적 사고를 할 수 있는 능력을 갖춘 사람이다. 따라서 과제와 평기는 이러한 능력을 얼마나 향상시켰는지를 평가할 수 있는 내용으로 구성되어야 할 것이다.

3) 효과적인 학습을 위한 학습 자료

(1) 유인물

유인물을 수업 시작 전에 배부할 것이지 또는 수업을 마치고 난 후 배부할 것인지는 그 내용에 따라 다르다. 유인물을 수업 시작 후 바로 배부할 경우, 학생들은 수업이 진행되는 동안 유인물에 눈길을 주고 교수자의 강의에는 집중하지 않는 문제가 생길 수 있다. 이러한 이유로 일부 교수자는 강의를 마친 후에 유인물을 배부하기도 한다. 그러나 학생들 중에는 수업을 시작할 때 유인물을 받게 되면, 강의를 들으면서 떠오르는 생각들을 유인물에 적을 수 있어, 선 배부 방식을 선호하는 이도 있다.

유인물을 배부하는 시점이 언제든 간에 수업시간에 배운 새로운 지식과 정보를 잊어버리지 않도록 학생들이 가져갈 수 있는 학습 자료는 효과적인 학습에 도움이 될 수 있을 것이다. 특히, 수업을 마친 후 방금 공부한 교과내용과는 전혀 상관없는 교과목의 수업을 듣는다면 학생들은 더 빨리, 더 많이 잊어버릴 수 있다. 이럴 경우에 유인물이 학생들에게 유용하게 사용될 것임은 틀림없다. 유인물은 교수자의 수업목표에 따라서 핵심, 아이디어, 개념, 문제, 예시를 비롯해 참고문헌을 포함할 수 있다. 유인물 외에도 학생들이 지속적으로 사용할 수 있는 다양한 학습자료, 즉 학교의 도서관 자료, 웹사이트, 정보관리 시스템 등을 이용하여 복잡한 아이디어를 이해하고 적용할 수 있는 능력을 향상시킬 수 있다.

(2) 시청각 자료

예전과 달리 오늘날의 대학에서는 다양한 시청각 자료 및 정보통신기술을 기반으로 한 학습 자료를 수업에 도입하고 있다. 학생들의 학습에 대하여 심혈을 기울이는 교수자들은 다양한 학습 보조기기와 학습 자료를 이용하여 학습 효과를 높이기 위하여 상당히 많이 노력한다. 어떤 교수자들은 학생들이 좋아할 것 같은 음악을 준비하여 수업에 들어오는 학생들을 환영하거나, 수업내용에 맞는 강의실 분위기를 조성하여 학생들을 맞이한다. 시청각 자료, 파워포인트, 플립차트, 영상 자료 그리고 새로운 테크놀로지를 이용하여 수업을 진행하거나 학생들을 학습활동을 만드는 과정에 참여하게 할 수도 있다.

학생들로부터 새로운 아이디어를 도출해 내기 위해 또는 문제를 해결하기 위해 자주 쓰이는 기법으로 브레인스토밍(brainstorming)

이 있다(Haddou et al., 2014). 이것은 교수자의 질문에 대해 학생들이 어떤 의견을 말하든지 간에 비판을 받지 않으면서 적극적으로 자신의 생각과 견해를 말할 수 있게 하는 효과적인 기법 중 하나이다. 여기에 시청각 자료를 통하여 지식과 정보를 다양한 방법으로 결합하여 사용할 수 있다. 특히 영어로 진행되는 수업에서는 이러한 학습활동을 통하여 학생들이 내용을 더 잘 이해할 수 있도록 하기 위해 학생들과 같이 만들기도 한다. 이러한 방법으로 진행되는 영어강의는 학생들에게 지적 자극을 일으킬 수 있을 뿐만 아니라 자신들이 수업에 무엇인가를 기여했다는 뿌듯한 기분을 느끼게 할 수 있다. 이러한 경험은 학생들에게 자신의 학습의 주체가 되었다는 주인의식을 고취시키는 것으로 학습에 긍정적으로 작용한다. 더 나아가 학생들이 그룹 안에서 차례로 역할을 바꾸어 가면서 토론하는 것, 그리고 그 과정을 녹음 또는 녹화하고 발표하는 것 등은 학생들이 능동적으로 자신의 학습에 주도권이 있다는 의식을 갖도록 하는 데 크게 도움이 된다.

4 요약 및 결어

이 장에서는 대학에서 영어강의를 도입하는 데 근간이 되는 언어교육 이론의 하나인 내용중심 접근법과 강의 계획에 대하여 살펴보았다. 영어강의의 핵심 논리는 교과내용을 가르치는 것을 목적으로 하며 교과내용을 학생들에게 전달하는 도구로 영어를 사용할 때 영어학습이 일어난다는 것을 근거로 한다. 따라서 강의 계획에서 교수자의 주요 관심은 교과내용을 학생들이 잘 이해할 수 있도록 설계하는 것이다. 교과 교수자는 언어 전문가가 아니기 때문에 영어로 강의하는 교수자에게 언어 학습적인 측면을 도와주기 위하여 언어 전문가의 도움이 필요하다. 교과 교수자와 언어 교수자가 긴밀하게 협조하여 영어로 강의하는 교과과정을 계획하고 준비했을 때, 더 나은 영어강의가 이루어질 수 있다. 학생들이 영어강의에서 사용되는 전문용어와 담론을 이해하고 사용할 수 있는지의 여부로 교수자는 자신이 설정한 수업목표의 달성 여부를 평가할 수 있다. 따라서 영어강의에서 학생들의 학습 효과를 최대화하기 위한 필수 조건은 수업의 내용에 등장하는 어휘, 전문용어 및 담론을 충분히 이해할 수 있는 기반을 만들어 주는 것이다. 내용을 중심으로 잘 준비된 영어강의는 학생들이 영어로 학습하는 목적을 잘 구현할 수 있다. 이 이론에 따르면, 단시간에 학생들이 영어로 학문을 할 수 있는 역량을 키우기 위한 최우선적인 과제는 내용 중심으로 만들어진 체계적이고 효율적인 영어강의 수강을 위한 예비 프로그램을 개설하여 운영하는 것이다.

21세기의 대학 교육에 혁신 이론을 도입해야 한다고 주장하는 이들에 따르면, 강의 계획은 근본적으로 변화의 필요성을 보여 주기 위한 근거를 제시하는 것이다. 이것은 학습 이론에서 말하는 심화적 접근방식으로, 지금까지 알고 있던 지식이나 개념을 이전과는 전혀 다른 새로운 관점에서 볼 수 있도록 깨달음을 일으킬 수 있는 강의 계획을 말하는 것이다. 학습자들은 새로이 배운 지식을 자신의 경험에 비추어 분석하면서 더 높은 차원의 지식으로 발전시킬 수 있을 것이다.

따라서 강의 계획과 교과과정 설계는 현재 국내외에서 하루가 다르게 일어나고 있는 변화에 적절한 새로운 지식과 정보가 기본이 되어야 할 것이다. 이를 바탕으로 학생들이 더 깊은 지식을 배우고 활용할 수 있는 능력을 배양함과 동시에 새로운 것을 창조하는 역량을 높이는 데 초점을 두어야 한다. 학생들의 새로운 지식 창조와 행동 변화에 초점을 둔 교과과정의 특징은 문제해결, 더 높은 차원의 지식을 배울 수 있는 능력을 기르는 학습능력, 대인관계, 사회적 상호작용, 상호의존 및 소통 기술, 그리고 다양한 형태의 교육정보 자원을 지적으로 활용하는 것 등을 포함한다.

제6장

대학 교육과 시스템 모델

대학의 교수-학습 분야에서 선구자적인 학자 중 한 사람인 Biggs는 대학 교육을 생태계의 상호작용 이론에 적용하는 시스템 모델(system model)로 설명한다. 이 생태계(ecosystem) 이론은 Bertalanffy(1968)가 주창한 것으로, 교수자가 원하는 학생들의 학습목표를 성취하기 위해서는 학습에 영향을 미치는 주변의 다양한 요인을 주의 깊게 관찰해야 한다는 것이다. 학습과 밀접한 연관이 있는 학습자 주변의 다양한 구성 요인이 서로 상호작용하면서 학습에 영향을 미치기 때문에, 교수자는 이 요인들에 주의를 기울여야 한다는 것이다. 여기에서 Biggs는 학습자의 학습에 서로 영향을 미치는 다양한 요인을 통틀어 '시스템(system)'이라고 칭했다. 이 아이디어는 생태계의 시스템 이론에서 나온 것으로, 생태계에서 구성 요소 중 어느 하나가 변화하면 그것이 생태계 전체에 영향을 미쳐 새로운 체계가 생성되는 것을 말한다.

한 구성 요소에 변화가 일어나면, 생태계가 자연스럽게 균형을 유지하기 위하여 변화에 적응하기 위한 새로운 체계를 만들어 내거나, 혹은 변화된 한 구성 요소가 현존하는 체계에 흡수되어 원상태로 되돌아가 기존의 체계를 그대로 유지하게 된다는 것이다(Biggs, 1993).

이 새로운 변화는 '열린 체계(open system)'에서만 가능한 것으로, 대학과 같이 새로운 사상과 이론이 토론과 연구 과정에서 생멸하는 사회기관에서 일어날 가능성이 많다. 반면, 변화된 구성 요소가 그 힘을 발휘하지 못하고 기존 체계에 흡수되어 원상태로 다시 돌아가는 것은 '닫힌 체계(closed system)'에서 일어날 가능성이 크다(Emery & Trist, 1960: Biggs, 1993 재인용). 열린 체계는 변화에 대하여 열려 있는 자세를 갖고 있다. 그래서 한 기관 혹은 어떤 제도에서 한 구성 요소에 변화가 생기거나 변화의 요인이 생기면 그 구성 요소는 자연스럽게 더 많은 새로운 변화와 복잡한 상태로 전개될 것을 예상하고, 그에 적응하기 위하여 조직을 개편하거나 재정비한다. 이러한 변화는 갑자기 일어나는 것이 아니며, 기존 구성 요소들이 무리 없이 지속적으로 작동할 수 있는 정도의 안정된 상태를 유지하면서 서서히 변화해 간다. 교육에서는 교수자, 학습자, 교과과정, 교수법, 교수자들과 학생들의 학습에 관한 인식, 이전 학습 경험 등의 학습 관련 요인뿐만 아니라 교육부의 교육 정책, 대학본부, 단과대학, 지역사회 등을 포함한 대학 내외의 환경 모두가 구성 요소이다. 이들 구성 요소는 학생들의 학습 성취에 직간접적으로, 크건 적건 영향을 미친다.

생태계 이론에서는 모든 생태계의 구성 요소가 상호작용하면
서 균형을 맞추어 나간다고 주장한다. 교육계는 앞에 제시한 구
성 요소 각각이 모든 다른 구성 요소와 상호작용하고 균형을 이
루어 가는 시스템이라고 볼 수 있다. 생태계에 새로운 한 속성
이 나타나거나 들어오게 되면, 그것이 쉽게 들어오지 못하게 하
기 위하여 생태계가 장애물을 만들어 낸다. 이처럼 교육계에도
혁신을 추구하는 새로운 아이디어를 도입하려고 할 경우 기존
체계의 저항을 힘들게 헤쳐 나가야만 하는 생태계의 늪이 존재
한다고 볼 수 있다(von Bertalanffy, 1968). 교육계의 기존 체계가
바로 생태계의 늪을 의미하는데, 이것은 교육에서는 '교육적 늪
(educational swamp)'을 뜻한다. 여기에서 말하는 교육적 늪은 교
육에서 서로 연결된 교육 시스템으로 구성된 학생, 교실, 대학
그리고 지역사회의 각 구성체가 지닌 시스템으로 나누어 볼 수
있다(Biggs, 1993). 이 이론에서는 교수자들이 진정으로 자신이
원하는 학습목표를 이루기 원한다면 기존 교육 시스템의 큰 틀을
무너뜨려야 할 필요가 있다고 주장한다.

예를 들면, Biggs(2003)는 성공적인 학습을 이루는 데 필요한
요인을 설명하기 위해 교수-학습의 3P 모형을 제시했다. 여기
서 3P는 준비(presage), 과정(process) 그리고 결과(product)를 의
미한다. 준비는 학습이 시작되기 전, 과정은 학습을 하고 있는
동안, 그리고 결과는 학습의 성과를 말한다. 준비 요인은 학생
요인과 교수 환경 요인의 두 가지로 나누어 볼 수 있다. 학생 요
인은 학생 개인의 능력, 적절한 사전 지식, 그리고 배우기를 원

하는 새로운 지식을 포함한다. 교수 환경 요인에는 교수자의 책임감, 의사결정의 개방성, 그리고 수업을 효과적으로 진행할 수 있는 교수 능력이 포함된다. 학생 요인과 교수 환경 요인들이 학습자가 학습활동을 하는 동안 서로 밀접하게 상호작용을 하면서 학습에 영향을 미친다. 이 견해의 중요한 전제는 학습은 학습자에 의해서 동기가 유발되어 새로운 지식을 습득하는 과정이며, 교수자는 학생이 학습을 잘할 수 있도록 도와주는 역할을 한다는 것이다. 학생들이 학습에 접근하는 방식은 교과과정에서 수행하는 과제 및 평가와 밀접한 관계가 있다. 학습자는 교수자의 성격과 교실 분위기, 교육철학, 정부 및 대학 당국의 교육 정책 등에 영향을 받는다. 교육 정책은 교과과정 구성, 교과내용, 교수법과 평가 등을 포함한다.

영어강의도 다른 강의와 마찬가지로 효과적인 학습 효과를 얻기 위해서는 학생들의 학습과 교육에서 상호 연관된 요인들이 완전히 통합되어야 한다. 그러나 이러한 통합은 교육제도의 복잡한 특성 때문에 그렇게 쉽게 실천에 옮길 수 없다. 앞에서 본 것처럼 효과적인 영어강의를 위해서는 크게는 정부의 정책부터 시작하여 작게는 학생 개인까지 긴밀하게 상호작용을 하고 있다는 것을 적시하고, 적절한 제도를 만들어 나가야 할 필요가 있다. 현재 국내대학에서는 영어강의를 적극적으로 도입하여 많은 강좌를 개설하고 있는 대학조차도 영어강의 확산 정책에 문제가 있다는 것을 인식하고 있다는 것을 앞서 살펴보았다. 그럼에도 교수자들과 대학 당국은 이 정책에 대하여 외부로부터 부정적인 평가를 받지 않기 위해 노력한다. 따라서 교육제도의 구성 요소인 구성원의 한 사람으로서 개인이 속한 기관이 부정적으로 보일 우려가 있으면 일치 단결하여 긍정적인 평가를 받으려고 애쓴다. 그렇기에 부정적인 평가를 피하기 위하여 기존의 영어강의 정책의 문제점이 인식되고 있음에도 고치려는 노력을 하기보다는 기존의 체계를 답습하고 있는 실정이다.

 각 대학 당국은 정부의 영어강의 정책에 문제가 있다는 것을 인지하고 있지만, 이에 대한 문제를 제기하여 제도의 개선을 위하여 노력하지 않는 것처럼 보인다. 오히려 각 단과대학과 개인이 불이익을 피하기 위해 일치 단결하여 그들의 임무를 수행하는 모양새를 취하여 외부로부터의 평가를 잘 받기 위하여 다양한 방법을 강구한다. 특히 그 평가가 한 기관의 살림을 좌우하는 재정과 관련된 것이면 더욱더 그러하다. 대학의 국제화지수 평가 지표에 영어강의의 수가 포함되어 있고, 또 그 평가가 한 대학의 재정에 영향을 미친다면, 효과적인 학습을 위해 '학습의 질'을 염려하기보다는 영어강좌의 '수'가 더 중요하게 여겨질 것이다.

① 시스템 모델과 영어강의

 영어강의에서 학생들의 학습이 효과적으로 이루어지기 위해서는 교수자와 학생의 영어 실력만이 문제가 되는 것이 아님을 앞에서 언급하였다. 학생들의 효과적인 학습을 위하여 영어강의의 교육과정 정비가 필요하다. 교수자에게는 〈전문성 개발 (Professional Development) 프로그램〉과 같은 대학 차원의 체계적이고 지속 가능한 지원 시스템을 개발할 필요가 있다.

시스템 모델은 교육에서는 학생, 교수자 그리고 교육 환경 및 제도들이 학습을 이루는 데 서로 영향을 미치는 구성 요소라고 본다. 이 주장이 학생들의 학습부진의 이유를 설명한 앞 장에 나온 결핍 관점과 차이 관점과 다른 점이다. 결함 관점에서는 학습부진이 교수자 혹은 학생에게서 무엇인가 부족하기 때문인 것으로 파악한다. 교육제도라는 복잡한 시스템 속에서 단 하나의 구성 요소만을 들어 학습부진의 원인으로 지적하는 것은 너무나 단순한 생각이다. 만약 어떤 한 학생이 기대한 것처럼 학습 성과를 얻지 못했다면, 결함 관점은 그 학생에게서 무엇인가 부족한 점을 찾아서 학습 실패의 원인으로 지목할 것이다.

결함 관점에서는 영어강의에서 학생들의 학습이 효과적으로 일어나지 않을 때 교수자는 학생들의 저조한 영어 실력을 탓하고, 학생들이 학습에 대한 동기가 결여되어 있고, 학생이 적절한 학습방법을 모르거나 학습 능력이 없다고 비난할 것이다. 반면, 학생들은 교수자의 영어 실력 부족, 또는 비영어권 교수자들의 익숙하지 않은 영어 억양을 자신의 학습 실패의 원인으로 지적할 것이다. 또한 강의의 핵심을 효과적으로 전달하지 못한 교수자의 교수법 문제로 돌리며 그 책임을 교수자에게 전가할 수 있다.

우리나라의 많은 대학에서 시시때때로 거론되는 영어강의의 문제에도 불구하고, 상황을 바꾸기 위한 정부와 대학 당국의 노력은 거의 눈에 띄지 않는다. 대신 영어강의의 모든 책임은 강의를 담당하는 교수자에게 지워지고 있는 실정이다. 학습목표를 성취하지 못한 교수자와 학생들은 서로에게서 또는 자신에게서 문제점을 찾으며 문제를 해결해 보려고 애쓰고 있다.

시스템 모델에서는 학습자가 영어강의에서 효과적인 학습을 하지 못한 것이 교육에 영향을 미치는 구성 요소들이 긴밀히 상호작용하는 과정에서 발생하는 것이며, 이 문제 자체도 하나의 구성 요소라고 간주한다. 학습은 학생 요인, 교수자 요인, 대학기관 요인 그리고 지역사회 요인이 함께 상호작용하며 상호 협력하에 이루어진다. 이 모든 구성 요소 간에 균형이 이루어질 때 효과적인 학습이 일어날 수 있다는 것이다. 만약 한 학생에게 학습이 일어나지 않았다면, '학생들이 영어 능력이 부족하다' 혹은 '학생들이 공부하는 방법이 부족하다'와 같이 어떤 요인을 지적하여 책임을 전가하기보다는 구성 요소들의 상호작용을 들여다보고 그 문제가 발생한 원인을 살펴보아야 한다. 교육부를 비롯하여 대학 당국에서는 영어강의를 더 많이 개설하도록 각 학과와 교수들에게 강력하게 권장하고 있지만, 영어강의에 대한 제도의 재정비 없이는 그것의 학습 효과는 미지수이다. 영어강의 수강을 원하는 학생들을 위하여 준비시키는 예비 프로그램과 영어강의를 수강하기 위한 선수 과목이 없는 것이 영어강의의 질을 더욱더 악화시키고 있다.

② 논의 및 제언

시스템 모델은 영어강의에서 교수자가 원하는 학습목표를 성취하기 위하여 필요한 다양한 요인을 보여 주었다. 이 요인들은 학습자 요인과 교수 환경 요인으로 구분하였다. 효과적인 영어강의를 위하여 제도적 차원에서 이런 요인들이 다각적으로 신중하게 검토된 영어강의 정책이 수립되고, 지속적인 지원과 점검 및 개선을 통하여 학생들의 필요에 부합된 프로그램이 마련되어야 할 것이다. 영어강의 정책에 대한 정부 차원의 변화를 기다리면서, 현재 일선 대학에서 더 나은 영어강의를 위하여 다음과 같은 부분을 개선해 나갈 수 있을 것이다.

1) 논의

2016년 현재 정부의 국제화 정책에 따라 대학에서 추진되고 있는 영어강의는 학생들의 요구에 따라 계획되고 만들어진 것이 아니다. 국제화 정책에 따라 각 대학과 학과에 부과된 영어강의 개설의 압박으로 어쩔 수 없이 영어강의를 개설하는 학과가 많이 있다. 이러한 상황에서 영어강의를 억지로 떠맡게 된 교수자들도 많다. 대학에 따라서는 의무적으로 영어강의를 하는 조건으로 신임교원들을 채용하기도 하고, 학생들의 필수 졸업 요건으로 영어강의를 포함하기도 한다. 학문과 학과의 특성을 고려하지 않은 채 추진되는 영어강의 확대는 학습자인 학생과 교수자에게 조금도 도움이 되지 않는다. 각 대학과 전공에서 영어강의가 필요한지 여부, 필요한 이유, 그리고 필요하다면 영어로 수업을 하는 데 필요한 요소들이 무엇인지 살펴보고 이에 대한 적절한 준비를 해야 할 것이다.

교수 환경 요인은 교수자의 책임감, 의사결정의 개방성, 그리고 수업을 효과적으로 진행할 수 있는 교수 능력을 포함한다. 영어강의를 진행하는 대다수의 교수자는 자발적으로 영어강의를 하기보다는 학과의 의무나 신임교원의 의무 때문에 한다(대학신문, 2013). 때로는 영어강의를 수강하고 있는 학생이나 강의를 담당하고 있는 교수자 중에도 영어강의의 목적을 명확히 알지 못하고 있는 이도 있는 실정이다. 학습자나 교수자 모두 자발적인 선택에 의해서라기보다 학과의 상황에 의해서, 그리고 의무 때문에 수강하고 가르쳐야 하는 영어강의에서 효과적인 학습이 일어나기를 기대하기는 어렵다. 효과적인 학습은 학습자의 강한 학습 동기, 목표, 그리고 교수자의 자발적인 선택이 있을 때 가능하다.

따라서 대학 당국은 구성원들에게 영어강의 시행의 목적을 명확히 제시하고, 영어강의에 필요한 자원과 프로그램을 준비 및 개발할 수 있도록 한다. 영어강의를 실시하기 위해서는 적어도 다음 네 가지 사항을 신중하게 검토하고 대책과 전략을 세워야 할 것이다.

• 영어강의 도입이 필요한 학과 및 교과목 선정

- 영어강의를 하는 교수자 지원 프로그램
- 영어강의 수강을 원하는 학생들을 위한 지원 프로그램
- 영어강의 목적에 적합한 학습활동을 할 수 있는 강의실(예: 토론과 그룹학습에 용이한 책걸상 배치, 웹 기반 및 화상학습 기능 포함)

2) 제언

영어가 21세기를 살아가는 데 필요한 중요한 언어라고 판단된다면, 따라서 대학에서 반드시 영어강의가 필요하다고 판단한다면, 영어강의 개설에 앞서 신중히 고려되어야 할 것은 다음과 같다.

첫째, 대학에서 영어강의를 실시하는 목적이 무엇이고, 이 목적을 실현하기 위하여 우선적으로 준비해야 할 것을 파악한다. 이 목적에 따라서 각 단과대학과 학과에 영어강의의 목적을 제시하고, 이를 실현하기 위하여 각 단과대학과 학과의 교육목표와 부합하는 영어강의를 도입할 수 있는지에 대하여 연구 및 검토한다. 이 결과에 따라서 영어강의 도입 여부를 결정했다면, 각 단과대학과 학과에서 영어로 강의를 하기 위하여 필요한 것이 무엇인지 신중하게 검토한다. 영어강의의 필요충분조건에 대하여 함께 연구·검토하고 지침을 만든다.

둘째, 영어로 강의할 과목을 정한다. 단과대학 혹은 학과에서 정한 교육목표를 달성하기 위하여 필요한 영어로 강의할 과목

을 정한다. 그리고 이 영어강의를 수강하는 데 필요한 선수 조건을 신중하게 검토 및 연구한다. 여기에는 영어 실력 요건, 선수 과목, 관련 경험 유무가 포함된다. 영어강의를 수강하기 위하여 필요한 '학문을 위한 영어' 프로그램 운영 여부를 정한다. 학과 특성에 따라 학생들이 영어로 수업을 받는 데 필요한 역량을 함양하는 프로그램을 구성할 수 있도록 영어 어학교육 담당자와 학과목 교수지가 공동 작업을 해야 할 것이다. 이러한 프로그램은 많은 영어권 대학에서 유학생을 위하여 실시하고 있는 EAP(English for Academic Purpose: EAP) 프로그램에서 많은 도움을 받을 수 있을 것이다. 그러나 단순히 영어권 국가들의 프로그램을 그대로 적용하기보다는 우리나라 학생들의 실정에 맞게 프로그램을 계획하고 운용하여야 할 것이다. 대학 본부 차원에서 EAP 프로그램을 계획 · 운영할 수 있도록 지원을 요청한다.

셋째, 영어강의 수강은 학생들이 자발적으로 선택할 수 있도록 한다. 언어 전문가인 영어 교수자와 내용 전공자인 교과 교수자의 긴밀한 협조하에 만들어진 질 좋은 영어강의는 더 많은 학생들의 관심을 끌 수 있다. 현재 많은 학생이 영어강의에 부정적인 반응을 보이는 것은 학생의 영어강의 수강 능력을 고려하지 않고 무차별적으로 운영되고 있으며, 학생들에게 선택의 기회가 주어지지 않고 있기 때문이다. 수강을 원하는 학생들이 자발적으로 선택할 수 있는 영어강의는 학습 효과를 높일 뿐만 아니라, 향후 더 많은 학생이 자발적으로 선택할 수 있는 질 좋은 영어강의가 될 것이다. 학생들이 졸업 필수 요건 때문에 의무적으로 수강하는 영어강의는 당장은 국제화지수에 긍정적인 영향을 미칠지는 모르지만, 학생들의 영어학습에는 별 도움이 되지 않을 것이다. 영어강의에 잘 대비한 학생이 잘 준비된 영어강의를 자발적으로 수강하여 효과적인 학습이 이루어졌을 때, 향후 더 많은 학생이 자발적으로 영어강의를 원하는 긍정적인 선순환 효과가 일어날 것이다.

넷째, 단과대학과 학과에서 구성원들의 토론을 거쳐 정해진 교과목을 영어로 강의하기 원하는 교수자를 지원하는 정책이 마련되어야 할 것이다. 외국어인 영어로 교과내용을 강의할 경우에는 모국어로 하는 강의를 준비하는 것보다 훨씬 더 많은 시간과 노력이 든다는 것을 인지한 가운데 지원책이 마련되어야 할 것이다. 더구나 수강생들이 영어로 강의를 듣고 이해하는 데 필요한 언어 지식과 배경지식이 부족할 경우는 더욱더 그러하다. 영어로 강의하는 교수자들에게 필요한 것은 단순한 재정 지원만이 아니다. 영어로 강의를 해야 하는 교수자들에게 필요한 것은 영어로 학생들을 잘 가르치는 방법을 습득하는 것이다. 새로운 교수법을 체득하기 위하여 교수자들을 위한 지속적이고 체계적인 전문성 개발 지원 프로그램이 있어야 할 것이다. 이미 호주를 비롯한 선진국의 대학에서는 교수자들의 교수법 증진을 위하여 체계적인 프로그램이 개발되어 실시된 지 오래이다.

다섯째, 대학 당국은 영어강의 수를 늘리는 것에만 관심을 가질 것이 아니라, 학습의 질에 대하여 더 관심을 가져야 할 것이다. 학습의 질을 평가하기 위해서는 영어강의를 위한 명확한 지침이 정해져 있어야 할 것이다. 영어만 사용할 것인지, 우리말을 어느 정도 허용할 것인지, 평가와 과제를 영어로 할 것인지 혹은 우리말로 할 것인지, 외국인 유학생이 있을 경우 등에 대한 상세한 지침이 필요하다. 이러한 지침이 영어강의의 질을 측정할 수 있는 적절한 평가도구를 개발하는 데 도움이 될 것이다. 그리고 평가의 결과를 앞서 언급한 전문성 개발 프로그램에 적절히 반영할 때 한층 더 효과적인 영어강의기 이루어질 것이다.

　마지막으로, 영어강의를 수강하는 학생들을 위한 학습 지원 프로그램이 필요하다. 지금 국내의 많은 대학에는 학생들에게 글쓰기, 말하기 등을 비롯하여 다양한 학습을 지원하는 프로그램과 워크숍이 있다. 정부나 대학 당국에서 학생들이 영어로 강의를 듣는 것이 정말 중요하다고 여긴다면, 영어강의를 듣는 학생들을 위한 지원 프로그램이 있어야 할 것이다. 특히 학문 분야별로 구분하여 언어 전문가와 교과 교수자들의 긴밀한 협력하에 영어로 글을 쓰고, 강의를 듣고, 글을 읽고, 발표하고, 보고서를 쓰는 것과 같은 프로그램을 개발하고 시행하여야 할 것이다. 이러한 프로그램은 일회성에 그치지 않고 모듈을 만들어 학기 내내 지속적으로 시행하며, 대학 전체 학생들을 위해 학습상담사(academic counsellor)를 둔다. 학습상담사는 영어강의를 수강하는 학생들의 문제를 파악하여 그들이 적절한 프로그램을 이수하고, 적절한 프로그램 혹은 워크숍에 참여할 수 있도록 한다.

국내 대학 교수자와 학생의 경험

제7장

영어강의 수강생의 경험

이 장에서는 설문조사를 통해서 영어강의를 수강한 학생들의 경험을 알아본다. 이 조사에서 다룬 영어강의 교과목은 총 여섯 과목이다. 그중 하나는 자연과학 계열의 핵심교양 과목 중 하나로 지정되어 있는 환경과학으로, 이 교과목 수업을 수강하는 학생들의 경험이 연구 1에서 다루어진다. 나머지 다섯 과목은 모두 사회과학 계열의 과목으로, 이들 교과목을 영어로 수강한 학생들의 경험이 연구 2에서 다루어진다. 이 여섯 과목을 강의하는 교수자들 중 한 사람을 제외한 나머지 교수자들은 영어권 대학에서 최고 학위를 받았고, 영어강의를 한 지 3년 이상이 되었다. 연구 1과 연구 2를 분리해서 기술한 것은 한 강좌 학생들의 경험만을 기록한 연구 1이 제한적이기 때문이다. 더 많은 학생의 경험을 보여 주기 위하여 연구 2도 같이 포함했다. 이 두 연구는 학생들의 경험을 통해서 영어강의에 적합한 교수법을 개발하는 것이 학생들의 교과내용에 대한 흥미와 영어 능력을 동시에 증진시킬 수 있다는 가능성을 보여 주고, 학생의 영어 수준과 지식 수준에 적합한 교재의 개발이 시급하다는 것도 보여 준다.

① 연구 1: 환경과학 교과목

연구 1에서 다루는 교과목은 2012년 1학기에 영어로 강의를 진행한 한 자연과학대학의 교과목으로, 환경과학과 관련된 핵심교양 과목이다. 이 연구를 위한 설문조사는 1학기 중간고사를 마친 후 실시되었다. 수강생은 1학년 7명, 2학년 15명, 3학년 29명, 그리고 4학년 18명의 총 78명으로 구성되어 있고, 6개국에서 온 8명의 유학생이 포함되어 있다.

첫 번째 질문인 수강 동기에 대한 질문([그림 7-1] 참조)에서 가장 많은 응답은 '졸업에 필요한 핵심교양을 수강'(16명), '영어 실력도 동시에 향상시킬 수 있기 때문'(28명)이라는 응답이었다(한 가지 이상 응답 가능). 그다음으로는 '교과목에 대한 흥미와 지식을 넓힐 수 있기 때문에', 외국인 학생들의 경우는 '영어로 강의를 하는 교과목(영어강좌 수가 극히 적어서)이기 때문에'라는 응답이 많았다.

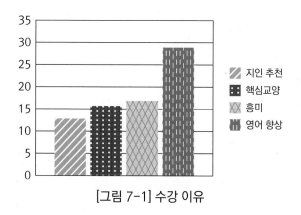

[그림 7-1] 수강 이유

두 번째 질문인 이 수업에서 무엇을 배우기를 기대하느냐에 대한 질문([그림 7-2] 참조)의 응답은 '영어에 조금 더 익숙해지는 것', '전공과 다른 분야의 지식에 대한 기대', '발표를 통한 의사표현력 증진', '유학생과의 교류(같은 수업에 참여하는)', 그리고 '환경에 관련된 배경지식', '무겁고 어려운 주제보다 실생활과 관련된 환경보호에 대하여 배우는 것' 등이다. 수강생들은 영어강의

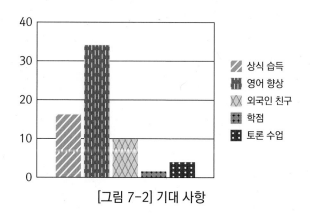

[그림 7-2] 기대 사항

를 통하여 전문적인 지식을 얻을 것이라는 기대는 크게 하지 않
는 것으로 나타났으며, 과목 자체가 핵심교양인 만큼 일반적인
교양 수준의 지식과 영어 능력 향상을 기대하고 있었다.

　세 번째 질문인 이 수업의 장단점에 대한 질문([그림 7-3] 참조)에
서는 가장 많은 학생이 장점으로 '소그룹으로 자유롭게 토론하는
것' '영어로 의사소통을 할 수 있어 영어 실력을 쌓을 수 있는 것'
'영어로 어려운 강의를 하는 것이 아니라 서로 의견을 나누는 것'
'교수의 자유로운 교수법'을 꼽았다. 그러나 '영어로 수업이 진행
되는 것은 좋으나, 영어로 강의를 듣고 참여하기에 때때로 내용
이 어렵다고 느껴진다'고 응답한 학생들도 있었다. 특히 영어를
잘하는 학생들이 영어로 토론에 참여할 수 있다는 장점은 영어에
두려움을 느끼는 학생에게는 단점으로 지적되었다. 소그룹으로

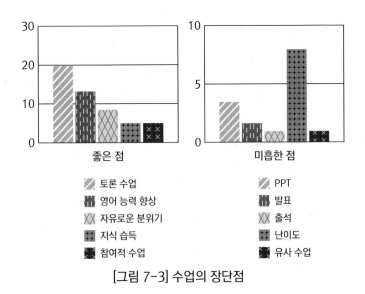

[그림 7-3] 수업의 장단점

학생들이 토론에 참여할 수 있는 기회가 많지만, 학생에 따라 영어로 말하는 것이 부담스러워 참여를 주저하게 된다는 점도 지적되었다. 학생들은 또 다른 어려운 점으로는 수업시간이 제한되어 있어 토론 시간이 충분하지 않다는 것과 어려운 전문용어가 너무 많아 강의내용을 이해하기 어려운 것을 들었다.

　네 번째 질문인 이 수업에 대한 만족도([그림 7-4] 참조)와 다른 학생들에게 추천할지 여부([그림 7-5] 참조)에 대한 질문에서는 많은 학생이 이 수업에 대하여 대단히 만족해하면서 다른 학생들에게 추천할 것이라고 응답했다. 추천 이유로는 '영어실력의 향상'이 가장 많았고, 그다음으로 '지식을 습득할 수 있어서' '지금까지의 수업방식과 다른 토론식 수업방식 때문' 순으로 응답했다.

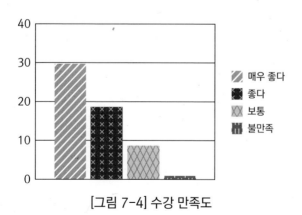

[그림 7-4] 수강 만족도

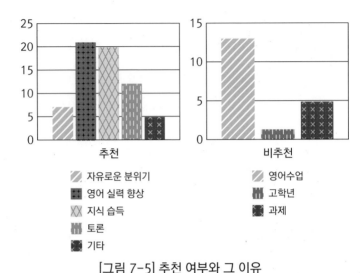

[그림 7-5] 추천 여부와 그 이유

　보다 나은 수업을 위해서 개선해야 할 점에 대한 질문에 학생들은 다음과 같이 응답했다([그림 7-6] 참조).

- 능동적으로 토론에 참여하도록 하는 것이 필요하다.
- 동영상을 더 잘 이해하기 위하여 두 번 보여 주면 좋겠고, 한국학생들이 동영상을 알아들을 수 있도록 한국어로 설명이 필요하다.
- 단어의 뜻이나 어려운 이론들은 한국어로 설명하거나, 파워포인트 자료 등에 설명이 함께 들어가 있었으면 좋겠다.
- 그룹이 토의한 내용을 한국말이 아닌 영어로 발표했으면 좋겠다. 공개적으로 영어로 말을 많이 해야만 영어로 말하는 실력이 향상될 수 있기 때문이다.

- 반강제적으로라도 선수학습(예습)을 하게 했으면 한다. 영어로 하는 수업이기 때문에 충분한 예습 없이는 집중하기 힘들다.

- 외국인, 한국인을 균등한 비율로 조를 미리 짜서 진행해도 좋았을 것 같다.

- 영어를 그냥 듣기만 하는 것보다 영어 자막이 있었으면 좋겠다. 아직 듣기에 능숙하지 않아서 내용이 이해되지 않을 경우 주의력이 떨어진다.

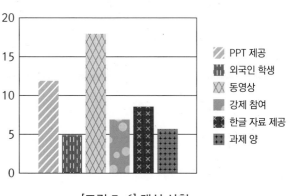

[그림 7-6] 개선 사항

수강생들의 경험 중 가장 좋았던 경험에 대한 질문에는 다음과 같이 응답했다([그림 7-7] 참조).

- 가장 좋았던 경험은 외국인 학생들이 자기 나라의 환경 시스템에 대하여 발표할 때였고, 가장 나쁜 경험은 외국인 학생들이 발표할 때 어떤 내용은 이해할 수 없었던 것이다.

- 외국인과의 그룹 토론이 인상적이었고, 외국인 학생들의 표현력과 자신감에 자극이 되었다.
- 가장 좋은 경험은 교수가 친절하고 모든 학생의 문제점과 필요를 이해하는 것이다.
- 소그룹 토론을 했던 것이 가장 좋았지만, 지식이 부족하여 그룹 토론 동안 무엇에 관하여 토론하는 것인지를 알지 못했다.

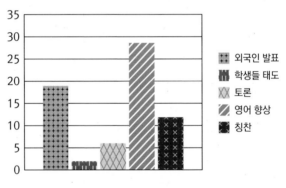

[그림 7-7] 인상적이었던 부분

영어강의가 교과내용을 이해하는 데 미친 영향에 대한 질문에는 다음과 같이 응답했다([그림 7-8] 참조).

- 그림 자료와 영상 자료의 가미로 어려울 수 있는 영어 수업 이해를 증진시켰다. 파워포인트 자료는 단어가 좀 어려웠다.
- 기본적인 지식을 쌓는 데는 매우 도움이 되었다.

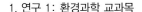

- 이 수업은 사실 영어로 진행해서 부담감이 없지는 않았다. 많은 걱정 속에 수업에 임했는데 막상 하다 보니 비록 영어 수업시간이지만, 조원들끼리 토론하면서 결론을 도출하기에 스스로 그 주제에 대해서 생각할 수 있는 좋은 시간이었다.
- 수업을 영어로 하면서 몰랐던 용어들을 알게 되고, 덕분에 영어기사나 글에 이런 단어가 나오면 한 번 더 관심을 갖게 되이 좋았다.

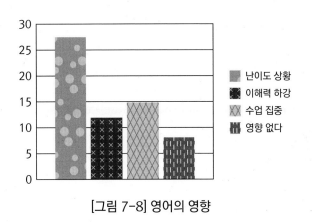

[그림 7-8] 영어의 영향

- 수업은 쉽고 재미있으며, 듣기도 어렵지 않아 이해가 잘 된다. 하지만 영어로 의견을 표현하는 게 어렵다. 다행히 한국어를 사용할 수 있어서 좋았다.
- 가끔 쓰이는 모르는 단어가 있지만, 교수님께서 잘 설명해 주시고, 모르면 재차 설명해 주셔서 영어에 대한 문제는 거의 없다. 영어 문제보다는 많은 지식이 없는 사람에게 (소그

룹 토론에서 구성원끼리) 무슨 말을 해야 할지 당황스러운 부
분이 있다.

- 수업시간에 나오는 용어들이 평소 전공과목에서는 볼 수 없
  는 것들이라 단어의 뜻을 찾다가 수업내용을 많이 듣지 못
  하는 경우가 있다.
- 교수님이 영어로 자세하게 설명해 주시고 이해가 안 간 부분
  은 조별 토론을 할 때 돌아다니시며 설명해 주서서 좋았다.
- 영어 수업이 어려울 줄 알았는데 생각보다 어렵지 않다. 미
  리 인터넷으로 검색을 한다면 토론할 때 도움이 될 것 같다.

영어강의이기 때문에 학생들이 교과내용을 이해하는 데는 어
려움이 있었지만, 교수자의 도움과 능동적인 학습활동이 학생들
을 긍정적으로 이끌었다는 것을 알 수 있다. 특히 전공용어들이
나올 때 학생들이 교과내용을 이해하는 데 어려움을 겪는 것으
로 나타났다.

'용어들이 많이 생소해서 어렵다' '파워포인트(PPT) 슬라이드
양이 너무 많다' '공부하기 전에 부담을 느끼게 된다' '내가 모르
는 단어도 많다' '파워포인트 슬라이드의 양은 너무 방대한데 설
명은 매우 짧아서 그날그날 배운 것들을 완전히 이해하는 데 어
려움이 있다'와 같은 학생들의 의견을 통해, 영어강의를 할 때에
는 학생들이 특정 학문 분야에서 사용하는 전문용어와 개념을
미리 아는 것이 중요하다는 것을 재확인할 수 있다. 또한 교과목
에 대한 사전 지식이 영어강의에서 강의내용을 이해하는 데 많

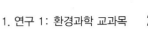

은 도움이 된다는 것을 알 수 있다.

이 강좌를 수강했던 외국인 유학생들은 다음과 같이 말했다.

- 대부분의 강의내용을 이해할 수 없어서 나는 다른 학생들의 의견만 듣는다. 내 생각에는 내 전공 때문에 나는 창조적인 생각을 가지기 어려운 것 같다.
- 내 부족한 영어실력은 나를 힘들게 한다. 사실 나는 영어강 의를 이해하는 데 어려움이 있다.
- 나는 과학적인 용어가 낯설다.
- 학습 자료는 너무 어렵고 헷갈린다.
- 나는 어떤 어려움도 없다……. 그래서 나는 이 수업을 좋아 한다.

교수자의 영어 능력에 대한 질문에 대해서 학생들은 다음과 같이 응답했다.

- 한국인인 내 입장으로서는 지금이 적당하다. 더 어려워질 경우 이해하기 어려울 것 같다. 이해를 돕는 것은 동영상이 고, 영어 지문의 경우 이론적인 용어가 많아 인문학 전공 학 생에게는 어렵다.
- 물론 모든 교수님이 영어를 잘하는 것은 아니지만 전공 수 업 때문에 따라가는 데에는 문제없다. 이것을 보면 수업내 용을 이해하는 데에는 기본 지식을 알고 있는지 없는지 이

부분이 큰 영향을 끼친다.

• 지금까지 여러 번 외국어 수업을 받아 보았는데, 교수님의 영어 실력도 우리가 이해하는 데 어려움이 없었다고 생각한다. 수업내용을 이해하는 데에는 미디어 자료도 좋지만, 교수님의 설명 또한 주요한 요소라고 생각한다.

• 수업을 들으며 주제에 대한 내용보다는 교수님의 수업방식이 나에게 도움이 되었다. 평소 소극적이고 활발하지 못했던 내가 이 수업의 수업방식으로 인해 조금씩 참여하고 적극적으로 변해 가고 있는 것을 느낄 때마다 뿌듯하다.

수업 중에 학우들과 함께 토의/토론/의견을 나누는가 하는 질문에 대해 3명을 제외한 모든 학생이 서로 소통하고 의견을 교환하는 것으로 나타났다([그림 7-9] 참조).

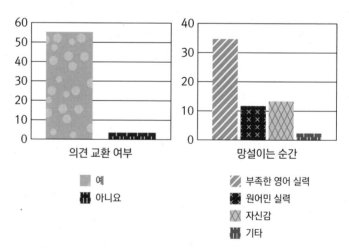

[그림 7-9] 의견 교환 여부와 그것을 망설이는 이유

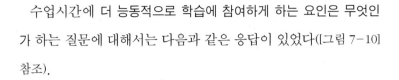

수업시간에 더 능동적으로 학습에 참여하게 하는 요인은 무엇인가 하는 질문에 대해서는 다음과 같은 응답이 있었다([그림 7-10] 참조).

- 우리가 토의하고 있는 주제에 대하여 내가 잘 알 때……. 나는 대중 앞에서 내 의견을 말하는 것에 대하여 항상 자신감이 없다. 이것은 내가 일생을 두고 극복해야 할 필요가 있는 문제이다.
- 관심 있는 분야나 전공과 연관이 있을 경우에는 능동적인 참여가 자연스러웠지만 지식이 부족하기 때문에 수업에 참여하고 싶어도 자주 그렇게 하지 못해 아쉬울 뿐이다. 스스로 좀 더 관심을 갖고, 그쪽에 대한 지식을 쌓아야 할 것 같다.
- 조별 발표를 준비하면서 능동적으로 참여하게 된다. 아무래도 전체적으로 진행할 때보다 조별로 나누어 진행할 때 더욱 적극적이고 능동적으로 참여하게 된다.
- 매 순간 모든 그룹이 자발적으로 토론하고, 우리 그룹 또한 자발적으로 토론에 참여하게 된다. 편안하고 부담 없는 교수법 때문이 아닐까 싶다. 하지만 막상 영어로 발표를 하려니 긴장되는 부분이 없지 않아 있다.
- 지금 현재 듣고 있는 수업 중 서로 의견을 주고받는 방식으로 진행하는 게 이 수업밖에 없다. 처음에는 이렇게 진행하는 것이 너무 적응이 되지 않았지만 지금은 재미있다.

또한 학생들은 다음과 같이 응답하기도 했다.

- 많이 소극적이고 수업시간에 발표도 잘 하지 않는 편인데, 수업시간에 조원들과 토론 주제에 대해 이야기하면서 많은 변화가 있었다.
- 매 시간 토론 수업은 처음인데, 솔직히 처음에는 어색해서 별로였다. 하지만 지금 생각해 보니 무척 좋은 방식 같다.

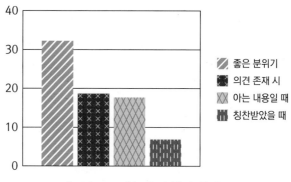

[그림 7-10] 능동적 참여 원인

　거의 모든 학생이 수업 중 이루어지는 토론에 대하여 상당히 긍정적인 반응을 보였다. 반면, 그룹학습에 대해서는 다음과 같은 부정적인 의견을 제시하면서 수업시간에 경험한 문제를 지적하고 개선안을 제안하기도 했다.

- 그룹 토론을 한 후에 의견을 공개 발표하는 것이 현재로서는 도움이 되지 않지만, 학생들이 좀 더 적극적으로 하면 더 좋을 것 같다.
- 항상 앉는 자리에만 앉다 보니 다양한 사람과 소통할 기회

가 적은 것 같다.

- 조별로 파워포인트 슬라이드를 만들어 발표하며 수업을 진 행하는 것은 도움이 되지 않는다고 생각한다. 경우에 따라 다르겠지만, 대부분 집중도가 떨어지고 교수님이 직접 전달 해 주시는 것보다 내용이 더 방대하고 초점을 맞추기가 힘 들며, 신뢰도가 떨어지기 때문이다.

- 파워포인트 슬라이드 내용 중 모르는 게 많은데, 금방금방 넘어가니까 이해하기 힘들다. 너무 범위가 넓고 알아야 할 게 많다(토론처럼 한 가지 구체적인 주제에 초점을 맞춰서 하면 좋겠다).

한국어로 진행되는 수업보다 수업준비에 더 많은 시간을 할애하는 가에 대한 질문에서 학생들의 답변은 다음과 같았다([그림 7-11] 참조).

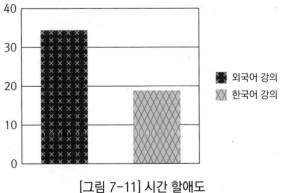

[그림 7-11] 시간 할애도

- 그렇다. 한국어로 생각하는 것을 영어로 다시 생각해 봐야 하기 때문이다.
- 그렇지 않다. 이 수업은 다른 수업에 비해 과제나 다른 활동의 필요가 현저하게 적다. 시험이 파워포인트 슬라이드 내용을 기반으로 출제되지 않을 것이라고 생각하기에 발표 준비 등에만 적은 시간을 사용했다.
- 미리 프린트를 보고 가야 토론에서 자신의 의견을 말할 수 있다. 아무래도 조금은 예습을 더 하는 것 같다.
- 대체로 그런 편이다. 외국어 진행 수업은 노력 여부에 따라 좋은 학점을 받을 가능성이 크기 때문에 자주 의견을 개진하며 성실하려고 노력한다.

외국 학생들과 같이 수강하는 것이 수업 분위기에 어떤 영향을 미치는가에 대한 질문에는 다음과 같이 응답했다([그림 7-12] 참조).

- 유학생들이 이 수업을 더 활발하게 만든다. 또한, 유학생들은 그들 나라의 환경문제를 이해하는 데 도움을 준다.
- 나는 유학생으로서 한국 학생들이 한국말을 하면 헷갈린다. 내가 한국말을 이해하지 못하기 때문이다.
- 유학생들은 토론과 폭넓은 학습을 하는 데 기여한다.

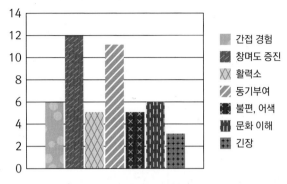

[그림 7-12] 외국 학생이 수업 분위기에 끼치는 영향

- 여러 나라 친구들이 모여 생각을 나누는 게 가장 재미있는 점 같다. 같은 나라에 사는 친구들의 생각도 다양한데, 다른 나라에 사는 친구들과 의견을 주고받는 시간이라 즐겁다.
- 외국 친구들에게 그 나라 얘기를 들을 수 있어 유익하다.
- 다양한 사람과 토론하면서 여러 관점의 생각을 알게 되었다.
- 다양한 생각을 들어볼 수 있어 좋았다. 영어강의가 오히려 더 활발한 것 같다.
- 외국인 학생들을 보며 자신감 있게 의견을 피력하는 모습을 보고 많이 배워야겠다고 생각이 들면서 자극이 된다.
- 표현하는 방식이 다르다. 외국인에게 익숙한 수업방식과 한국 학생들의 교육방식은 시간이 지나도 변하지 않았다. 토론을 통하여 의견을 나누는 수업에 익숙한 외국인 학생들 덕에 좀 더 자유롭게 의견을 나누게 되었다.

지금까지 영어로 진행하는 한 수업을 집중적으로 살펴보았다.

단 하나의 강좌에 대한 경험을 다루는 것으로는 설득력이 부족하므로, 다음에서는 영어강의를 실시하고 있는 다섯 과목을 대상으로 학생들의 경험을 살펴본다.

② 연구 2: 사회과학 교과목

연구 2에는 영어강의를 실시하는 정치학, 심리학, 역사, 사회학 및 문화와 관련된 다섯 과목을 수강하는 학생들이 참여했다. 이 과목들을 담당한 교수들은 한 사람만 제외하고 모두 3년 이상 영어강의를 맡아 왔다. 각 과목의 운영방식은 저마다 달랐으며, 교수자의 강의를 중심으로 이루어지는 수업을 위시하여 학생들의 발표와 토론식 수업 등 다양한 방식으로 이루어지고 있었다. 연구를 위한 설문조사는 2011년 1학기, 중간고사를 마친 후 실시되었고, 위에 제시한 다섯 과목을 수강하는 학생들을 대상으로 하였다. 총 수강 인원 235명 중 회수된 설문지는 185명분이었다. 이 장에서는 학생들의 반응을 분석하기보다는 그들의 경험을 그대로 보여 주고자 가급적 학생들이 설문지에 적은 응답을 그대로 제시한다. 연구 1과 같은 문항으로, 설문지에 나타난 학생들의 반응들을 질문의 순서에 따라 여섯 가지로 나누었다. 나열된 순서는 학생들의 설문지에 적힌 문항 순서에 따랐다.

첫 번째로는 학생들이 말하는 영어강의에서의 좋은 점과 개선할 점을 나열하고, 두 번째로는 학생들이 생각하는 교과내용 이해의 정도, 세 번째로는 학생들이 생각하는 교수의 영어 표현 능력, 네 번째로는 수업시간에 경험한 팀워크 혹은 그룹학습의 경험을 기술한다. 다섯 번째로는 교재와 수업내용 및 수업시간에 적극적으로 발표를 할 수 있게 하는 학습활동과 발표를 하는 데 주저하게 하는 요소들에 대하여 살펴보고, 여섯 번째로는 학생들이 생각하는 교수자들의 영어 능력에 대해 기술한다.

이 연구에 참어한 학생들의 90% 이싱은 영어강의에서의 긍정적인 경험을 피력했다. 특히 학생들이 긍정적인 경험으로 가장 많이 지적한 것은 '영어로 발표 및 토론을 할 수 있는 것'이었고, 그다음은 '그룹학습과 팀학습에서 이루어진 토론을 통한 능동적인 학습활동'과 '교수들의 유연한 수업방식과 자유로운 학습 분위기'였다. 다음에 기술한 내용은 학생들의 응답 중 발췌한 것으로 많은 학생의 생각을 대표한다고 볼 수 있다. 영어로 진행되는 수업에서 학생들은 지금까지 교수자가 일방적으로 지식을 전달하는 강의중심 수업방식과는 다르게 학생과 학생, 교수와 학생 간에 질문이 오가는 능동적인 학습활동이 포함된 새로운 교육방식에 흥미를 느끼는 것으로 나타났다.

1) 그룹학습 및 토론을 통한 학습

연구에 참여한 학생들의 80% 이상은 그룹학습과 토론을 영어강의에서의 가장 좋은 경험으로 지적했다. 이 학생들은 그룹학습에 대해 다음과 같이 말했다.

- 팀 활동을 통해 발표를 한 번 하였다. 그에 따라 새로운 사람도 사귈 수 있었고, 팀워크도 기를 수 있었다. 팀 활동을 하면서 자주 만나 의견을 교환하였다.
- 지금까지 틀에 박힌 강의만 듣다 보니 토론식 수업이 약간 어색했지만, 갈수록 익숙해지고 생각의 폭을 넓힐 수 있어서 좋았다. 토론할 때 다른 과, 다른 나라 학생들과 만나다 보니 보는 시야도 넓어진 것 같다.
- 다른 사람들과의 토론을 통해 내가 생각지 못한 것을 할 수 있다. 토론하면서 새로운 의견과 사실들을 알아 가는 것이 인상적이었다.
- 조별 파트너들과 파트를 나누어 서로 모르는 부분을 설명해 주는 협력하여 학습하는 경험이 너무 좋았다.
- 우리 그룹은 기존에 알고 지내던 친구, 선배로 구성되어 매일 만나고 있다. 다음 주가 팀 발표이기 때문에 최근 들어서는 더 자주 만나서 역할을 분담하고 점검하는 시간을 가졌다. 서로를 잘 알기 때문에 역할 분담도 효율적으로 되었고, 이야기를 많이 나눠 자신의 파트뿐만 아닌 다양한 파트를 쉽게 이해했다.

많은 학생이 영어강의에서 그룹학습을 좋은 경험으로 꼽았다. 특히 그룹학습에서 영어로 토론하는 학습활동은 학생들로부터 상당히 긍정적인 반응을 얻었다.

- 전체 수업이 영어로 진행되고, 영어로 학생들, 교수님과 토론하는 형식의 수업 진행이 정말 좋았다.
- 영어로 어려운 강의를 하는 것이 아니라 의견을 나누는 것이 중심이다.
- 영어를 쓸 수 있는 좋은 기회이다.

그러나 대다수의 학생이 그룹학습과 토론을 통한 학습을 긍정적으로 묘사함에도 불구하고 그에 따른 부정적인 면도 있었다. 학생들은 다음과 같은 문제점을 지적했다.

- 매일 서로 다른 사람 혹은 같은 사람과 토론하기 때문에 흥미가 떨어지는 면이 있다.
- 모두가 함께 수업에 참여하는 분위기이다(그러나 그 속에서도 참여하는 사람만 한다).
- 토론을 진행하는 데 좀 더 구체적인 질문을 던져 주면 좋지 않았을까?
- 조별 토론을 영어로 해야 한다는 부담감과 학생들 사이의 어색함이 있다. 차라리 처음부터 조를 짜서 하는 게 더 효율적이다.
- 무슨 내용인지 이해하지 못하고 넘어간 순간들과 질문조차 못한 것이 아쉽다.

이는 학생들이 그룹학습에서의 활동을 좋아하기는 하지만, 좋은 학습 결과를 얻기 위해서는 학생과 교수자 모두 더 많은 준비가 필요하다는 것을 보여 준다. 특히 토론 수업을 하는 데는 많은 예습과 준비가 요구되는 관계로 학생들은 자신이 토론에 적극적으로 참여하지 못하는 원인을 제한된 예습시간과 수업시간으로 돌렸다. 학생들은 수업시간에 영어로 자신의 의견을 피력하지 못한 것에 대하여 아쉬움을 표하였다.

- 토론할 시간이 더 많았으면 좋겠다.
- 어떤 때는 충분히 토론할 시간이 모자란다.
- 시간이 모자란다.
- 발표 기회가 특정 몇 명과 외국인에게 국한되어 있어(외국 유학생들이 활발하게 토론하기 때문에) 발표를 하고 싶어도 하지 못했다.
- 개인 발표를 위해 준비를 많이 해 왔지만 발표 기회를 얻지 못한 것이 아쉬운 순간이었다.
- 교수님의 강의시간이 너무 짧다. 토론에 시간을 많이 할애하다 보니 교수님께서 학생들에게 강의하는 시간이 상대적으로 짧아 진도를 못 나가는 경우가 있다.
- 토론에 항상 같은 사람만 참여하는 것 같다. 가끔은 강제로 질문을 하여 적극적으로 참여하지 못한 사람들에게 참여를 권하는 방식도 괜찮을 것이라 생각된다.

2) 영어로 말하고 발표한 경험

설문지에 응답한 75% 이상의 학생이 영어로 자신의 의사를 개진하고 영어로 발표를 했다는 것에 대해 대단한 만족감을 피력하였다.

- 영어로 말하고 발표할 수 있는 기회는 좋은 경험이었고, 교수님이 수업 내내 영어로 사용하시기 때문에 듣기 공부에도 도움이 되었다.
- 영어로 발표한 것으로 자신감도 상승되었고, 잊지 못할 경험을 했다.
- 발표하는 순간이 최고의 순간이기도 하고 최악의 순간이기도 하다. 발표 경험이 값졌고, 훗날 도움이 될 것 같다.

그러나 영어강의에서 학습활동에 참여할 수 있는 기회를 적극적으로 활용한 학생들이 매우 긍정적인 반응을 보인 반면에 부정적인 경험을 한 학생들도 있었다.

- 나 자신이 잘 알고 있는 분야가 나올 때 참여하고 싶은 의욕이 더 많이 생기는 것 같다. 영어 수업인지라 내 앞에서 월등한 영어 실력을 가진 팀원이 발표하고 나면 위축되는 것이 사실이다.
- 각 조의 발표가 끝나고 개인적으로 궁금한 사항을 질문하곤

했다. 수업 중에도 자신 있게 물어보고 싶다. 하지만 수업의
흐름에 방해가 될까 봐 그러지는 못하였다.

- ○○(이전 학기에 수강했던, 같은 교수의 과목)을 수강할 때에
  는 개인적으로 발표할 기회가 굉장히 많았다. 매주 한 장의
  에세이를 작성하고 그것을 다른 사람들 앞에서 말할 기회가
  있고 또 그것에 대한 가산점이 주어져서 더 열심히 참여하였
  다. 이번 수업에서는 발표 기회가 두 번밖에 없어서 아쉬웠
  다. 팀 발표에서 각 팀이 제시하는 토론 질문에 많이 참여하
  지 않는 이유가 가산점이 없기 때문이라고 생각한다. 어느 정
  도 긍정적 혜택이 긍정적인 경쟁을 유도할 수 있을 것 같다.

수업 중 무엇이 적극적으로 토론에 참여하게 하느냐 하는 질문에
대해 학생들은 다음과 같이 말하였다.

- 수업에 참여하고 싶을 때는 토론이 왕성하게 이루어질 때이
  다. 모든 학생이 적극적으로 토론에 참여한다면 좀 더 발표
  가 장려되는 분위기가 만들어질 수 있다.
- 팀 활동 때 질문을 놓고 토론할 때 가장 발표하고 싶었다.
  학생들이 영어 실력이 부족하면 말하기를 꺼린다. 따라서
  교수님이 직접 지목해서 발표하게 하는 것도 좋은 방법이라
  생각한다. 지목하면 학생들이 아마 좋아하며 참여할 것이라
  생각한다.
- 주제가 흥미로울 경우 더 참여하고 싶어진다. 성격이 외향

적인 편이 아니라 선뜻 참여하게 되지 않고 편안하지 않다.

- 주제의 토의와 의견이 내 의견과 상반되거나 올바르지 않은 주장이 나올 때 토의에 참가하여 이야기를 나누는 편이다. 그리고 내가 자신 있는 분야인 IT에 관련된 이야기를 할 때에 긴 시간 이야기를 나누고 의견을 주고자 한다.
- 좀 더 많은 학생이 주제에 관련된 토의에 참가하지 못해서 아쉽다. 영어로 발표하는 것(틀린 영어를 말하는 것)이 창피하지 않은 분위기가 조성되었으면 좋겠다.

3) 자유로운 수업 분위기

많은 학생이 영어강의의 장점으로 자유로운 수업 분위기를 지적했다. 이 연구에서 다룬 영어강의의 교수자들은 학생들과의 소통과 활발한 상호작용을 통한 수업을 추구하며 그룹학습과 토론으로 이루어지는 수업을 하려고 노력하기 때문에 많은 학생이 자유로운 수업 분위기라고 느끼는 것은 당연한 일일 것이다.

- 외국어 강의이지만, 영어를 너무 강요하지 않는다.
- 다른 수업들보다 재미있다.
- 자유로운 분위기에서 영어로 주고받는 의사소통의 즐거움이 있다.

많은 학생이 자유로운 수업 분위기를 영어 수업의 장점으로 지적하였지만, 자칫하면 너무 자유로운 수업 분위기가 학습 분위기를 흐려 수업에 지장을 줄 것을 염려하는 학생들도 있었다.

- 자유로운 분위기 탓에 때로는 나 스스로도 수업에 집중하지 않고 느슨해지는 경향이 있다.
- 참여하지 않으면 아무것도 안 한 채 한 시간을 보낼 수 있다.

학생들의 이러한 지적은 영어강의에서 그룹 토론을 중심으로 학습활동을 할 때는 모든 학생이 적극적으로 학습활동에 참여할 수 있도록 철저한 준비가 되어 있어야 한다는 점을 보여준다.

4) 교수법

그다음으로 학생들이 말하는 좋은 경험은 교수자들이 수업을 운영하는 방식이었다. 수업 운영방식이 영어강의에서뿐만 아니라 우리말로 진행되는 강의에서도 학생들의 학습에 지대한 영향을 미치는 요소라는 것은 두말할 필요가 없다.

- 교수님의 열정과 꾸준히 계속 영어로 수업이 진행된다는 점은 아주 좋다.
- 자유로운 교수님의 교수방식과 학생들이 토론하게 분위기를 유도하는 방법이 좋다.
- 교수님이 이론적인 것을 강요하고 강의내용을 주입하기보

다는, 학생 개개인의 생각을 이야기할 수 있고, 충분히 받아
들여졌다. 학생과 교수의 상호작용이 일어나는 수업이어서
좋았다.

- 그 교수는 가장 친절하다. 그는 모든 학생들의 문제와 필요
를 이해한다.
- 지금까지 수업의 교수방식은 수업에서 독특한 경험과 자극
을 제공한다.
- 교수님께서 이해하기 쉽게 잘 설명해 주신다.
- 비디오 클립, 영상물을 활용하여 이해도를 높이고, 흥미를
끌면서 집중도를 높인다.
- 늘 교수님이 수업준비를 열심히 해 오시는 게 느껴지며, 외
국인 학생들의 참여도가 다른 수업에 비해 높다.

이 연구에 참여한 대다수의 학생은 자신이 수강하고 있는 교
과의 교수자들을 매우 긍정적으로 평가하는 것으로 나타났다.
수업시간에 일어나는 상호작용은 교수자의 수업준비, 교수자와
학생, 학생과 학생 간의 태도, 그리고 교수자의 개인적인 성향과
도 많은 관련이 있다는 것을 보여 준다.

5) 교재 및 수업내용과 관련된 경험

영어강의에서 교수자가 교과목에 적합한 영어로 된 텍스트를
찾는다는 것은 쉽지 않은 일이다. 이 문제는 교수자들의 경험에

서도 제기되었던 것이다.

- 교재가 너무 두꺼워 부담스러웠다.
- 수업 자체를 이해하는 데 문제가 되지는 않지만 책에서 다루는 전문적인 내용은 사실 이해하기에 약간 버겁다.
- 큰 어려움은 없으나 정확히 이해하는 데는 한국어 강의보다 시간이 좀 더 오래 걸린다.
- 많은 전문용어 때문에 강의 내용을 이해하기가 어렵다.
- 배경지식이나 알고 있는 내용이 적어 토론이 잘 안 된 경우도 있어서 아쉬웠다. (유학생)
- 교재가 아주 오래 전 것이고, 상당히 많은 부분이 미국을 중심으로 쓰여 있다. 중간시험 문제 중에는 우리가 배우지 않은 내용도 있었다.
- 짧은 시간 동안 너무 많은 양의 진도가 나간다. 이는 강의내용을 이해하는 데 어려움을 줄 뿐 아니라 시험 공부를 하는 데에도 시간과 노력이 상당히 많이 든다. 특히 영어 능력이 뛰어나지 않은 사람에게는 더욱 어렵다.

이처럼 많은 학생에게 영어로 된 텍스트는 어렵고, 수준에 맞지 않는 교과서와 수업내용이 효과적인 학습을 이루는 데 걸림돌이 되고 있다고 지적하였다. 소수의 학생만이 다음과 같이 영어로 된 교과서가 학습에 도움이 된다고 말하였다.

- 원서가 많은 도움이 된다. 다른 강의에서 원서를 번역한 책을 교재로 사용했는데 한국어이지만 더 이해하기 어려운 부분이 많았다. 원서를 읽는 데 시간이 많이 걸리지만 흐름을 이해하기에는 더 좋은 방법이다.

- 영어 교재를 공부하면서 시험 공부뿐만 아니라 독해, 문법 공부도 함께 하는 것 같다. 기본적인 문법과 독해 능력을 통해서 회화도 가능하리라 생각한다.

- 수업에서 다루는 내용이 스터디에서 비슷한 내용으로 대화를 나눌 때 큰 도움이 되었다. 다양한 표현과 단어를 나누고 사용할 수 있게 되었다.

- 해석 능력과 듣기 능력이 향상되었다. 단어, 숙어와 같은 경우 습득 양이 향상되었다.

- 영어로 수업을 하는 것은 크게 어렵지 않다. 교수님이 비교적 듣기 쉬운 그리고 활용도가 높은 단어를 선택해 주는 것을 느꼈다.

따라서 영어강의에서 학생들의 영어 실력의 차이, 교재의 난이도, 사전 지식의 유무와 예습과 복습 여부에 따라 학생들의 반응이 다르게 나타나는 것으로 추정해 볼 수 있다.

6) 교수자의 영어 능력에 대한 학생의 평가

이 문항에서의 학생들의 반응은 일반적으로 팽배해 있는 국내 교수의 영어강의 문제점을 지적한 것과는 상당히 다른 실상을 보여 주고 있다. 모든 학생이 영어강의 담당 교수의 영어 능력을 상당히 긍정적으로 평가할 뿐만 아니라, 교수들의 뛰어난 영어 구사능력에 상당히 고무된 반응을 보였다.

- 학생들이 이해하기 쉽게 보다 쉬운 단어로 풀어서 설명하는 것이 중요한 것 같다. 그것이 학생들의 집중력을 향상시킬 수 있는 방법인 것 같다.
- 교수님의 영어 스킬에 굉장히 만족한다. 발화 속도도 적절하고 단어나 문법을 사용할 때 최대한 이해하기 쉽게 말씀해 주서서 수강생 입장에서 좋았다.
- 선생님이 영어를 아주 잘한다. 아는 테두리 안에서 다 이해할 수 있다. 교재에는 많은 문자가 있는데, 중요한 부분을 말로 정리해 주는 것이 도움이 된다.
- 교수님의 영어 실력은 정말 대단하신 것 같다. 이제까지 영어로 말할 때 '틀리면 어쩌지' 하고 많이 주저하면서 어려움을 겪었다. 교수님의 영어 실력을 보면서 학습에 대한 동기부여는 물론 영어 자체에 대한 흥미도 높아졌다.
- 교수님의 영어 숙련도를 감히 평가할 수 없으나, 정말 존경스럽고, 지속적인 노력을 하신 것 같고, 정말 잘하신다. 특히 학생들을 배려한 구문과 단어 선택이 좋은 것 같다. 중요한 포인트를 얼마나 영어로 쉽게 가르치고 그것을 학생이 받아들이느냐가 중요한 것 같다.

- 교수님의 영어 실력은 매우 좋으신 편인 것 같다. 가끔 몇몇
  단어 때문에 말씀하실 때 생각하는 점은 있으나 듣기 좋은
  목소리에 좋은 영어 실력을 가진 것 같다. 영어의 능숙함보
  다 수업내용에 대한 정확한 전달과 의사소통이 배우는 입장
  에서는 더 중요하다고 생각한다.

국내 교수자가 영어로 강의를 할 때 문제가 있을 것이라는 통
상적인 생각은 이 연구에 참가한 교수자들에게는 (비록 교수자 자
신은 그렇게 생각하고 있을지라도) 적용되지 않는다는 것이 명확하
게 드러났다. 이미 학생들이 지적한 것처럼 학생들에 대한 배려
의 마음이 영어의 능숙함보다 더 중요하고, 학생들을 위하여 더
나은 교수법을 찾는 부단한 노력이 더 중요한 것으로 여겨졌다.

③ 유학생의 경험

이 대학교에 입학한 유학생들은 대학에서 우리말로 공부할 수
있는지를 평가하는 한국어능력시험을 치르고 온 까닭에, 주로
비영어권 유학생들이 영어강의에서 어려움을 경험하는 것으로
나타났다. 그러나 영어권 유학생들은 영어강의를 상당히 긍정적
으로 받아들이고 있었다.

1) 그룹학습과 발표

영어에 어려움이 없는 유학생들은 그룹학습과 발표로 진행되는 수업에 다음과 같이 상당히 만족을 표시했다.

- 나는 이 수업의 주제를 공부하는 것이 좋다. 나는 세계의 최근 동향에 관하여, 특히 크로아티아와 연관시켜 토론하는 것을 좋아한다. 나는 내 경험을 다른 학생들과 공유하는 것을 좋아하고, 다른 학생들의 경험을 듣는 것도 좋아한다.
- 학기 초에 내가 발표한 것은 이 수업에서 최고의 경험이었다.
- 나는 수업에서 그룹으로 발표를 할 때 열심히 참여했다. 그리고 교수가 내놓은 흥미로운 주제는 우리가 능동적으로 토론에 참여하도록 했다.

그러나 비영어권 국가, 특히 중국에서 온 유학생 대부분은 영어강의에서 많은 어려움을 겪고 있는 것으로 나타났다.

- 중국의 수업 패턴과 다르고 영어를 잘 못해 힘들다.
- 주제에 대해 무엇인가 말하려 했는데 선생님이 말하는 내용을 이해할 수 없었다. 영어나 한국말로 말하는 것 자체가 아직 힘들다. 이것이 나를 더욱 슬프게 한다.
- 이 수업에서 가장 나쁜 경험은 내 영어 실력이 너무 부족해서 다른 학생들이 내 말을 이해하지 못했다는 것이다.

- 우리 팀은 중국의 뜨거운 이슈에 관해 토론하였으나 문제는 우리 모두가 그에 대해 잘 모른다는 것이다.
- 수업 때 항상 중국의 경우에 대해 말하고 싶었는데 영어를 잘 못해서 그냥 다른 나라 학생의 말을 듣기만 했다. 한국어를 계속 배워서 영어를 거의 다 잊어버린 것 같다.
- 이 두 나라가 서로 가까이 있음에도 불구하고, 우리는 교과서를 통해서만 서로기 무엇을 하고 있는지 안다.
- 그때 나는 정말 토론에 참여하고 싶었다. 유창하지 않은 영어는 나에게 정말 큰 문제다. 나는 학생들의 질문을 이해하는 데 어려움이 있다.
- 나는 토론에 참여하여 다른 사람들과 내 아이디어를 공유하는 것을 좋아한다……. 그런데 지금까지도 나는 토론에 참여한 적이 없다.

2) 어려운 강의내용과 교재

중국 유학생들은 우리나라 학생들과 마찬가지로 영어로 된 교재의 어려움을 토로하였다.

- 솔직히 이 분야가 나에게 가장 힘든 부분이지만 문제해결을 위해 최선을 다하고 있다. 교재에 전문용어가 너무 많다. 나는 이해하려고 최선을 다하고 있지만 우리가 흔히 사용하지 않는 단어가 너무 많다.

- 한국 학생들은 영어를 아주 잘합니다. 그래서 수업할 때 저는 전자사전을 사용하며 열심히 공부합니다.
- 내가 관심 있는 것에 대하여 누군가 질문하고, 모두 그것을 관심 있게 듣는 상황에서, 나는 수업에 참여하는 것이 편안하게 느껴진다.
- 토론에 참여하고 싶은데 하지 않은 것은 내 아이디어와 관심사를 말할 때 다른 사람을 이해시킬 자신이 없어서이다.

그렇다고 모든 중국 유학생이 영어강의에서 어려움을 겪고 있는 것은 아니다.

- 나는 몇 개의 특정 단어를 제외하고 영어로 강의하는 내용의 대부분을 이해할 수 있다.

3) 교수자의 영어 능력에 관하여

교수자의 영어 능력에 대한 유학생들의 의견은 다음과 같았다.

- 토론은 나에게 좋은 영향을 미쳤다. 나는 책임감 있는 학생으로서 토론에 참여할 책임이 있다는 것을 안다.
- 우리 교수의 발음이 좋아서 내가 이해하는 데 문제가 없다. 내가 내용을 이해하지 못하는 것은 일부 영어 단어의 뜻과 한국어를 몰라서이고, 이것은 내 학습에 영향을 미친다.

• 우리 교수의 영어 실력은 매우 좋다. 그의 강의를 이해하는
데는 문제가 없다. 내가 수업 중 배운 내용을 이해하지 못했
다면, 그것은 내 영어가 형편없기 때문이다.

우리나라 학생들과 마찬가지로 유학생들도 우리나라 교수자
의 영어강의를 이해하는 데 전혀 문제가 없었고, 오히려 교수자
들의 유창한 영어 능력을 보고 자신감을 얻는 것을 볼 수 있다.

4 요약 및 결어

이 장은 현재 우리가 처해 있는 영어강의 수업 현장을 잘 보여
주고 있다. 일반적으로 국내 교수자가 영어로 강의를 하기에는
영어 능력이 충분하지 않은 것처럼 인식되어 왔다. 따라서 국내
대학에서 국내 교수자가 영어로 강의하는 것에 대한 부정적인
인식이 편재해 있는 것이 사실이다. 그러나 이 장에서 제시한 연
구는 국내 교수자가 영어로 강의를 진행하는 데 필요한 충분한
영어구사능력이 있다는 것을 보여 준다. 참고로 이 연구에서 다
룬 영어강의의 교수들은 절대 다수가 영어권 대학에서 공부하고
최고 학위를 받은 이들이다. 그렇다고 하여 영어권 대학에서 공
부한 모든 교수자가 영어강의를 하기에 충분한 구사력이 있다고
여기는 것은 지나친 일반화일 것임에 틀림없다. 더 나아가 대다
수의 교수자들이 효과적인 학습을 위하여 다양한 교수법, 즉 소

그룹학습과 팀학습에서 토론을 중심으로 한 학습활동과 학생들의 상호작용을 권장하는 수업방식을 운용하고 있는 것을 확인했다.

영어로 진행되는 강의가 성공적이기 위해서는 다음과 같은 몇 가지 필수 조건이 있다. 첫째, 학생들이 영어로 수업을 받을 수 있는 정도의 영어 능력을 기르고 난 다음, 단계적으로 영어 수준과 지식 수준에 맞추어서 공부할 수 있는 제도적 장치가 마련되어야 한다. 둘째, 국내 대학생들이 영어강의에서 사용할 수 있는 적절한 교재와 참고문헌의 개발이 필요하다. 현재 대부분의 영어강의에서 사용되고 있는 교재는 영어권 대학에서 출판된 것으로, 국내 실정에 적합하지 않는 내용이 많이 포함되어 있다. 이러한 교재들로는 효과적인 학습을 하기에 어려움이 따른다. 셋째, 학생들은 그룹학습, 팀학습을 통한 토론과 발표 수업에 대단한 관심을 가지고 있다. 영어로 진행되는 수업에서 성공적인 학습을 위해서는 토론 수업을 잘 지도할 수 있는 비판적 · 분석적 능력을 가진 교수자의 역량 또한 필요하다.

제8장

국내 교수자가 말하는 영어강의

이 장에서는 현재 국내 대학에서 영어강의를 하고 있는 교수자들이 수업 현장에서 겪은 경험을 정리한 것이다. 여기에서 기술한 교수자들의 경험은 그룹면담, 개인면담, 교수자들이 기록한 성찰일지 그리고 동료 교수자들의 수업참관을 통하여 얻어진 것이다. 교수자들은 영어강의에서 의사소통을 방해하는 요인을 크게 세 가지로 보고 있었다. 첫째, 학생들의 부족한 영어 실력, 둘째, 학생들의 수준에 적합한 영어로 출판된 교재와 배경지식의 부족 그리고 교수자들의 영어 표현력의 부족이다. 이 세 가지는 긴밀하게 상호작용하며 영어강의에서의 효과적인 학습에 깊은 영향을 미치는 것으로 나타났다.

① 내러티브 1: 학생의 부족한 영어 능력

예상했던 대로 교수자들이 영어강의에서 가장 큰 문제로 여기는 것은 학생들의 부족한 영어 능력이었다. 영어로 강의를 할 때 교수자들이 가장 힘들어하는 것 중 하나는 수강생들의 무표정한 얼굴과 무반응이었다. 열심히 강의를 하는데도 학생들의 반응이 없으면 교수자는 학생들이 강의내용을 어느 정도 이해했는지 알 도리가 없다. 강의내용을 얼마나 이해했는지를 알아보기 위해 질문도 하지만 대답하는 학생이 거의 없어 아주 답답하다는 것이다. 수강생들은 교수자의 질문에 대해 무반응일 뿐만 아니라, 질문도 하지 않는 것으로 나타났다. 물론 교수자에 따라 그리고 교수자의 역량에 따라 학생들의 반응 정도는 다르겠지만, 강의 중심으로 진행되는 수업에서는 학생들이 수동적일 수밖에 없다는 문제가 있다. 이러한 현상은 영어강의에서만 해당되는 것이 아니고 강의 중심으로 이루어지는 대부분의 강좌에서 일어나는 것이다.

수강생들이 수업시간에 질문을 하지 않을 뿐만 아니라 주어진 학습활동에도 소극적인 것에 대하여 교수자들은 많은 우려를 표했다. 교수자들이 자신의 경험을 말할 때 가장 많이 사용한 말은 '학생들의 부족한 영어 능력이 영어강의에서 의사소통을 방해한다'는 것이다. 대부분의 교수자는 거의 대부분의 수강생이 강의내용을 이해하지 못하기 때문에 반응을 할 수 없다고 본다. 교수자들은 이러한 현상은 수강생들이 강의를 이해할 수 있는 영어

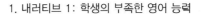
능력이 갖추어져 있지 않을뿐더러 영어구사능력이 부족하기 때문에 나타난다고 본다. 미국 대학에서 수년간 영어강의를 한 경험이 있고 이 대학에서는 영어강의를 두 번째 하고 있는 K 교수는 다음과 같이 말한다.

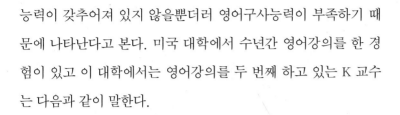

> 학생들이 영어를 잘 못하기 때문에 수업에 적극적으로 참여하는 것을 기대하는 것은 어려워요. 학생들은 입을 꼭 다물고 있어…… 학생들이 어느 정도 이해했는지 알 길이 거의 없어요……. 대부분 학생들의 무반응을 무시하고 강의를 계속합니다. 그러나 이러한 강의는 의미가 없고 재미도 없어요.

이미 수년간 이 대학에서 영어강의를 해 오고 있는 C 교수는 수업 진행의 어려움에 대해 다음과 같이 말한다.

> 강의 중 학생들의 주의를 끌기 위해 중간중간 학생들이 잘 따라오고 있는지 점검하기 위해 "You know?" "Understand?" 등의 표현을 반복할 수밖에 없으며, 학생들이 영어를 잘 못하기 때문에 학생들의 이해를 넓히기 위해 쉬운 예를 들어 설명할 수밖에 없습니다.

또한 학생들에게 영어로 교과내용을 이해시키는 데 실패한 한 교수자는 학생들이 강의를 이해하는 것을 돕기 위해 어쩔 수 없이 우리말로 설명을 해 줄 수밖에 없었다고 말했다.

제가 영어로 강의를 하다가 중간중간에 우리말로 강의를 하면 학생들이 수업에 더 집중하는 것을 느낄 수 있었어요. 내가 영어로 강의를 하면 학생들은 방관자처럼 저를 멍한 표정으로 쳐다보고만 있는 것 같아요. 내 딜레마는 수업 중 몇 퍼센트 정도를 영어로 강의하는가 하는 것입니다. 70%? 60%?

아쉬운 점은 내가 질문을 했을 때 대부분의 학생이 영어보다는 우리말로 대답해요. 영어로만 대답해야 한다고 하면 아주 소수만 대답을 했고, 나머지 학생들은 대답하는 데 머뭇거리는 시간이 많았어요. 수업의 맥이 끊어지는 것 같아 우리말로도 대답하도록 했더니, 학생들이 조금 더 적극적으로 질문이 오가기는 했으나 아쉬움이 많이 남았습니다. '내가 좀 더 인내를 가지고 영어로 대답이 나올 때까지 더 기다려야 했나' 하는 고민에 사로잡히게 돼요.

교수자들은 수강생들의 절반 이상은 영어로 가르치는 교과내용을 제대로 알아듣지 못한다고 여기고 있었다. H 교수는 자신이 영어로 하는 강의를 우리말로 하는 강의와 비교했을 때, 영어로 강의할 때 가르치는 내용이 줄어든다고 말했다. 그리고 영어강의를 수강하는 학생들은 우리말 강의를 수강하는 학생들에 비해 강의내용에 대한 이해력이 낮다고 말한다.

내 생각에는 내가 우리말로 강의하는 것과 (영어로 강의하는 것을) 비교해 보았을 때 (영어로 강의할 때) 약 70% 정도의 교

과내용을 강의하는 것 같아요. 이 말은 내가 영어로 하는 강의를 수강하는 학생들은 내 강의의 70% 정도를 이해한다고 한다면, 결국 영어강의를 수강하는 학생들은 전공내용 학습에 있어서 우리말로 수강하는 학생에 비해 약 50% 정도를 덜 배운다는 뜻입니다.

G 교수는 다음과 같이 말한다.

내 생각에는 (오늘) 강의에서는 상당히 구체적인 전공내용이 담겨 있기 때문에 우리말을 사용한 시간이 지난 시간보다 많았다고 생각됩니다. 영어로만 설명하다가 학생들을 보니 멍하니 쳐다보고 있더라고요. 학생들이 이해를 못하고 있다는 느낌을 강하게 받았어요……. 그래서 우리말로 다시 자세히 설명했으나 마음속에는 아쉬움이 많이 남았어요. 학생들이 이해를 잘 하지 못하더라도 영어로 밀어붙여야 하는가? 아니면 약간의 타협점을 찾으며 우리말을 사용하는 것도 좋은가? 이런 생각이 수업시간에 지속적으로 생기는 부담인 것 같아요.

'학생들의 부족한 영어 능력' 때문에 학생들과의 소통과 학습활동, 상호작용을 제한하고 원활한 학습을 하는 데 어려움이 있다는 생각은 이 연구에 참여한 모든 교수자의 공통적인 의견이었다. 학생들의 취약한 영어 능력은 영어강의에서 교수자와 학생 그리고 학생과 학생 간의 상호작용과 학습에 부정적인 영향을 미치는 가장 근본적인 원인으로 지목되었다.

2 내러티브 2: 적절한 교재의 부재와 배경지식의 결여

교수자들이 두 번째로 지적한 것은 '영어로 된 적절한 교재의 부재와 학생들의 배경지식 및 경험의 결여'이다. 교수자들은 학생들의 수준에 맞는 영어로 출판된 교재와 참고문헌이 없거나 적합한 교재를 찾는 것이 어렵다고 한다. J 교수는 자신이 선정한 주 교재가 학생들이 읽고 이해하기에는 너무 어려워 강의를 시작한 후 교재를 바꾸었던 경험을 이야기하였다.

강의를 시작한 지 2주일이 지나 교과서를 바꾸어야 했어요. 학생들이 읽는 것이 너무 어렵다고 해서 좀 더 쉬운 article로 바꾸었어요.

B 교수도 J 교수의 말에 동의하면서 영어로 된 교재를 읽고 이해하는 것이 어려우며 수강생들이 교재를 읽지 않고 수업에 들어오기 때문에 강의내용을 이해하기 어려워하거나 이해하지 못한다고 보았다. 수강생들이 강의내용을 이해하지 못했기 때문에 교수자에게 질문을 할 수도 없고, 토론을 기대하는 것은 더더욱 힘들다고 말한다.

학생들에게 미리 교재를 읽어 온 다음에 강의를 듣는 것이 이해에 도움이 된다는 말을 여러 번 하였지만 (읽기를) 기대하기는 어려운 실정입니다. 6~7과목을 수강하는 학생들이 미리 예습할 시간 여유가 거의 없다는 것을 압니다. 특히 영어 수업 교재를 미리 읽어 오는 학생은 거의 없습니다.

이어서 A 교수는 다음과 같이 말했다.

(어떤 경우에는) 학생에 따라서 학생들이 수업준비를 위해 지정된 글을 읽었는데도 교과내용에 대한 지식이 부족하여 충분히 이해할 수 없는 경우가 많아요……. 이 문제는 영어강의에만 해당되는 것이 아니고 우리말로 강의하는 다른 교과목에도 해당됩니다. 우리 대학에는 선수과목제도가 없기 때문입니다.

C 교수도 연이어 말했다.

학생들이 강의내용을 잘 이해하지 못하는 것은 단순히 학생들의 영어 실력이 부족해서만이 아니라, 학생들이 수강하는 교과내용에 대하여 얼마나 알고 있느냐 하는 것과 관계가 있습니다. 학생들은 교과내용을 이해하기 위해 특정 교과에서 사용되는 단어와 용어의 뜻은 물론 그 교과에서 사용하는 개념까지 알아야 할 필요가 있습니다. 이러한 지식이 없다면 학생들은 영어로 진행되는 강의를 이해하는 것이 아주 어렵답니다.

K 교수도 C 교수의 의견에 동의하면서 다음과 같이 덧붙였다.

이러한 현상은 우리말로 이루어지는 강의에서도 마찬가지입
니다. 제가 우리말로 강의하는 수업에서도 학생들이 전공내용
에 대한 배경지식이 없으면 내 강의를 이해할 수 없거나 이해하
기 어렵습니다.

이와 같이 '적절한 교재와 참고문헌의 부재'는 바로 수강생들
의 '사전 지식의 결여'로 이어진다. 이 두 가지는 수강생들이 강
의내용을 이해하는 것을 어렵게 하고 능동적인 학습활동을 방해
하는 원인으로 지목되었다. 학생들이 예습을 하기 위해서는 학
생들의 수준에 맞는 적절한 텍스트와 참고문헌이 필요하다. 학
생들의 취약한 영어 능력 때문에 교수자가 정해 준 텍스트와 참
고문헌을 읽고 이해하지 못한 학생들이 대다수였다. 교수자가
채택한 (영어로 된) 교재가 너무 어려워 아예 읽을 엄두를 내지 못
하는 학생들이 대부분인 것으로 나타났다.

현재 국내 대학의 영어강의에서 사용되는 대부분의 교재는 영
어권 국가에서 출판된 것으로 영어를 모국어로 하는 학생들을
위한 교재이다. 교재에 따라서는 내용을 이해하기 위해서 사전
지식이 필요한 경우도 많다. 교재에서 사용되는 어휘와 용어, 설
명이 특정한 조직, 사회적·역사적 그리고 지리적·문화적 맥락
과 연관되어 있을 경우에는 내용을 이해하기가 더 어렵다. 효과
적인 영어강의를 위해서는 국내 학생들에게 맞는 적절한 영어로

된 교재들이 교과목마다 개발되어야 할 것이다.

3 내러티브 3: 교수자의 영어 표현력 문제

세 번째로 많이 지적한 것은 '교수들의 불충분한 영어 표현력'이다. 영어와 우리말 모두를 구사할 수 있는 국내 교수자들은 자신의 영어구사능력이 영어강의를 하기에는 부족하다고 믿고 있었다. R 교수는 다음과 같이 말했다.

나는 영어로 내 생각을 표현하는 데 문제가 많아요. 나는 쉬운 단어의 뜻이 금방 머리에 떠오르지 않을 때가 있어 내 생각을 충분히 표현할 수 없을 때가 있습니다. 특히 수업시간에는 한영사전을 참고할 수 있는 시간이 없기 때문에 갑자기 단어가 떠오르지 않으면 많이 당황하게 됩니다. 오랫동안 사용하지 않았던 영어 단어들을 필요할 때마다 곧바로 기억해 내는 데 한계가 있는 것 같습니다. 나는 잊어버린 영어 단어들을 다시 기억해 내는 데 더 많은 시간을 보내곤 해요.

또 M 교수는 다음과 같이 밝혔다.

수업 전에 수업할 내용에 대해 미리 여러 번 연습을 하고 수업에 임하지만 수업 중에 역시 표현 문제가 계속 걸립니다. 내용을 쉽게 학생들에게 설명해 주어야 하는데 영어로 표현하는 방법이 서툴러서 어려움을 겪을 때가 많습니다. 단어를 모를 때는 학생들에게 사전에서 찾아 알려 달라고 하거나 정 표현이 어려우면 양해를 구하고 한국말로 설명할 수밖에 없어요.

이어서 Y 교수가 덧붙였다.

전반적으로 영어강의에는 많은 노력과 시간이 들어가고, 학생들의 반응과 참여 및 이해 정도에 따라 강의에 대한 희비가 엇갈리는 경험을 자주 하게 됩니다. 많은 시간 공을 들여 강의 준비를 했음에도 그 내용을 충분히 설명하지 못할 때가 많아요. 이것이 외국어인 영어로 강의해야 하는 한국인 교수의 한계가 아닌가 생각합니다.

'불충분한 영어구사능력'이라는 내러티브는 교수자들이 학생들의 영어 능력을 표현할 때 사용될 뿐만 아니라, 영어권 대학에서 최고 학위를 받은 교수자 자신의 영어구사능력을 설명하는 데도 똑같이 적용되었다.

④ 우리말을 혼용하는 문제

영어강의에서 학생들의 이해를 돕기 위하여 우리말을 혼용하여 수업을 해야 할지 결정하는 것은 교수자들의 딜레마인 것으로 나타났다. 영어강의이니 명실공히 오로지 영어로만 강의하여야 한다는 견해부터, 학생들이 강의내용을 충분히 이해하지 못하고 있다는 것을 잘 알면서 우리말로 다시 설명해 주지 않는 것은 교수자로서의 직무유기라는 견해까지 다양한 의견이 나왔다. 교수자가 가르친 내용을 학생들이 이해하지 못했다는 것을 명확히 인지하고 있는 상황에서, 그리고 우리말로 다시 설명을 하면 학생들이 충분히 이해할 수 있다는 것을 알면서도 교수자가 우리말로 보충설명을 하는 것에 대하여 주저해야 하는 상황은 참으로 역설적이지 않을 수 없다. P 교수는 다음과 같이 말했다.

> 내 수업은 100%로 영어로 해야 하는 강의였지만, 우리말을 사용할 수밖에 없었던 상황이 아쉬움으로 남습니다. 규칙을 따르자니, 학생들이 강의내용을 이해 못하는 것 같고, 학생들을 이해시키려고 하니 규칙을 어기는 것 같아 고민이 많았어요. 앞서 언급하였지만, 학생들의 수준에 맞추어 수준별로 영어강의를 진행하면 어떨까 하는 생각도 해 봅니다.

교수자에게 주어진 가장 중요한 임무 중의 하나는 학생들을 잘 가르쳐서 학생들에게 학습이 일어나도록 하는 것이다. 그런데 학생들이 강의내용을 가장 잘 이해할 수 있는 가장 효과적인 언어인 우리말로 가르치는 것을 주저해야 하는 웃지 못할 상황이 벌어지고 있는 교육 현실이다. 영어와 우리말을 둘 다 구사할

수 있는 국내 교수자들의 언어 능력은 장점으로 부각되어야 함
에도 불구하고, 강의 중 우리말을 사용하는 것을 주저하고 문제
로 여기고 있는 상황인 것이다. 따라서 영어강의에서 모국어를
혼용하여 수업하는 것에 대한 심도 있는 연구와 논의가 이루어
져야 할 것으로 본다.

　P 교수는 수업 중 학생들에게 질문을 했을 때 아무런 대답도
듣지 못했을 때의 답답한 상황을 다음과 같이 토로했다.

　　학생들에게 지난주에 내준 과제를 해 온 사람이 있는지를 물
　어보았다. 아무 반응이 없었어요. "과제가 무엇이지요?"라고 물
　어도 여전히 무반응이었습니다.

　역시 같은 상황을 경험한 B 교수도 학생들이 침묵을 깨트리고
대답하는 것을 기다리다 못해 우리말로 질문과 응답을 하도록
허용한 자신의 경험을 이야기했다.

　　내가 우리말로 질문을 해도 된다고 하자 그제야 학생들이 천
　천히 입을 열기 시작했습니다. 하지만 학생들의 질문은 저를 더
　실망시켰어요. 이미 설명한 내용을 하나도 이해하지 못했다는
　것이 학생들의 질문에서 드러났어요. 그래서 그다음부터는 학
　생들에게 질문을 할 때 먼저 두세 사람이 그룹으로 모여서 우리
　말로 토론을 하고 난 후, 영어로 대답을 하도록 했습니다. 한 학
　생에게만 질문을 하면 질문받은 학생이 스트레스를 많이 받는

것 같아서 택한 방법입니다. 질문을 소그룹에 주고, 소그룹에서 답을 얻도록 토론할 시간을 준 다음 대답을 하게 하였더니 전보다 나아졌어요.

L 교수는 영어강의에서 우리말을 사용하는 것에 대하여 부정적인 입장을 표명했다.

저는 수업시간에 우리말을 가능한 한 적게 사용하려고 노력해요. 영어로 표현할 수 없는 말을 제외하고는 다 영어로 말하려고 애씁니다. 제가 다른 교수들에게 물어보았는데, 그분들도 이렇게 하는 것이 학생들의 영어 실력을 향상시키는 것이라고 조언을 해 주셨어요.

이에 J 교수가 연이어 말했다.

저도 다른 교수들에게 영어강의 중 학생들의 이해를 돕기 위하여 우리말을 어느 정도 사용해야 하느냐고 물어보았어요. 영어로만 강의를 했더니, 학생들의 표정은 "I have no idea."라고 말하는 것처럼 보였거든요. 그래서 할 수 없이 우리말을 좀 섞어서 강의를 하면 그제야 반응을 보이기 시작하면서 강의실이 조금 활기를 띠기 시작해요. 수업이 좀 더 재미있게 되는 것 같았어요. 그래서 나는 수업시간에 어느 정도의 우리말을 사용해도 되는지 알고 싶어요.

교수자들은 영어강의에서 영어와 우리말을 혼용하는 것이 학생들의 학습에 어떤 긍정적인 영향을 미칠 수 있는지 확신하지 못하고 있었다. 두 나라 언어를 다 구사하는 국내 교수자는 영어강의 내용을 잘 이해하지 못하는 학생들에게는 구세주와 다름없을 것이다. 그런데도 국내 교수자들은 학생들에게 우리말로 설명해 주는 것에 대하여 심리적 부담을 느끼고 있었다. 교수자 입장에서는 효과적인 학습을 위해 당연히 우리말로 다시 설명해 주고 싶어 했다. 그러나 교수자의 영어강의에 대한 평가에는 교수자의 영어 사용 정도에 대한 평가 항목이 있다. 교수자가 강의 중 우리말을 사용하였다는 학생들의 응답이 많이 나오는 것은 교수자 평가에 부정적인 영향을 미친다.

　　따라서 교수자는 효과적인 학습을 위해 학생들이 필요로 할 때 우리말을 혼용하여 강의를 할 것인지, 아니면 수업 중 영어만 사용했다는 학생들의 긍정적인 평가를 받기 위하여 학생들의 내용 이해 여부에 상관없이 줄곧 영어로만 강의를 할 것인지를 선택해야만 한다. 강의 평가를 단순히 평가로만 끝내지 않고 교수자를 평가하는 자료로 사용하는 대학도 있다. 평가를 하는 것이 교수자의 영어구사능력 수준을 확인하기 위함인지, 학생들의 내용학습이 제대로 이루어졌는가를 알아보기 위함인지, 학생들의 영어 능력 향상을 알아보기 위함인지 등, 평가의 목적이 명확히 제시될 때까지 교수자들의 딜레마는 계속될 것임이 틀림없다.

5 동료관찰을 통한 교수법 점검

교수자들이 대학에서 동료 교수자의 수업을 참관할 기회는 거의 없다고 해도 과언이 아니다. 특히 대학 교육의 특성상 수업은 강의를 담당하는 교수자와 학생들만 공유하는 지극히 사적인 것으로, 수업을 다른 사람에게 공개하는 것은 드문 경우이다. 동료 교수자에게 자신의 수업을 참관할 수 있게 공개하는 것은 자신의 교육 기법 개선에 대한 강한 의지가 없으면 지극히 어려운 일이다. 외국어인 영어로 교과내용을 가르치는 교수 기법을 배워 본 적이 없는 국내 교수자는 자신이 적용하고 있는 교수 기법이 얼마나 효과적인지에 대해 끊임없이 생각하고 연구한다. 이 장에서 제시하는 것은 동료 교수자의 수업을 참관하면서 서로의 교수 기법을 점검하기로 한 교수자들의 경험이다. 참관 수업을 결정한 것은 서로의 수업을 참관하고 서로 피드백을 주고 받으면서 더 나은 방법으로 학생을 가르칠 수 있을 것이라는 믿음에서였다.

동료들의 피드백을 통하여 더 나은 수업을 하기 위하여 다섯 명의 교수자가 자신의 수업을 참관할 수 있도록 기꺼이 서로에게 공개하였다. 참여 교수자들은 시간이 허락하는 대로 서로의 수업을 참관·관찰하였다. 여기에 기술된 내용은 참관 수업을 마친 후 모임에서 이들 교수자가 서로 피드백을 주고받은 것들이다. 이 참관 수업은 교수자들이 지금까지 인지하지 못하였던 자신이 가르치는 모습을 객관적으로 볼 수 있는 계기가 되었다.

그리고 학습자의 입장에서 동료 교수자들이 가르치는 모습을 볼 수 있는 좋은 기회가 되었다.

영어강의에서뿐만 아니라 모든 수업이나 강좌에서 학생들의 학습활동은 전적으로 교수자에게 달려 있다. 교수자는 교수목표와 학습목표를 정하고, 가르칠 내용에 따라 그 시간에 사용할 교수 기법을 정하고, 학습활동을 준비한다. 여기까지는 영어강의라고 하여 우리말로 진행되는 다른 강의와 크게 다르지 않다. 참관 수업에서 교수자들이 가장 많이 사용한 교수법은 강의중심, 그다음이 학생들의 발표중심, 마지막은 강의, 발표 및 토론의 세 가지를 합쳐서 구성한 교수법이었다.

첫째, 강의 중심으로 구성된 강좌는 교수자들에게 여러 가지 생각할 과제를 던져 주었다. 출석을 부른 후 담당 교수자 P는 모든 강의내용이 영어로 자세히 적혀 있는 파워포인트 슬라이드를 읽는 것으로 강의를 시작하였다. 슬라이드에는 학생들의 이해를 돕기 위하여 적절한 사진과 설명까지 덧붙여져 있었다. 교수자는 한 시간 내내 노트(파워포인트 슬라이드에 있는)에 적힌 강의내용을 학생들에게 읽어 주었고, 학생들은 스크린에 있는 내용을 노트에 옮겨 적느라고 여념이 없었다. 강의 시작부터 끝까지 교수자의 목소리만 강의실을 울리고 있었다. 그 강의에서 교수자나 학생 모두 질문을 주고받는 학습활동은 없었다. 교수자는 학생들에게 슬라이드에 있는 모든 내용을 읽어 주고는 강의가 끝났다는 것을 알리는 것으로 수업을 끝냈다.

이 강의중심 수업에서는 교수자와 학생 그리고 학생과 학생

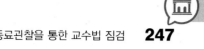

간의 어떤 상호작용도 일어나지 않았다. 교수자는 지식 전달자의 역할을 충실히 수행했고, 학생들은 지식을 전수받는 역할을 충실히 하였다. 강의 중심으로 이루어지는 이 수업은 우리말로 진행되는 수업과 차이가 없었다.

참관 수업이 끝난 다음에 이루어진 모임에서 서로 피드백을 하는 시간을 가졌다. 여기에서 그 수업을 담당했던 교수자는 자신의 수업에 대하여 대단히 만족해하며 지랑스러워했다. '학생들이 당신의 강의내용을 이해했는지를 어떻게 알 수 있느냐?' 하는 질문에 그는 다음과 같이 말했다.

> 나는 학생들의 반응을 전혀 모릅니다. 나는 학생들이 내 강의를 이해했는지 못했는지를 점검할 시간이 없어요. 나는 내가 준비한 강의 노트를 실수 없이 읽는 데만 집중하고 있었어요.
>
> 나는 강의를 준비하기 위하여 엄청난 시간과 노력을 들입니다. 모든 강의내용을 영어로 준비하는 데는 많은 시간이 걸립니다. 또 이것을 실수 없이 강의하기 위하여 나는 많은 시간 연습합니다. 나에게 중요한 것은 강의 노트를 실수 없이 읽는 것입니다.

이 수업에 참관했던 B 교수는 50분 동안 지속적으로 진행되는 일방적인 강의에 집중하는 것이 너무 힘들었다고 말하면서, 참관 도중 잠이 오는 것을 참느라고 무척 애썼다고 고백했다. C 교수는 파워포인트 슬라이드에 적혀 있는 것을 읽으면서 강의를 듣는 것을 동시에 할 수 없었기 때문에, 사진 외에는 아무것도 기억할 수 없다고 말했다.

둘째, 학생들의 발표를 중심으로 진행한 수업의 참관은 교수 기법의 다른 면들을 보여 주었다. 수업이 시작되기 전, 참관 교수들이 강의실에 도착했을 때, 그 시간에 발표할 학생들이 바쁘게 발표 준비를 하고 있었다. 파워포인트 슬라이드를 준비하고 어디에 서서 발표를 해야 할지 등 마지막 점검을 하느라고 분주했다. 수업은 담당교수자 G가 세 명으로 구성되어 있는 발표 그룹을 소개하는 것으로 시작되었다. 발표자들은 주제를 소개하는 것으로 발표를 시작했다. 발표자들이 준비해 온 파워포인트 슬라이드는 발표내용과 사진으로 가득 차 있었고, 발표자는 그것을 읽기 시작했다. 한 발표가 60분 동안 지속되었는데, 한 학생이 약 20분 정도로 나누어 발표하였다. 발표 중에 질문이나 휴식이 없이 연속적으로 발표가 진행되었다.

잘 준비된 발표처럼 보였고, 발표자들은 스스로 만족하고 흡족해하는 것처럼 보였다. 발표자들의 영어구사능력은 유창하지는 못했지만 내용은 아주 충실해서 발표를 위해 학생들이 얼마나 열심히 준비해 왔는가를 충분히 알 수 있었다. 아쉬운 점은 잘 준비된 좋은 내용의 발표임에도 청중(수강생들)은 발표내용에 관심이 없는 것 같았고 집중하여 듣는 것 같지 않았다는 것이다. 발표를 시작할 때에는 학생들이 발표에 대하여 많은 관심을 보여 주는 것처럼 보였다. 그러나 시간이 지남에 따라 학생들은 점점 집중력을 잃었다. 시간이 흐르면서 학생들이 더 이상 발표에 관심을 가지지 않고 다른 일을 하는 것을 볼 수 있었다. 책을 읽거나, 휴대폰으로 문자메시지를 보내거나, 게임을 하거나 하면서 다른 것에 더 많은 정신을 팔고 있었다. 시간이 흐를수록 강의실 분위기가 흐트러지면서 발표자는 열심히 발표하고 청중은 옆 사람과 이야기하는 등 어수선해지기 시작했다. 점점 더 누구도 이 상황을 통제할 수 없는 혼란스러운 분위기가 되어 갔다. 그러나 교수자는 발표를 중지시키거나 주의를 환기시키지 않았다. 그럼에도 신기했던 점은 청중이 웅성거리며 딴짓을 하는데도 발표자들은 개의치 않고 발표를 끝까지 했다는 것이다.

발표를 마친 후, 발표자들은 청중에게 질문이 있는지를 물었지만 아무도 질문하지 않았다. 담당 교수자가 계속하여 질문을 하도록 권유하자, 마지못해 몇몇 학생이 질문을 시작했다. 그러나 그 질문들은 아주 간단한 'Yes' 혹은 'No'의 답만 요구하는 질문이었다. 더 이상 학생들의 질문이 없자 수업은 끝났다. 교수자나 청중 누구도 발표에 대한 피드백을 주지 않았다.

참관 수업의 피드백을 위한 모임에서 강의를 한 G 교수는 학생들이 영어로 훌륭하게 발표를 잘 한 것에 대하여 칭찬하였다. 이 교수자의 수업이 학생들 사이에 인기가 있다는 것은 학생들에게 이미 들어 알고 있었다. G 교수는 학생들이 이 강좌를 선호하는 이유가 수업이 전적으로 학생들의 발표로 이루어지기 때문이라고 한다.

문제는 학생들에게 발표 기회를 주었을 때 학생들(청중)이 어떻게 반응하느냐 하는 것입니다. 조금이라도 발표 주제가 어렵거나 이론 설명으로 깊이 들어가면 문제가 심각해집니다.

……전반적으로 성공적인 발표였다고 생각하는데, 문제점은 발표하는 학생들 간에 영어구사능력과 표현력이 너무 크게 차이가 난다는 점입니다. 어떤 학생은 영어로 표현도 제대로 못하고 발표를 마친 반면 밴쿠버에서 살다 왔다는 학생은 유창한 영어로 발표를 하였는데, 문제는 전반적으로 발표 및 토론이 그 한 학생에 의해 주도되었다는 인상을 주곤 한다는 것입니다. 또한 발표 후 질문하는 학생들이 극히 소수로 한정되어 있다는 점입니다. 다른 학생(청중)들이 수업시간에 무엇을 얼마만큼 얻었는지를 가늠할 수가 없어요.

학생들은 영어로 발표하는 것에 흥미를 가지고 있고, 대중 앞에서 발표하는 기회를 더 가지고 싶어 합니다. 학생들은 비록 영어로 잘 말하지 못해도 자신의 목적(영어 발표)을 위해서 이 수업을 수강합니다. 학생들은 기회가 있을 때마다 자신의 생각을 영어로 표현하고 싶어 합니다.

이 수업의 교수목표가 학생들에게 영어로 발표할 수 있는 기회를 제공하는 것이었기 때문에 교수자는 교수목표를 이루었다고 볼 수 있다. 학생들 역시 이 수업을 수강한 목적이 영어로 발표할 기회를 가지는 것이었으므로, 그들의 학습목표 또한 달성되었다고 여길 수 있다.

셋째, 강의와 토론 그리고 발표로 구성된 강좌이다. 이 수업에

들어가자마자 눈에 들어오는 것은 책걸상의 배치였다. 학생들이
서로 얼굴을 마주 볼 수 있도록 책걸상이 타원형으로 배치되어
있었다. 이 수업은 다른 강좌에 비하여 수강생이 비교적 적은 25명
이었기 때문에 이러한 책상 배치가 가능하였다. 수업은 교수자
J가 학생들에게 질문을 던지는 것으로 시작되었는데, 질문은 이
전 시간에 배운 내용에 대한 것이었다. 교수자는 학생들에게 영
어로 질문을 던졌고, 학생들은 그 질문에 대해 옆자리 학생과
2~3분 정도 서로 의견을 교환할 수 있는 시간을 가졌다. 영어든
우리말이든 학생들이 원하는 언어로 옆 사람과 토론을 하도록
했다. 토론을 마친 학생들이 대답을 하기 위해 손을 들기 시작
했다. 두세 명의 학생—관찰할 때마다 다름—이 대답을 하고, 그
대답에 대한 몇 가지 질문이 학생들과 교수자 간에 오간 후 새로
운 주제로 수업이 시작되었다. 파워포인트 슬라이드에 몇 가지
질문이 제시되었고, 학생들은 세 명이 한 조가 된 소그룹에서 각
그룹에 주어진 질문을 가지고 토론을 시작하였다. 그룹은 이미
형성되어 있었던 것으로 학생들은 자연스럽게 토론에 들어갔다.
그들은 처음 2~3분 동안은 우리말로 토론하고, 그다음부터는
7~8분 동안 영어로 토론했다. 토론이 끝난 다음, 각 그룹의 대
표가 전체 학생에게 소그룹 토론에서 나온 결과물을 영어로 발
표했다. 각 그룹의 대표는 2~3분 이내로 발표하였고, 그다음 전
체 질문이 이어졌다. 반 전체 토론이 10분 정도 진행된 다음, 교
수자의 강의가 시작되었다. 강의는 참관할 때마다 다르게, 비디
오 혹은 유튜브 영상이 사용되기도 했다. 강의 도중 질문이 이어

졌고, 때로는 학생들의 질문으로 강의가 엉뚱한 방향으로 흘러가는 경우도 있었다. 영어로 하는 강의내용을 알아듣지 못한 학생들이 우리말로 다시 해 줄 것을 요청했고, 교수자는 우리말로 다시 짧게 설명했다. 강의가 끝난 다음 파워포인트 슬라이드로 과제가 주어졌고, 또 e-클래스(대학에서 학생들에게 학습을 위하여 제공하는 인터넷 기반 학습 자료)에 이 과제를 탑재할 것이라는 예고를 한 다음, 학생들에게 성찰일지에 적을 내용을 요약하도록 3분의 시간을 준 후에 수업이 끝났다.

외견상 이 수업은 상당히 활동적인 수업처럼 보였고, 모든 학생이 학습활동을 즐기는 것처럼 보였다. 그렇지만 조금 더 주의를 기울여 자세히 살펴보면, 소그룹 토론에서 그룹에 따라 상당히 소극적으로 앉아 있는 학생들을 볼 수 있었다. 얼굴에 불안하고 긴장한 표정이 역력한 학생도 있었고, 어떤 학생은 우리말로 하는 토의에서조차 한마디도 하지 않고 그냥 앉아만 있었다. 반 전체 토론시간에는 어떤 학생들은 의도적으로 교수자와 눈을 마주치지 않기 위하여 애쓰는 모습이 역력해 보였다. 혹시 교수자와 눈을 마주치면 질문이라도 할까 봐 두려워하는 것처럼 말이다.

이 수업에서는 학생들에게 자신의 의견을 피력할 수 있는 기회를 주었고, 학생들이 능동적으로 학습을 하도록 유도하였다. 이러한 수업방식이 영어를 잘하고 외향적인 성격을 가진 학생에게는 학습에 상당히 긍정적인 영향을 미칠 것이다. 그러나 이러한 수업방식이 모든 학생의 학습에 공히 도움이 되는지는 의문이다. 수업 초반에 파워포인트 슬라이드에 제시된 질문은 학생들이 이전 시간의 강의내용을 이해하지 못했다면, 그리고 주어진 텍스트를 읽고 내용을 이해하지 못했다면 대답할 수 없는 질문들이었다. 예습을 하여 학습내용을 이해한 학생들은 소그룹 토론에서 질문에 답하면서 자신의 의견을 피력하며 적극적으로 토론에 참여하였다. 하지만 예습을 해 오지 않은 학생들에게는 토론에 참여하는 것을 기대할 수 없다.

이 수업방식은 영어구사능력이 높고 교과내용 학습에 대한 강한 의지가 있는 학생들에게는 높은 학습 성과를 낼 것이다. 그러나 영어구사능력이 빈약한 학생들에게는 역효과를 낼 수도 있을 것으로 보였다. 영어 능력이 빈약한 학생들을 위해 교수자가 세심한 주의를 기울여 수업준비를 하지 않는다면, 자신감이 결여된 학생들이 더욱더 자신감을 잃게 될 가능성이 보이는 수업방식이었다. 이 수업방식은 영어에 능통하고 자신감이 충만한 학생들에게는 더욱더 자신감을 갖게 하고, 자신감이 결여된 학생들에게는 오히려 더 위축되게 하여 영어로 말하는 것을 아예 포기할 수 있을 것처럼 보였다. 한편, 긍정적인 측면에서 보면 영어구사능력이 뛰어나고 열심히 토론하는 학생들을 보고 자신을 채찍질하여 더 열심히 공부하는 학생이 있을 가능성도 있다.

이 수업을 참관하는 동안 지속적으로 머리에 떠오르던 생각은 '모든 학생을 학습활동에 참여시키는 수업에서 제한된 시간에 얼마나 많은 교과내용을 가르칠 수 있을까?' 하는 것이었다. 수업시간에 하는 학습활동은 학생들이 미리 예습을 하여 내용을 이해했다는 전제하에 진행되는 것으로, 예습을 하지 않아 내용을 이해하지 못한 학생들은 학습활동을 통해서 무엇을 배웠을까 하는 의문이 끊임없이 뇌리에 맴돌았다.

6 논의 및 결어

이 장에서는 교수자들의 내러티브를 통하여 학생들이 영어강의에서 반응을 보이지 않고 소통하지 않는 원인에 대하여 알아보았다. 첫 번째로 지적된 것으로, '학생들의 부족한 영어구사능력'이 영어강의에서 학생들의 소통과 상호작용을 방해하거나 어렵게 하는 원인이 된다는 것은 새로운 것이 아니고, 또 국내 대학생들에만 해당되는 것도 아니다. 비영어권 대학의 영어강의의 효율성에 대한 많은 연구에서 학생들의 빈약한 영어구사능력이 수업 중 활발한 소통과 상호작용을 어렵게 한다는 연구 결과는 이미 많이 나와 있다(Davidson & Trent, 2007; Erling & Hilgendorf, 2006; Maiworm, & Wachter, 2002; Morita, 2004; Trent, 2006; Tsui & Tollefson, 2007). 그러나 거의 모든 연구는 학생들의 빈약한 영어실력으로 인하여 교수사가 겪는 어려움보다는 학생들이 겪는 어려움에 더 중점을 두고 있다. Airely와 Linder는 비영어권 교수자들이 수업시간에 학생들과 상호작용을 많이 하지 않는 것은 학생들의 부족한 영어 실력 때문이라고 보았다(Airely, 2011; Airely & Linder, 2007). 앞서 제시한 교수자들의 내러티브에서 본 것처럼 어떤 교수자는 이러한 숨 막히는 상황을 견딜 수 없어 영어로 하던 강의에서 우리말로 바꾸어 다시 교과내용을 설명하고 학생들과 소통을 시도하였다. 교수자가 우리말로 대화를 시도했을 때에야 비로소 수강생들은 긴장을 풀고 좀 편안하게 우리말로 말문을 열기 시작하여 서서히 영어로 대화를 하기 시작했다. 국내 교수자들이 영어강의에서 종종 우리말을 혼용하여 사용한다는 것은 오경애의 연구에서도 잘 나타나 있다(Oh, 2011). 이 연구는 영어 능력이 부족한 학생들이 교과내용을 이해하는 것을 돕기 위해 이중언어를 구사할 수 있는 국내 교수자들이 그들의 강점인 두 언어를 적절하게 혼용하여 효과적인 영어강의를 했다는 결과를 보여 주었다.

제시된 내러티브에서 흥미로운 첫 번째 사실은 국내 교수자들은 자신과 학생들의 부족한 영어구사능력이 강의 중 소통을 제한한다고 믿고 있는 것이다. 교수자 중 누구도 영어강의에서 소통이 잘 되지 않는 원인을 다른 곳(예: 시간 부족, 지식 결여, 적절한 학습활동 여부 등)에서 찾지 않고, 서투른 영어구사능력이 소통을 어렵게 한다고 지적했다. 학생과 교수자의 부족한 영어구사능력이 소통을 어렵게 한다고 여기는 교수자들은 학생들이 강의내용을 이해하지 못한다고 생각되었을 때 혹은 학생과의 소통이 필요하다고 생각되었을 때 우리말을 사용하는 경향이 있었다. 그러나 학생들이 강의내용을 이해하지 못하는 것이 단순히 학생들의 부족한 영어 능력(언어 문제) 때문이라고 보는 것은 너무 단순한 생각이다. 교과내용을 이해하기 위해서는 언어를 포함하여 내용에 대한 배경지식, 경험, 전공분야에서 사용되는 전문용어 및 담론과 같은 다양하고도 복합적인 구성요소들이 상호 작용하여야 한다. 이에 더하여 적절한 교수법은 학생들의 내용 이해를 더욱더 용이하게 한다.

두 번째로 지적된 것으로 '적절한 교재의 부재와 학생들의 사전 지식의 결여'가 소통과 학습활동을 어렵게 한다는 것은 많은 연구 결과와 일치한다. 외국어 교육에서 언어와 교과내용을 융합하고 내용을 통하여 외국어를 가르치는 것이 효과적이라는 것은 많은 연구에서 제시되었다. 그럼에도 비영어권 대학에서 언어학습과 교과내용 학습을 동시에 하기에 적합한 교재와 참고문헌을 찾는 것은 대단히 어렵다. 언어와 교과내용을 융합하여 교육하는 데 적합한 교재를 찾는 것이 얼마나 어려운가에 대하여는 이미 다수의 연구에서도 지적되었다. 또한 특정한 학문 분야에서 사용되는 담론과 전문용어, 그리고 학문 분야에 따라 교수-학습 방식이 서로 다르기 때문에 교과내용과 언어를 동시에 가르칠 수 있는 교재를 찾기는 쉽지 않다(Crandall & Kaufman, 2002, Davison, & Williams, 2001; Halliday, 1993; Jackson, 2002; Liu & Littlewood, 1997).

외국어인 영어로 교과내용을 가르치고 배우는데 학생과 교수자 모두 수업에서 사용하는 외국어에 능통하지 않을 경우 학습에서 어려움을 겪으리라는 것은 누구나 예상할 수 있다. 설상가상으로 수업에 사용할 적절한 교재가 없는 것은 학습을 더 어렵게 하고, 교과내용에 대한 문제 제기나 토론을 기대하기는 더 어렵다. 학생들은 어려운 영어로 된 교재를 읽는 것이 힘들어서 아예 읽는 것을 포기하거나, 읽어도 내용을 제대로 이해하지 못한 채 수업에 참석하는 경우가 있을 것이기 때문이다. 이것은 영어 강의만의 문제가 아니며, 국내 대학에서 우리말로 하는 강의에서도 마찬가지이다.

세 번째로 지적된 것으로 '교수의 불충분한 영어 표현력'이 원활한 소통을 어렵게 한다는 것은 모든 참여 교수자가 동의한 것이다. 교수자들이 영어권 대학에서 공부하고 최고 학위를 취득한 것으로 미루어, 영어로 강의하는 것에 별 어려움이 없을 것으로 예상했지만, 제시된 내러티브는 이 예상이 빗나갔다는 것을 보여 준다. 교수자들이 특히 어렵다고 여기는 것은 학생들과 질문을 주고받을 때, 즉흥적인 대화가 오고 갈 때, 토론 중에 갑자기 적절한 단어가 떠오르지 않을 때, 혹은 예기치 않은 학생들의 질문에 구체적인 내용을 설명해야 할 때인 것으로 나타났다. 이런 경험은 국내 교수자들뿐만 아니라 비영어권 대학에서 영어로 강의하는 대다수의 비영어권 교수자가 겪는 것으로 보고된 바 있다(Olsen & Huckin, 1990; Vinke et al., 1998). 이 연구들은 비영어권 교수자들은 임기응변으로 즉흥적으로 대처하는 능력이 부족하고, 교과내용을 충분히 설명할 수 있는 영어 표현력이 부족하다고 보고했다.

Dudley-Evans와 St. John(1998)은 학생들의 모국어를 구사할 수 있는 이중언어 가능 교수자들이 종종 모국어와 영어를 혼용하여 수업하는 것을 보았다. 이들은 교수자가 학생들의 모국어와 영어를 혼용하여 가르치는 것은 학생들의 내용 이해를 촉진시키는 좋은 방법의 하나로, 절대적으로 필요한 것이라고 주장한다. 많은 연구가 영어강의에서 영어 실력이 부족한 학생들을 위하여 그들의 모국어로 설명해 줄 필요성을 주장한다(Balla & Penning, 1996; Poulshock, 1996; Then & Ting, 2009; Ustunel, 2004; Yang, 2004). 이 연구들이 강조하는 것은 학생들의 모국어를 구사할 수 있는 교수자가 그들의 모국어로 교과내용을 효과적으로 전달할 수 있다는 것이다.

영어강의에서 학생들의 모국어를 혼용하여 가르치는 것이 학생들의 학습에 긍정적인 효과를 준다는 여러 연구 결과가 있다. 그럼에도 강애진(Kang, 2008)의 연구는 국내 대학에서는 대다수의 우리나라 학생이 영어강의에서 우리말과 혼용하는 것을 원치 않는다는 것을 보여 주고 있다. 또한 이 연구에서는 학생들이 우리말과 혼용하여 배우는 것은 영어 능력 향상에 방해가 되는 것으로 여긴다고 보고했다. 따라서 국내 대학생들은 이중언어를 구사할 수 있는 국내 교수자보다 영어만 구사하는 영어권 교수자를 더 선호하는 것으로 결론을 내렸다. 또한 이 연구는 학생들이 영어권 교수자를 선호하는 이유가 그들이 영어를 유창하게 잘하기 때문이라기보다는 다양한 학습활동과 흥미 있는 교수법 때문이라고 보고했다. 학생들은 능동적인 수업을 원했고, 영어권 교수자들은 다양한 학습활동과 상호작용을 요구하는 교수법으로 수업을 진행하기 때문에 학생들의 선호도가 높다고 추정할 수 있는 것이다. 그리고 학생들이 영어권 교수자를 더 선호하는 이유가 그들의 영어강의 수강목적이 교과내용을 배우는 것보다는 영어 실력을 향상시키려는 데 있기 때문이라고 볼 수도 있다. 이 연구에서는 대부분의 국내 교수자의 교수목표는 영어를 가르치기 보다는 교과내용을 충실히 가르치는 것으로, 준비한 교과내용을 영어로 실수 없이 학생에게 전달하는 것이라고 보고했다. 이것은 국내 교수자는 수업을 할 때 교수자와 학습자 그리고 학습자와 학습자 간의 소통과 능동적인 학습활동을 그다지 중요하지 않은 것으로 여기고 있기 때문이기도 하다.

강애진(Kang, 2008)의 다른 연구에서도 국내 대학에서는 국내 교수자와 학생들 간에 영어로 질문을 주고받은 적이 없거나, 있더라도 아주 미미하다는 것을 보여 준다. 대다수의 학생은 교수자들로부터 피드백을 받은 적이 없었고, 영어를 잘못 사용했을 때도 교수자가 정정해 주지 않았다고 응답했다(Kang & Park, 2004). 이렇게 된 주요 원인 중 하나는 수강생이 많은 것이라고 할 수 있다. 수강생이 많으면 학생들의 소통과 상호작용을 필요로 하는 학습활동을 수행하기에 많은 어려움이 있다. 반면, 수강생이 적은 강좌에서는 소통을 포함한 능동적인 학습활동을 더 많이 할 수 있을 뿐만 아니라 학생들 개개인에게 피드백을 줄 기회도 많아진다(Lee, 1999).

앞에 제시된 내러티브는 국내 교수자들이 영어로 교과내용을 강의하면서 겪는 많은 어려움을 보여 준다. 단순히 우리말로 된 강의안을 영어로 번역하여 영어로 가르치는 간단한 문제가 아니다. 영어강의에서 학생들이 원하는 학습목표를 이루기 위해서는 교수자가 학습과 관련된 다양한 요인을 고려하여 강의 준비를 해야 한다. 만약 대학이 영어강의를 필수과목으로 수강하도록 하는 정책을 시행한다면 학생들이 영어강의를 수강할 충분한 준비를 갖추고 난 다음이어야 할 것이다. 그리고 학생이 영어강의 수강을 원한다면, 학생의 영어 능력과 수강하고자 하는 교과목의 사전 지식 필요 여부도 파악하여 선수 과목 및 적절한 지원 프로그램을 제공하여야 할 것이다. 외국어로 교과내용을 가르치는 교수법에 대한 교육을 받은 적이 없는 대부분의 교수자에게 외국어로 교과내용을 가르치는 것은 엄청난 부담을 안기는 일임에 틀림없다. 대부분의 교수자는 영어강의를 위하여 많은 시간과 노력을 사용하지만, 그럼에도 교수자가 통제할 수 없는, 학습에 영향을 미치는 많은 직간접적인 요인으로 인하여 효과적인 학습 효과를 거두지 못하고 있는 실정이다.

Chapter1 I'm trying to...
A B C

제9장

국내 대학의
외국인 교수자의 경험

대학의 국제화 정책 일환으로 국내의 많은 대학에서는 외국인 학자와 연구자 그리고 유학생들을 유치하기 위하여 많은 노력을 기울이고 있다. 정부가 외국인 교수와 유학생 수를 증가시키는 것이 '국제화의 지름길'이라고 이해하고 있고, 정부가 앞장서서 이들의 유치를 위해 재정적인 지원을 해 주고 있는 대학도 있다. 물론 이러한 변화는 경제학자를 위시한 다양한 분야에서 일하는 전문가들이 세계화 대열에 우리나라가 적극적으로 대응하지 않으면 국제사회에서 뒤처질 위험에 빠질 것이라고 경고한 후 이루어진 것이다. 그뿐만 아니라 대학들은 외국인 학자를 유치하는 것이 단지 정부가 요구하는 대학의 '국제화지수'를 높이는 것뿐만 아니라, 점점 더 경쟁이 치열해지고 있는 우수한 국내외 학생을 유치하기 위해서도 절대적으로 필요한 것으로 인식하게 되었다.

그런데 정부가 외국인 학자들의 유치를 권장하고 있음에도 불구하고, 정작 국내 대학에 재직하고 있는 외국인 학자들의 경험은 그렇게 긍정적이지만은 않은 것이 현실이다. 많은 대학에서 외국으로부터 교수들을 경쟁적으로 초빙하고 있음에도, 동시에 많은 이가 국내 대학에 초빙된 지 얼마 되지 않아 우리나라를 떠나고 있다. 이들이 가장 많이 언급한 그 이유로는 적응하기 어려운 우리나라의 조직 문화와 관료적인 대학 문화 그리고 문화 충격이었다.

이 장에서는 A 대학교에 재직하고 있는 외국인 교수자 네 명의 경험을 기술한다. 이 대학도 다른 대학과 마찬가지로 외국인 교수가 임용된 지 한 달 만에 떠난 경우도 있고, 4개월 만에 떠난 경우도 있었다. 여기에서 제시된 외국인 교수들의 사례는 영어강의를 하는 교수자들의 학습 공동체(professional development community)에서 얻은 것이다. 우리보다 교수자 다섯 명과 외국인 교수자 네 명이 학생들에게 어떻게 하면 영어로 효과적으로 교과내용을 가르칠 것인가를 논의하는 모임에서 수집한 사례들이다.

① A 대학 외국인 교수자의 경험

외국인 교수자들의 경험은 그들의 이야기를 토대로 세 가지로 분류할 수 있다. 첫째, 대학사회의 구성원으로서의 소속감과 대학사회와 교수자들에 대한 이해 증진, 둘째, 수업에 적용할 수 있는 실제적인 교수법과 전략 및 교수법에 대한 지식 증진, 셋째, 학습 공동체를 통한 이문화 공동체(cross-cultural community) 의 실현이 그것이다. 다음은 외국인 교수자들의 이야기를 순서 대로 나열한 것이다.

1) 우리나라 대학 문화에 대한 이해 증진

영어교육과에서 초빙교원으로 있는 P는 이 대학에 재직한 지 6년이 된 지금까지 한 번도 학과 교수들이나 이 대학의 다른 교수들과 함께 모임을 가진 적이 없다. 그는 미래의 중·고등학교 영어 교사들을 양성하고, 현직 중·고등학교 영어 교사들의 영어 연수를 책임지고 프로그램을 고안하고 가르치고 있다. 그런데 P는 한 번도 이러한 프로그램 준비를 위한 회의에 참석해 본적이 없다. 학과 교수들과 복도에서 마주칠 때 하는 'Hi!' 하는 인사가 그들과 접촉하는 전부이다. 학과장의 지시 사항은 조교로부터 전달받는다. 그에게는 이 학습 공동체가 처음으로 우리나라 교수들과 같이 하는 활동이다. P는 다음과 같이 밝혔다.

이번 학기에 J의 권유로 이 모임에 참가하게 된 것은 나에게 대단히 의미 있는 일이었습니다. 지금까지 나는 한 번도 한국인 교수들과 1분 이상 대화를 나누어 본 적이 없었어요. 이 학교에 서 가르치기 시작한 지 6년이 된 지금까지 나는 내가 속한 학과에서나 대학 캠퍼스에서 내가 가르치는 과목이나 학생들에 대하여 동료 교수들과 이야기해 본 적이 없었어요. 나는 내가 한국말을 잘하지 못하기 때문에 그렇다고 생각했습니다. 나는 항상 혼자 있고, 고립되어 일한다는 느낌을 떨칠 수 없었어요. 학과 또는 학교에서 무슨 일이 일어나고 있는지 나는 아무것도 모릅니다. 너무나 답답하여 때때로 학과 조교에게 물어보면서 여러 가지 정보를 알려고 노력해요. 다행히 조교는 영어는 잘하지 못하지만, 가능한 한 나를 도와주려고 많은 노력을 한다는 것을 느낄 수 있었어요. 처음으로 한국인 교수들과 같이 하는 이 모임은 아주 좋은 경험입니다.

외국인 교수 M은 다음과 같이 말했다.

나는 이 대학에서 가르치는 것이 올해로 6년째입니다. 이 대학에 있는 대부분의 외국인 교수들은 한국인 교수들로부터 고립되어 있습니다. 어떻게 보면 이러한 일이 생기게 된 것은 우리 외국인 교수 본인이 자초한 것이라고도 볼 수 있는데, 많은 외국인 교수들이 한국의 대학에서 오랫동안 가르치고 있으면서도 한국어를 열심히 공부하지 않은 것이 원인일 수도 있어요. 내가 아는 많은 외국인 교수 및 교사들은 한국에서 10년 가까이 혹은 그 이상 가르치고 있으면서도—이 말은 한국말을 유창하게 할 수 있도록 공부할 충분한 시간이 있었음에도—한국말을 하지 못하고, 또 별로 노력을 하지 않는 것 같아요. 그렇지만 우리 외국인 교수들이 한국인 교수로부터 고립되어 있는 것은 외국인이 자초한 일만은 아닐 것입니다. 내 경험상, 한국인 교수와 외국인 교수 사이에 분명한 단절이 있습니다. 외국인 교수들은 학과 내에서 일어나고 있는 일에 대하여 아무런 정보를 받지 못합니다.

이 모임에서 나는 한국인 교수들로부터 많은 것을 배울 수 있었어요. 특히 대학 문화, 그리고 대학사회의 규범 및 관행에 대하여 조금 식견을 갖게 된 것은 아주 큰 수확이었어요. 나와 이 대학에서 가르치고 있는 외국인 교수들은 학과나 학교 일에 참여할 기회가 전혀 없기에 학교에 대한 책임감을 갖기가 힘들고, 모든 일에 주저하게 됩니다. 그리고 대학에 소속감을 느끼지 못하고 있었는데 이 모임에 참여하게 되어 소속감이 생기게 되고, 학문 공동체에 참여하고 있다는 그런 좋은 느낌이 들었습니다. 뿐만 아니라 한국인 교수들과의 토론을 통하여 서로 더 효과적인 교수법에 대한 의견을 교환하는 것은 정말 좋은 경험이었어요.

우리말을 전혀 하지 못하거나 아주 제한된(생존에 필요한) 우리말만 구사할 수 있는 외국인 교수들은 대학사회에서 소속감을 느끼지 못하고 고립되어 있다는 생각이 아주 깊이 박혀 있었다. 외국인 교수인 H는 다음과 같이 토로했다.

나는 이 대학에 처음 왔을 때 사적인 혹은 공적인 일—집 문제, 은행계좌 및 전화 개설 등—여러 방면으로 많은 도움을 받았습니다. 그럼에도 내가 속한 학과 구성원과 의사소통은 전혀 없었어요. 외국인 교수는 대학의 구성원이라기보다는 '장식품'이 아닌가 하는 생각이 들 정도입니다.

　이것은 어떤 면에서 생각해 보면 아주 당연한 일일 수도 있어요. 외국인 교수들은 잠시 '왔다가 가는' 일이 많고, 학교에서 일어나는 일에 관심이 적을 수도 있습니다. 그리고 잠시 거쳐서 가는 외국인 교수들을 위하여 기존 구성원들이 노력을 덜하는 것은 어느 조직에서나 있는 일입니다. 그러나 대부분의 외국인 교수들은 대학체제에서 서열상 낮은 위치에 있을 뿐만 아니라, 빈약한 한국어 실력으로 대학사회에 소속감을 느끼기가 어렵답니다.

　또한 H는 외국인 교수들의 이러한 부정적인 느낌이 학생들을 가르칠 때 학생들의 학습에 부정적인 영향을 미칠 가능성에 대하여 언급하였다.

　앞에서 말한 것처럼 내가 이러한 상황이 생기는 원인을 이해하고 있다고 생각하는데도 학생들을 가르칠 때마다 내가 '소외'되어 있다는 이 감정이 알게 모르게 학생들의 학습에 나쁜 영향을 미칠까 봐 항상 의식적으로 조심하려고 노력합니다.

　K는 이 모임에 참여하기 전에 여러 가지로 많은 염려를 했는

데, 특히 모임에서 한국어로 어떻게 의사소통을 할까 하는 것이 큰 걱정거리였다. 그런데 첫 번째 모임 후 이 염려는 말끔히 사라졌다.

첫 번째 모임이 있기 전, 나는 한국인 교수들과 처음 가지는 모임이기 때문에 상당히 긴장했어요. 특히 모임에서 사용하는 언어가 상당히 걱정되었습니다. 그리고 가장 나이가 적은 내가 한국 교수들이 기대하는 한국 예절에 맞게 행동할 수 있을지도 불안했습니다. 다른 언어뿐만 아니라, 다른 문화, 다른 전공, 연령의 차이 등을 어떻게 극복할까 하는 것에 대하여 대단히 염려했습니다. 그러나 첫 모임에서 구성원들끼리 서로 인사를 나눈 후에는 이러한 염려가 모두 사라졌어요. 우선 모임의 공식적인 언어가 영어라는 것, 그리고 모두 서로 교수라는 타이틀을 떼고 이름으로 호칭을 정한 것은 나를 무척 편안하게 만들었어요.

우리나라 교수들과 외국인 교수들이 함께 효과적인 교수법에 대하여 서로 의견을 나누고 연구하기 위하여 구성된 모임에서는 교수법을 교환하는 것뿐만 아니라 미처 예상하지 못했던 더 많은 것을 얻을 수 있었다. 이에 대해 P는 다음과 같이 밝혔다.

우리의 공식적인 모임이 강의실에서 실시한 교수법을 놓고 토론하는 지적인 활동이었다면, 모임이 끝난 후 다 같이 가진 저녁식사 시간은 구성원들이 자연스럽게 단결하게 했습니다.

이 점이 아주 인상적이었어요. '서양인'의 한 사람으로서, 나는 일과 관련된 회의에서 시간을 효율적으로 진행하는 모임에 더 익숙해져 있었어요. 확실히 공식적인 회의는 딱딱하고 인간미가 없기는 했답니다. 그런데 매번 모임이 끝난 후 다 같이 저녁 식사를 하는 것에 너무 놀랐어요. 내가 전에 일하던 유럽이나 나의 모국 호주에서는 이러한 일은 이례적인 일로—심지어 개인의 '사적'인 영역을 침해한다거나 혹은 과도한 것으로—취급될 수도 있는 일이지요.

모임에 이어지는 저녁식사에 대하여 경이로움을 표하던 H도 몇 번의 식사를 같이 한 후 갖게 된 친근하고 편안한 분위기를 고맙게 생각하게 되었다. 동시에 그는 우리나라의 직장 문화를 이해하게 되었고, 식사와 더불어 다양한 여가활동을 같이 하는 것을 강조하는 것을 체험으로 이해하게 되었다.

나는 같이 하는 식사를 통하여 이 모임의 구성원들과 점점 더 친숙해지는 것을 느꼈고, 토론에 참여하고 질문하는 것이 더 편안해졌고, 내 생각을 있는 그대로 말할 수 있었어요.

2) 대학 조직 문화와 학생에 대한 이해 향상

이 학습 공동체에서는 교수자들이 수업시간에 적용한 학습활동과 교수법을 구성원들을 대상으로 시범 수업한 후, 수업에 대한 피드백과 함께 나타난 문제들에 대하여 서로 의견을 교환했다. 그뿐만 아니라 교수자들이 강의실에서 경험한 어려웠던 일, 당황했던 일까지 드러내 놓고 조언을 구하기도 했다. 이 학습 공동체를 통하여 알게 된 것은 국내 대학생들에게 영어로 강의를 하는 것은 영어를 모국어로 사용하는 교수자나 우리나라 교수자 모두에게 어려움을 준다는 것이다.

교수자 개인에 따라, 학생에 따라 그리고 교과과정에 따라 문제의 정도는 다를지라도, 교수자들은 서로 비슷한 문제로 고민하고 있었다. 특히 외국인 교수자인 K는 다음과 같이 말했다.

이 모임을 시작하기 전(내가 학생들을 가르칠 때), 수업시간에 내가 외국인이라는 것에 대하여 많은 걱정을 했어요. 예를 들면, 혹시 내가 외국인이라서 학생들이 수업시간 외에 나에게 도움을 청하기 위하여 찾아오는 것을 주저하는 것은 아닐까? 혹은 내가 외국인이라서 학생들이 불편하여 그들이 열심히 공부하는 데 나쁜 영향을 미치지 않을까? 학생들이 열심히 공부하지 않고 무책임한 것처럼 보이는 것은 내가 서양인의 기준으로 그들을 판단하고, 학생들에 대한 이해가 부족한 것이 아닌가 많은 염려를 했답니다. 그러나 이 모임을 통해서 이러한 의심의 많은 부분을 해결할 수 있었어요. 말할 나위 없이 내가 외국인이라는 것은 수업시간에 의사소통을 어렵게 하지만, 내가 외국인이기 때문에 학생들의 학습에 문제가 된다는 생각은 많이 줄어들었어요.

이 학습 공동체를 통하여 P는 자신감을 되찾았는데, 이는 상당히 고무적인 일이다. 또한 그는 강의실에서나 강의실 밖에서 문화의 다름에 덜 민감하게 반응하게 되었다. 이러한 변화는 교수자가 비생산적으로 염려하는 데 시간을 낭비하지 않고 좀 더 생산적인 학생들의 학습과 교수법 연구에 더 많은 시간과 관심을 쏟을 수 있게 되었다는 것을 의미한다.

또한 외국인 교수자들은 우리나라 대학 문화와 교육에 대한 아무런 사전 지식이 없이 바로 수업을 시작하여 여러 가지 당황했던 경험을 이야기했다. P는 다음과 같이 언급했다.

> 호주와 유럽의 대학에서 공부한 나는 이 대학교의 교과과정이 아주 생소하여 자주 혼동이 되고, 자주 좌절하곤 했답니다. 예를 들면, 많은 교과목에서 선수 과목이나 필수과목으로 수강해야 하는 교과목이 없는 것, 즉 내가 지금 가르치고 있는 기초 지식을 학생들이 알고 있는지 모르고 있는지 예상할 수 없는 것 그리고 영어 교수법을 가르치는 교육학과 전공 수업에 다른 전공의 학생들이 수강하는 것 등입니다.

P는 학생들의 과외활동과 수업이 겹쳤을 때 휴강에 대한 양해를 구할 때는 어떤 기준을 적용해야 하는지 난감하였고, 또 학점을 부여하는 기준도 명확하게 제시되어 있지 않아 혼란을 겪었다.

> 클럽활동, 자원봉사, MT 등의 행사가 있다는 이유로 휴강을

할 것을 기대하는 학생들을 보면 어떻게 해야 할지 모르겠어요. 호주에서는 이러한 행사를 이유로 휴강한다는 것은 생각도 해 본 적이 없습니다. 마찬가지로, 학생들이 열심히 공부했다는 이 유만으로 높은 학점을 받을 것이라고 기대하는 것과 성적이 발 표된 후 학생들이 성적을 올려 달라고 찾아오는 것 같은 일은 정말 익숙하지 않은 경험입니다.

나는 이러한 상황에 처했을 때 어떻게 해야 하는지에 대해 종 종 다른 교수들의 조언을 구하곤 했는데, 거의 모든 경우 돌아 오는 대답은 "교수에게 달렸다."라는 말이었어요. 그들의 입장 에서는 아주 신중하고도 편리한 조언이지만, 나에게는 전혀 도 움이 되지 않는 말이었어요. 여기에서(이 모임에서), 단순히 다 른 교수들이 이러한 상황에 어떻게 대처했는가 하는 그들의 경 험을 들었을 때 그동안 모호한 것들의 정체가 드러나기 시작했 습니다. 그리고 그동안 내가 모국에서 경험했던 것과 다른 일들 이 일어나고 있는 이 대학을 더 이상 '이상하다'고 생각하지 않 게 되고, 이러한 일들은 보통 한국 대학에서 일어날 수 있는 일 상적인 일이라는 것을 알게 되었답니다.

P의 이러한 이야기는 우리나라 대학의 조직 문화와 교과과정 의 구성, 학생들의 이전 학습 경험에 대하여 잘 알지 못하는 외 국인 교수자들은 한 특정 대학에서의 경험이 본국에서의 경험과 다르다는 것 때문에 그 대학에서 발생하는 일들을 '비정상적인' 혹은 '이상한' 일로 여길 수 있다는 것을 보여 준다. 외국인 교수

들이 임용될 때 국내 대학의 교육제도, 교과과정, 대학의 관습 그리고 학생들의 이전 학습 경험에 대한 정보가 제공되었을 경우 이러한 오해는 충분히 최소화할 수 있을 것이다.

② 이문화 공동체의 실현

이 모임에서 기대하지 않았던 소득은 성공적인 이문화 공동체의 실현이었다. 이 모임의 구성원은 다양한 나라(한국, 미국, 호주), 다양한 전공, 다양한 연령, 직위, 성별로 복잡하게 구성되어 있다. 우리나라 대학에서 우리 방식으로 이 모임이 진행되었다면 이렇게 성공적으로 진행되었을까 하는 의문점이 든다. 이 모임에서 나이가 가장 적은 P는 다음과 같이 밝혔다.

> 이 모임이 만약 한국어로 진행되고, 또 한국 문화와 규범과 회의 관습에 의하여 진행되었다면, 나는 이 모임에 참석할 생각도 할 수 없었을 것입니다. 한국인 교수들의 배려로, 그분들에게는 외국어인 영어를 공식적인 언어로 택하였고, 한국식으로 '교수님'이라고 부르는 대신 서구식으로 이름으로 호칭하기로 정한 것은 우리 외국인들에게 긴장을 늦추게 했어요. 나에게는 모국어이지만, 외국어인 영어를 사용하는 불편을 감수한 한국인 교수들의 배려가 없었다면, 우리는 이 모임에 참여조차 할수 없었을 것입니다. 또 나는 '원어민'이라는 이유로, 위에 열거

한 모든 것에서 불리한 입장에 있는데도 나에게 말할 기회를 많이 주었고, 내 의견을 피력할 시간이 많았어요.

③ 외국인 교수자의 수업 경험

외국인 교수 K는 다음과 같이 말했다.

수업시간에 한국말을 사용하지 말고 영어를 사용하도록 서로 약속을 했는데도 학생들은 영어로 충분히 자신의 의견을 표현할 수 없을 때 한국말로 되돌아가곤 합니다. 이렇게 학생들이 영어로 소통하지 못하고 한국말로 소통하는 것은 학생들이 불안하고 초조한 탓이라는 것을 알기 때문에, 나는 이해하려고 노력합니다. 그래서 학생들이 영어로 말하는 연습을 더 많이 하도록 한국말을 못하도록 견제하는 노력을 덜하게 돼요. 수업시간에 한국말을 못하게 하고 영어로 표현하도록 학생들을 지도하는 것이 학생들의 영어 능력을 증진시키는 데 꼭 필요한 도움이 될 것이라는 것을 알면서도 자주 통제할 수 없는 상황이 발생하곤 합니다. 학생들 중에는 다른 학생들이 수업시간에 한국말을 사용하는 것을 싫어하는 사람도 있어요. 수업시간에 학생들이 한국말을 하지 못하도록 해 달라고 피드백을 해 준 학생들도 있습니다. 되돌아보면, 내가 학생들이 한국말을 사용할 때 단호하게 견제하지 못하고 관대하게 대한 것이 학생들의 영어 능력을 향상시키는 데 방해가 된 것 같아요.

또 다른 한 외국인 교수는 다음과 같이 고충을 토로했다.

학생 중에는 수업시간에 한국말을 너무 많이 사용하는 것은 그들의 영어 능력 향상에 방해가 된다고 생각하는 학생들도 있고 또 수업시간에 한국말을 사용하는 학생들을 싫어하는 학생들도 있다는 것을 알게 되었습니다. 따라서 나는 학생들이 수업 중 한국말을 사용하지 못하도록 규칙을 정했어요. 나는 학생들이 소그룹 토론시간에 한국말을 사용하지 못하도록 하는 방법을 생각해 내었습니다. 예를 들면, 나는 그룹 토의를 하는 동안 교실을 돌아다니면서 한국말을 하는 학생들에게는 단순히 번호가 적힌 '포스트잇'을 학생들에게 주어서, 수업이 끝날 때 그것을 거두어서 벌점을 주는 방법을 사용했습니다.

그러나 수업시간에 한국말을 사용하지 않고 영어로 말하도록 여러 가지 방법을 사용했는데도, 학생들은 수업시간에 한국말로 옆 사람과 이야기하는 습관을 쉽게 고치지 못했습니다. 나는 학생들이 여러 가지 '창조적'인 방법으로 대화하는 것, 제스처, 두드리는 것, 눈짓, 손짓 등을 통하여 의사소통을 시도하므로 아주 속상할 때가 많았어요. 여러 번 경고를 했음에도 학생들은 여전히 영어가 아닌 다른 방법으로 소통을 시도하고 있었습니다. 영어가 아닌 다른 방법으로 대화를 시도하면 벌점을 줄 것이라고 했을 때는 잠깐 동안 조용했어요. 그러나 얼마 지나지 않아 학생들은 다시 영어가 아닌 다른 방법으로 의사소통을 했고, 결국 영어로만 말하게 하는 데는 실패했어요. 나는 다른 외국인 교수자가 진행하는 수업에서도 학생들이 한국말을 하는지 궁금해지기 시작했습니다.

외국인 교수 중 유일하게 몇 번 교수 회의에 참석한 적이 있는 H는 교수 회의에 대해 이야기했다.

교수 회의는 항상 한국어로 진행되고 학과에서 의사결정을 내리는데, 나를 포함하려는 노력은 거의 없다고 볼 수 있습니다.

그는 처음에는 학과 회의에 참석하곤 했으나 우리말로 진행되는 회의를 조교의 통역을 통해서 들어야 하는 것이 너무 힘들어 회의에 참석하는 것을 포기했다. 회의가 끝나면 학과장이 회의 결과를 통보하는 방식으로 지내고 있다. 지금은 아예 회의 전에 학과장이 미리 회의내용에 관해서 설명하고, 의사표결을 해야 하는 안건은 아예 학과장에게 위임한다고 한다. 학교에서 어떤 일이 일어나고 있는지 알지 못할 때가 많고, 심지어 수업시간에 학생 전체가 출석하지 않아 당황할 때도 있었다고 한다. 그때마다 조교에게 물어보아 학과 행사와 학교 행사가 있다는 것을 뒤늦게 알게 되곤 했다고 한다.

④ 요약 및 결어

이 장에서 제시된 외국인 교수들의 이야기는 정부가 정책적으로 대학 교육의 국제화를 강조하고 많은 재정적 지원을 하고 있음에도 대학사회는 아직도 외국인 학자들을 받아들일 준비가 충분히 되어 있지 않다는 것을 보여 준다. 이러한 상황은 수도권보다 지방으로 내려갈수록 더 심각한 것으로 나타났다. 정부와 대학에서 부르짖는 세계화, 국제화는 단순히 현수막에 적혀 있는 구호에 불과한 것이 아닌가 한다. 아직까지도 많은 대학은 겉모습은 국제화가 되어 가고 있지만 전통적인 대학의 조직 문화와 관습으로 인해 변화를 수용하기 위한 자세는 거의 갖추지 못하고 있다. 많은 국내 교수자가 해외에서, 특히 영어권 국가에서 공부하고 연구한 경험이 있음에도 외국인 교수자들을 진정으로 조직의 일원으로 받아들이는 일이 어려운 것처럼 보인다. 다른 문화권에서 살았던 경험의 유무를 떠나 실제로 다수의 국내 교수자는 다른 문화권에서 온 외국인 교수자들에 대하여 양가적인 마음을 지니고 있는 것으로 보인다. 국내 대학교수자들이 외국인 교수자와 연구자들을 방문자로서가 아닌 동료로서 받아들일 충분한 준비가 되었을 때 진정한 대학의 국제화를 이룰 준비가 되었다고 할 것이다.

제3부

외국 대학 교수자의 경험

제10장

유럽 대학에서 외국어로
강의하는 교수자의 경험

너무 걱정하지 마세요! 여러분은 여러분의 **전공**에 대해서는
전문가입니다. 여러분은 영어를 가르치는 것이 아닙니다. 여러
분의 **전공**을 영어로 가르치는 것입니다.

‒ Kendall Richards & Nick Pilcher

(에든버러 네이피어 대학교)

 앞의 글에 '전공'을 강조한 데는 두 가지 이유가 있다. 하나는
교수자들이 가르치는 교과목의 중요성을 강조하기 위함이고, 다
른 하나는 영어강의에서 학생들을 가르치는 내용을 관장하는 사
람은 교과목을 담당하는 교수자라는 것을 강조하기 위함이다.
영어로 교과내용을 가르치는 교수자는 외국어인 영어를 가르치
는 것이 아니며, 영어는 교수자의 전공교과 내용을 학생들에게
전달하기 위한 수단이라는 것을 강조하기 위함이다.

이 장은 우리나라 대학에서 영어로 강의하는 교수자들에게 수업시간에 활용할 수 있는 몇 가지 실제적인 방법과 아이디어들을 제공하는 데 목적이 있다. 편의상 이 활동들을 세 단계, 즉 수업을 시작할 때와 수업 도중에, 그리고 강의를 마친 후에 활용할 수 있는 활동들로 나누어서 설명하려고 한다. 본론으로 들어가기 전에, 먼저 이 글을 쓴 필자가 누구인지, 어떻게 하여 이 글을 쓰게 되었는지, 그리고 독자가 누구라고 생각하고 이 글을 썼는지를 밝힐 것이다. 두 번째로, 교수자들이 외국어로 전공과목을 강의하면서 겪은 경험과 이에 관련된 간단한 일화들을 소개하려고 한다. 이 사건들이 일어나게 된 상황과 배경을 이용하여 언어와 관련된 몇 가지 학습 이론을 소개할 것이다. 세 번째로, 학습자들이 학습을 효과적으로 할 수 있도록 특별히 준비된 프로그램을 통하여 지원한 경험을 소개한다. 이 장에서 중요한 핵심은 교수자가 가르치는 것은 교수자의 전공이지, 외국어인 영어가 아니라는 것이다. 이 말은 영어강의에서는 교과내용과 관련된 정보가 수업의 핵심으로, 교과목과 관계없는 '날씨' 이야기나 혹은 일상생활에 관한 대화를 영어로 할 수 있느냐 없느냐 하는 것에 대하여 염려할 필요가 없다는 것이다.

　앞으로 제시될 외국인 교수자들의 경험과 학습 이론을 통하여 이 주장이 여러분에게 설득력 있게 받아들여지기를 바란다. 마지막으로, 여기에 실린 경험을 통해 이론을 토대로 영어강의에 적용할 수 있는 실용적인 방법을 도출해 내어 외국어인 영어로 강의를 하기 위하여 준비하는 시간과 수업 도중에 그리고 수업을 마친 후에도 도움이 되었으면 한다.

① 우리 자신에 대한 소개[3]

이 장을 쓰고 있는 '우리'는 Kendall Richards와 Nick Pilcher
이다. 우리는 영국 에든버러 네이피어 대학교(Edinburgh Napier
University)의 교수로 학생들을 가르치고 있다. Kendall은 컴퓨터,
창조산업, 공과대학(Faculty of Engineering, Computing and Creative
Industries)에서 학업 지원 교수(academic support advisor)로 학생들
을 가르치고 있다. 이문화 비즈니스 커뮤니케이션(Intercultural
Business Communication) 석사과정 전공주임이면서, 우리 대학
에 유학 온 비영어권 유학생들을 위하여 영어 글쓰기 워크숍을
진행하고 있다. Kendall은 29년 동안 영어를 제2언어(ESL)로 사
용하는 학생들을 비롯하여 영어를 외국어(EFL)로 사용하는 학생
들을 가르쳤고, 영국, 호주, 대만, 중국에서 언어학을 가르쳤다.
Nick은 24년 동안 여러 영어권 국가와 영어를 제2국어로 사용
하는 국가에서 영어를 가르쳤으며, 영국, 일본, 싱가포르, 아르
헨티나에서 역사와 언어학을 가르쳤다. 또한 우리 둘은 공동으

---

3) 여기서부터는 영국 에든버러 네이피어 대학교(Edinburgh Napier University)
  의 교수인 Kendall Richards와 Nick Pilcher가 쓴 글을 그대로 제시하기로
  한다.

로 학문적 문해력(academic literacy)과 학생들의 학업을 지원하는 (student support) 분야에서 연구했다(예: Richards & Pilcher, 2013a, 2013b).

우리가 이 장을 쓰게 된 배경은 다음과 같다. 2014년, 우리는 뉴질랜드에서 개최된 학회에 논문을 발표하기 위하여 참석했다. 그곳에서 대학생들에게 효과적인 교육과 학습법을 지원하는 방법에 대하여 우리와 같은 생각을 가진 한국인 학자들을 만나게 되었다. 이 학자들은 한국의 대학에서 영어로 강의를 해야 하는 한국 교수자들에게 우리가 외국에서 영어로 학생들을 가르친 경험이 도움이 될 것으로 생각하여, 우리에게 책의 한 장(chapter)을 쓰도록 요청해 왔다.

이 한국인 학자들과의 대화를 통하여, 우리는 이 책의 독자들이 한국인 대학교수자라는 것을 잘 알고 있다. 물론 이 책이 한국어로 출판된다는 사실도 알고 있다. 만약 여러분이 한국에서 대학 교육을 받았다면, 대학에서 공부할 때 전공과목 중 영어로 된 텍스트와 학술 자료 및 논문들을 읽었을 것이라고 생각한다. 전공에 따라 다르겠지만, 아마 영어로 수업을 받았을 수도 있을 것이다. 우리는 많은 아시아권 학자가 영어권 대학에서 최종 학위를 받는 것을 보았고, 또 학위 공부를 하고 있는 것을 보았다. 아마 여러분 중에서도 많은 이가 영어권 대학에서 최종 학위를 받았을 것으로 미루어 짐작할 수 있다. 여러분 중 많은 이가 전공학문에서 영어로 수업을 받아 본 경험이 있을 것이다(그렇다고 해서 영어회화 공부를 위해 영어권에서 공부한 것을 중요하지 않다고 말하는 것이 아니다!).

우리는 한국의 대학은 수업이 주로 강의로만 이루어져 있고, 유럽의 대학처럼 튜터 제도가 없는 것으로 알고 있다. 그리고 외국어인 영어로 강의하는 교수들을 위하여 교수 및 학습을 지원하는 제도가 거의 없는 것으로 알고 있다. 따라서 이 장은 우리의 경험에 근거하여, 그리고 이 글을 읽는 독자들의 상황을 고려하면서 집필했다.

② 외국인 교수의 내러티브

여기에서 소개하는 세 교수자의 일화들은 우리가 수행한 여러 프로젝트와 학생들을 가르친 현장 경험에서 나온 것이다. 우리가 진행했던 모든 연구 프로젝트에서 나온 실제 경험을 이 글에서 사용할 수 있도록 연구윤리위원회에서 허락을 받았다. 이 장에서 가명으로 언급되는 교수자들은 그들의 이야기를 이 책에 사용하는 것에 대해서 흔쾌히 동의해 주었다. 여기에서 소개하는 일화들은 교수자들이 교과목을 외국어인 영어로 강의하는 상황에서 '영어'의 중요성을 명료하게 잘 보여 주고 있다고 생각한다. 따라서 여러분도 이 점에 유의하여 잘 보았으면 한다.

1) 수학 교수 윌리엄

이 이야기는 영어를 모국어로 하는 영국의 수학 교수 윌리엄 (가명)이 네덜란드의 한 대학에서 수학을 가르쳤을 때의 경험에 대한 것이다. 물론 네덜란드 대학에서는 네덜란드어로 강의를 한다. 윌리엄은 네덜란드에 도착한 지 2년 후 대학에서 네덜란드어로 자신 있게 수학 강의를 할 수 있었다. 그럼에도 그는 일상생활에서 보통 사람들과 일상적인 대화를 하는 데 많은 어려움이 있었다. 그는 네덜란드어를 배울 때 '수학'에서 사용되는 네덜란드어를 먼저 배웠다. 그는 수학을 네덜란드어로 먼저 공부한 다음에 일상생활에서 네덜란드어로 '대화' 및 소통을 하는 방법을 배웠다. 그가 일상생활에서 사용하는 네덜란드어는 '수학적' 네덜란드어에서 발전된 것이다. 다시 말하면, 윌리엄은 네덜란드어를 배울 때 일상생활에서 보통 사람들과 대화할 수 있는 말을 배우기 전에 먼저 '수학적'인 언어로 구성된 것을 배웠다는 것이다. 이 영국 교수는 우리에게 이 과정을 자신의 경험을 예로 들어 자세히 설명해 주었다. 이 이야기는 직접 인터뷰한 것을 발췌한 것이다.

내가 네덜란드에 온 지 2년 만에 나는 대학에서 네덜란드어로 강의를 하기 시작했다. 이전에 네덜란드에서 몇 년 동안 살았기 때문에, 나는 엉터리 네덜란드어를 조금은 알고 있었다. 그렇지만 솔직하게 말하면 2년쯤 지난 후에야 비로소 네덜란드어로 강의를 할 수 있었다. 내가 대학에서 네덜란드어로 강의를 하고 있음에도 불구하고, 나는 네덜란드어로 자신 있게 다른 사람과 의사소통을 할 수는 없었다. 그런데 마칠 때 네덜란드인들과 정치 및 철학적인 토론을 할 수 있을 정도로 네덜란드어 실력이 늘었다. 이 말은 지금은 내가 네덜란드어를 유창하게 말할 수 있게 되었다는 말이다. 내가 생각해도 놀라운 것은 내가 네덜란드이로 강의를 시작하고 나서 몇 년이 지난 후에야, 내가 네덜란드어로 일상적인 대화를 할 수 있게 되었다는 것이다. 내가 네덜란드에 온 지 얼마 되지 않아 네덜란드어로 수학을 강의할 수 있었던 것은, 내가 엉터리 네덜란드어와 수학에서 사용되는 수학적인 언어와 전문용어들을 네덜란드어로 배웠기 때문이라고 단언할 수 있다. 분명히 나는 수학을 네덜란드어로 먼저 이해했다. 그리고 수학적인 용어와 일상적인 언어를 섞어서 사용하는 방법을 알고 있었다. 영어와 마찬가지로. 그래서 실제로 수학용어와 함께 뒤섞인 엉터리 네덜란드어로 평소에 일상생활에서 소통을 위한 대화를 하면서 외국어를 배우는 것은, 일상생활 주제로 어학교실에서 배우는 외국어 수업보다 훨씬 더쉬웠다. 초기에 내가 네덜란드어로 수학을 가르치기는 했지만, 시장에서 사과 1kg도 살 수 없는 아주 기이한 상황에 처해 있었다. 내가 이렇게 말하는 것은 아주 극단적이게 들릴 수도 있지만, 내 말은 그 당시에 내가 일상생활에서 네덜란드어가 얼마나 서툴렀는지를 강조하기 위한 것이다. 그렇게 네덜란드어를 못했음에도 나는 네덜란드어로 수학을 강의할 수 있었던 것이다.

이 말은 두 언어(일상적인 언어와 수학적인 언어)가 서로 상호
작용을 하고 있다는 것을 보여 주는 것으로, 이 두 언어 사이에
는 아주 특별한 상관관계가 있다. 여기에서 내가 말하고자 하
는 것은, 일상생활에서 나는 제한된 네덜란드 단어를 사용하지
만, 나의 전공인 수학에서는 아주 많은 전문적인 네덜란드어로
된 용어들을 사용한다는 것이다. 이렇게 수학에서 사용된 단어
들이 일상생활에서 더 나은 의사소통을 하고 다른 사람들과 상
호작용을 할 수 있는 도구가 되었다는 것이다. 내가 네덜란드어
를 좀 잘하게 되었을 때, 주변 사람들로부터 "너 아주 이상하게
말해." 하는 말을 자주 듣곤 했다. 내가 일상생활에서 아는 사
람들과 이야기할 때, 마치 강의실에서 강의를 하는 것처럼 말하
고 있었던 것이다. 말을 할 때는 항상 논리적으로 맞게 구성하
여 완전한 문장으로 말하고 있었고 문법적으로 맞는 문장을 만
들어 말하려고 하고 있었는데, 예를 들면, 내가 과일 가게에 가
서 "사과 어디 있어요?" 하고 묻는 대신, "나는 사과 1kg을 사려
고 하는데, 그 사과들을 어디에서 찾을 수 있을까요?" 하는 식으
로 말하는 것이다.

윌리엄의 이야기는 우리에게 영어로 말할 수 있다는 것만으로
는 일상생활에서 편하게 대화를 하기에 충분치 않다는 것을 보
여 주는 좋은 예이다. 이 일화는 영어강의에서 전문지식의 중요
성과 더불어 두 가지 중요한 것을 상기시켜 준다. 하나는 영어강
의에서 교과내용을 전달하기 위하여 높은 수준의 영어회화 능력

이 꼭 필요한 것은 아니라는 것(여러분이 가르치는 교과목이 영어
회화가 아닌 한!)이다. 다른 하나는 일상적인 영어회화는 영어로
교과목을 강의하는 데 필요한 '영어'와는 분리된 유형의 언어 행
위라는 것이다. 논리적으로, 앞서 소개된 일화는 많은 네덜란드
인이 네덜란드어로 유창하게 일상적인 대화를 할 수 있지만 그
들이 네덜란드어로 수학 강의를 들을 경우 복잡한 수학적 개념
때문에 강의내용을 이해하는 데 어려움이 있을 수 있다는 것을
말해 준다. 수학적인 개념은 언어를 아는 것만으로는 이해 불가
하기 때문이다.

2) 경제학 교수 앤드류

두 번째 이야기는 스페인(카탈루냐) 출신으로, 스페인어(카탈
란어, Catalan: 스페인에서 쓰는 언어 중 하나)를 모국어로 사용
하는 경제학 교수 앤드류(가명)가 영국의 한 대학에서 영어강의
를 하고 있는 이야기이다. 그는 대학에서 공부할 때 학부과정의
반은 스페인어로, 나머지 반은 영어로, 대학원에서는 전 과정을
영어로 이수했다. 이 일화는 앞서 제시한 수학 교수 윌리엄의 이
야기를 읽고 난 후에 앤드류가 보인 반응이다. 앤드류는 교과내
용을 영어가 아닌 다른 언어로 강의하는 것이 얼마나 어려운지를
깨닫게 된 과정을 설명했다. 이 이야기 역시 인터뷰 기록으로부터
발췌했다.

윌리엄의 글을 읽고 나서.

아주 흥미 있는 글인데, 만약 내가 경제학을 영어가 아닌 다른 외국어로 강의를 해야 했다면, 나는 그 강의를 할 수 없었을 것이다. 내가 알고 있는 어떤 다른 외국어로도. 외국어로 강의를 준비하는 데 많은 시간이 걸릴 것이고, 힘들 것이다. 외국어로 강의하기 위하여 많은 준비를 해야 할 뿐만 아니라 어떻게 말로 학생들에게 전달할 수 있느냐 하는 것은 더 큰 문제이다.

앤드류의 이야기는 윌리엄의 경험을 더 구체적으로 잘 보충해서 설명해 준다. 앤드류는 학부과정 중 일부와 대학원 과정을 외국어인 영어로 공부하면서 영어로 교과내용을 배우고 가르치는 법을 익혔기 때문에 영어로 가르치는 데는 큰 어려움이 없었다. 그런데 스페인어가 그에게는 모국어임에도 의외로 스페인 학생들을 대상으로 스페인어로 경제학을 강의하는 것이 대단히 어렵게 느껴졌다는 것이다. 앤드류는 영어와 스페인어의 두 언어로 유창하게 일상적인 대화는 할 수 있었지만, 스페인어로 전공 강의를 하기는 어려웠다고 한다. 여기에서의 핵심은, 첫째, 만약 교수자가 과거에 공부할 때 어떤 시점에서 교과내용을 영어로 공부했다면 그 경험은 영어로 강의를 하는 데 도움이 될 것이며, 둘째, 이전에 영어로 교과내용을 공부했다면 모국어보다 영어로 강의를 더 효율적으로 할 수 있다는 것이다.

3) 커뮤니케이션 교수 켄들

세 번째 사례는 우리가 진행한 그룹면담에서 나온 것으로 켄들의 이야기이다. 켄들은 그의 호주 친구 제프가 바르셀로나에서 카탈란어와 스페인어로 강의한 경험을 말했다. 제프는 먼저 카탈란어를 배워서 카탈란어로 유창하게 일상적인 대화를 할 수 있게 되었다.[4] 그다음 그는 스페인어로 강의를 하기 위하여 스페인어를 배웠다(이 강의를 위한 네덜란드어를 먼저 배웠던 윌리엄의 이야기와 유사하다). 이 일화는 켄들이 바르셀로나의 한 대학에서 강의하고 있는 제프의 수업을 참관하고 난 후 제프와 나눈 대화이다. 제프는 카탈란어와 스페인어를 혼용하며 수업을 진행하고 있었다. 수업을 마친 후, 카탈란어를 모르는 한 학생이 제프에게 스페인어로 어떤 질문을 했을 때, 그는 영어로 대답을 했다. 이 이야기에는 제프가 왜 영어로 대답을 할 수밖에 없었는가에 대한 설명이 담겨 있다. 수업을 마친 후 사석에서 켄들이 제프에게 영어로 대답한 이유를 물었을 때, 제프는 다음과 같은 말을 했다. 제프는 카탈란어 혹은 스페인어로 강의를 하는 것은 대단히 즐거운 일이므로 어느 언어로든지 강의를 하는 것은 어렵지 않다. 그러나 학생들이 질문을 할 경우에는 학생들에게 스페인어로 하지 말고 카탈란어나 영어 둘 중 어느 언어로 질문과 대

---

4) 스페인에서는 스페인어와 카탈란어를 비롯한 네 개의 공식 언어가 있다. 카탈란어 사용자가 가장 많은 곳은 카탈루냐 지방(바르셀로나 포함)이다.

답을 해도 좋다고 말했다. 제프는 스페인어를 배울 때 가르치는 것을 목적으로 배웠기 때문에, 스페인어로 하는 질문에 스페인어로 대답하는 것은 어려워 잘 설명할 수 없기 때문이라고 설명했다.

> 제프라는 내 친구가 있는데, 호주 태생입니다. 우리는 고등학교 때부터 서로 잘 알고 지내는 친구로, 지금 그는 스페인의 대학에서 강의를 하고 있어요. 제프는 20년 동안 바르셀로나에 있는 대학에서 강의를 하고 있습니다. 내가 제프를 만나러 스페인에 갔을 때 그가 강의하는 수업을 참관했어요. 제프는 카탈란어와 스페인어로 강의를 했지만, 학생들이 그에게 질문을 할 때면 영어로 대답했습니다……. 내가 그 이유를 물었더니, 대답하기를 그 질문이 직접 교과목과 관련된 질문이었으면 카탈란어나 스페인어로 대답할 수 있는데, 질문이 사회적인 측면에 관한 일상적인 대화이면 제프는 영어로 대답한다고 했어요. 그는 일상사에 관한 이야기에 필요한 스페인 언어를 구사할 수가 없어서 그렇다고 했지요. 참 흥미롭지요?

앞의 사례에 등장한 교수자들은 교과내용을 가르치기 위하여 배운 외국어로 자신의 전공내용을 강의할 수 있을 정도로 유창한 외국어 구사 능력을 가지고 있었다. 그렇지만 학문을 하기 위하여 배운 외국어로 일상생활에서 '소통'을 원활하게 하는 데는 한계가 있다는 것을 보여 준다. 이 사례들에서 서술된 일화들이 충분히 납득되었기를 바란다. 교수자가 전공내용을 외국어로 잘 가르칠 수 있는 능력은 대단한 자산이다. 그렇지만 이 사례들이 보여 주는 것은 외국어로 강의를 잘하는 데는 외국어로 일상적인 대화를 유창하게 할 수 있는 능력이 꼭 필요한 것은 아니라는 것이다. 또한 이 사례들이 강조하는 것은 일상적으로 사용되는 생활 영어회화를 배우는 것이 교과내용을 영어로 가르치거나 이해하는 데 도움이 되지 않는다는 것이다.

> 닉: 당신은 영어로 학생들과 날씨에 관하여 이야기할 수 없을 지도 모른다. 그렇지만 당신은 영어로 파이(π)의 뜻을 정의할 수 있다.
> 닉: 당신은 영어로 축구 점수에 대하여 말할 수 없을 수도 있다. 그러나 당신은 벽을 지탱하는 공식을 설명할 수 있다.

조금 다르게 설명하면, 교과 교수자는 교과내용을 가르치고, 그 내용의 이해와 학습의 성취 여부를 진단하기 위하여 평가를 한다. 교과 교수자는 학생들이 TOEFL이나 IELTS와 같은 영어시험 준비를 위하여 학생들을 가르치는 것이 아니라 교과내용을 가르치는 것이다. 교과 교수자는 학생들에게 교과내용에 있는 중요한 개념들을 영어로 전달할 수 있는 능력이 핵심이다. 마찬가지로 학생들은 영어로 배운 내용과 개념들을 이해할 수 있는 능력이 핵심이다.

3 언어 이론과 개념

지금부터 교과내용에서 사용하는 어휘와 일상생활 대화에서 사용하는 어휘가 '다르다'는 것에 대하여 알아보려고 한다. 또한 언어에서 어떤 요인들이 서로 '다르게' 하는지 보여 주기 위하여 몇 가지 언어학습 이론도 살펴보려고 한다.

Borges 등(1979)은 "말(어휘)은 공유된 기억을 바탕으로 주고받는 상징이다(Words are symbols that assume a shared memory)."(p. 33)라고 말한다. 이 말은 사람들은 다른 사람과 의사소통을 하면서 그 사람의 말을 자신의 경험에 근거하여 이해한다는 것이다. 그리고 한 사람이 사용하는 말(어휘)은 그 사람 자체를 나타내는 것으로, 언어학자 Saussure(1959)는 이것을 언어 사인(sign)의 한 형태로 간주한다. 언어 사인은 문어체로 간주되는 것으로, 시각적으로 볼 수 있는 물체를 포함한다.

[그림 10-1]은 언어 기호 '고양이/cat'으로 표현된다. 그렇지만 이 표현은 여러분이 고양이를 이해하고 있는 개념과 관련되어 있다. 예를 들면, '고양이/cat'라는 말은 만약 이 글을 읽는 사람이 옷이나 신발을 파는 상점의 주인이라면, 그 뜻을 상표 'caterpillar'와 연관 지을 수 있다. 반대로, 만약 우리가 학생들에게 언어 기호 '고양이/cat'가 시각적으로 무엇을 표현하는가 하는 질문을 한다면(그리고 이것을 여러분의 학생에게 시도해 보라!), 몇 가지 다른 시각적 표상이 나올 것이다.

[그림 10-1] 고양이/cat

이것을 좀 더 확대하면, 대학의 교과목은 각 학문 분야에 따라 특정한 전문용어와 다양한 언어 기호를 사용한다. 예를 들어 언어 기호, 즉 단어 '흔적(trace)'을 보면, 역사학과에서는 역사적 사건의 자세한 발전을 의미할 수 있겠고, 엔지니어 학생들에게는 물체의 윤곽을 그리는 것을 의미할 수 있다. 나아가 열역학, 수학 혹은 예술, 디자인 같은 여러 교과는 언어가 아닌, 사인으로 의미와 개념을 표현한다. 이러한 교과목은 개념을 Boltzman의 방정식과 같은 사인에 의해서 표현한다.

$$S = k \ln \Omega$$

[그림 10-2] Boltzman의 방정식

여기에서 우리는 교과내용과 관련된 몇 가지 학습 이론을 살펴보려고 한다. 첫째, 대부분의 교수자는 영어로 된 학술서를 통해서 전공학문을 공부했을 가능성이 크다. 그러므로 전공 분야에 대한 지식은 교과내용보다 대단히 깊다. 둘째, 무엇보다도 중요한 것은 교수자들은 교과내용에 영어로 쓰여 있는 개념을 이미 알고 있다는 것이다. 만약 교수자가 한국어로 전공 분야에서 사용하는 용어와 개념을 배웠다면 그것을 영어로 익혀야 할 필요가 있다. 여기에서 강조하는 것은 영어로 기록된 교과내용의 개념은 표면적일 뿐이고, 내용에 대해서는 교수자가 사전에 학습한 지식으로 이미 숙지하고 있다는 것이다.

또 다른 관점에서 본다면, 어떤 영어시험에서 여러분의 전공학문에서 사용하는 비슷한 유형의 단어와 어휘들이 포함되어 있다 하더라도, 좋은 성적을 받았는지 아닌지에 대하여 염려할 필요가 없다. 그 이유는 그 단어와 어휘의 기저에 놓여 있는 개념들은 여러분의 전공에서 사용하는 개념과 많이 다를 수 있기 때문이다. 이 관점은 어휘, 전문용어 그리고 더 긴 담론에도 적용된다. 따라서 교수자는 영어로 교과내용을 강의할 수는 있지만 일상생활에서 영어로 유창하게 대화를 할 수 없다는 것에 대해 크게 염려할 필요가 없으며, 게다가 영어로 유창하게 대화를 하는 것은 중요하지도 않다. 그러나 수업시간에 영어든 한국어든 간에 학생들과 언어로 소통을 하고 학생들이 자신의 의견을 발표하고 말할 수 있도록 격려하는 것은 중요하다. 때로는 영어로 배운 복잡한 개념들을 한국어로 설명하고 토론하는 과정 또한 중요하다. 지금부터 이러한 개념을 더 자세히 설명하기 위하여 우리의 경험에서 나온 두 개의 내러티브를 보여 줄 것이다.

④ 우리의 경험에서 나온 내러티브

1) 닉의 내러티브

이 내러티브에는 영국에 있는 한 대학이 등장한다. 나(닉)는 이 대학에서 비평적 쓰기와 분석(Critical Writing and Analysis) 모듈의 한 부분을 가르친다. 이 모듈의 목적은 우리 대학에 입학하는 신입생에게 관련 정보를 제공하고, 학업에 필요한 보고서나 소논문(essay)을 쓸 때 비판적으로 분석하는 능력과 함께 참고문헌, 문장 구조 등을 올바로 쓰는 능력을 길러 주는 것이다. 이 모듈은 강의와 개인/그룹 지도(tutorial)를 연달아 하도록 시간표가 구성되어 있다. 즉, 강의를 마친 후 바로 개인/그룹 지도가 진행된다. 개인/그룹 지도에서는 교수자가 선택한 주제를 집중적으로 토론한다.

내가 선택한 주제는 아폴로호가 달에 착륙하는 것으로, 특히 아폴로호의 달 착륙에 대한 음모론(the conspiracy theories)과 이 이론들이 어째서 완전히 엉터리인가에 수업의 초점을 두었다. 이 아이디어는 학생들이 음모론에 대하여 비판적인 토론을 하도록 유도하였다. 열정적인 토론을 하고 난 후, 학생들은 학문적인 스타일과 문장 구조로, 자신의 주장을 지지하는 참고문헌을 이용하여 그에 대한 글을 썼다.

내가 가르쳤던 학생들은 대학 1학년 남학생들로 열서너 명 정도였고, 나는 이 대학에서 가장 작은 강의실 중 한 곳에서 수업을 했다. 강의실은 아주 비좁았고, 학생들의 대부분은 영국 학생들로, 영어를 모국어로 사용하였다. 나는 영어를 모국어로 쓰는 교수자임에도 지난 14년 동안 영어를 모국어로 쓰는 학생들을 한 번도 가르친 적이 없었다. 그래서 나는 극도로 긴장되었다. 이상하게도 나는 지난 14년 동안 외국에서 영어를 외국어로 배우는 학생들이나 제2언어(ESL)로 사용하는 학생만 가르쳤다. 이중 전반부 9년은 대부분의 시간을 외국인에게 일반 영어를 가르쳤지만, 후반부 5년은 학문을 위한 영어를 공부하는 학생들을 가르쳤다. 따라서 나는 항상 의식했든 아니든 간에 영어에 대한 강한 자신감과 영어에 대한 충분한 지식이 있다고 생각했다. 내 무의식에는 아마 '나는 영어가 모국어이고, 내 학생들은 내 모국어인 영어를 나로부터 배운다'는 생각을 나도 모르게 하고 있었을지도 모른다.

그러나 지금 내가 영어를 '모국어'로 사용하는 영국 학생들에게 지금까지 한 번도 가르쳐 본 적이 없는 교과내용을 가르친다는 것에 대하여 극도로 긴장했다(나의 모국어가 영어임에도 불구하고!—켄들은 호주인). 많은 교재, 참고문헌 그리고 어떻게 가르쳐야 하는지에 대한 가이드북이 있었음에도 두려움이 몰려오는 것은 어쩔 수 없었다. 내가 처음 강의실에 들어갔을 때, 학생들은 아주 조용했다. 나는 수업에서 아주 많은 스트레스를 받기는 했지만, 학생들로부터 많은 것을 배우기도 했다. 글쓰기에서 학생들은 많은 오류를 범했는데, 그 오류들은 내가 전에 가르쳤던 외국인(비영어권) 학생들이 보였던 것과 같은 수준의 오류였다. 오류는 철자법을 잘못 쓰는 것을 시작으로 적절한 단어 사용 여부, 문장 구조, 참고문헌 사용, 반비판적 자료, 질문에 대하여 참고문헌을 연결시키는 것 등에서 다양하게 나타났다. 이러한 오류는 영어를 모국어로 사용하든 아니든 간에 모든 학생에게서 공통적으로 볼 수 있는 것들이었다. 나는 내 학생들의 전공을 잘 모르지만 내가 해야 할 일은 이 학생들이 외국어인 영어로 그들의 전공을 공부할 수 있도록 도와주는 것이다.

무엇이라고 정확하게 설명할 수는 없지만, 이 경험은 이전 비영어권 학생들을 가르칠 때 느꼈던 것과는 뭔가 다른 기분이 들었다. 비영어권 학생들을 가르칠 때 무의식중에 내가 어떤 힘이 있는 위치에 있다는 느낌을 없어지게 했을 뿐만 아니라, 나 자신의 능력에 대해 착각하고 있었다는 사실을 일깨워 주었다. 다시 말해, 비영어권 학생들을 가르칠 때는 사실상 나는 내가 알고 있는 지식보다 내 학생들이 갖고 있는 지식이 훨씬 더 많다고 생각하고, 이를 많이 의식하고 있었다. 내 학생들은 전공에 대해 나보다 더 많이 알고 있고, 내 역할은 학생들에게 영어로 지식과 정보를 전달하는 방법을 말해 주는 것에 불과하다는 생각을 줄곧 하고 있었다. 사실상 나는 내 학생들이 배우고 있는 전공 지식에 관하여 많이 알지 못했고 또 다 알 수조차 없었다. 학생 개개인들은 다양한 전공에서 공부하고 있었기 때문이다. 이 경험으로 나는 오히려 내가 가르치는 비영어권 학생들로부터 그들의 지식을 배우고 있다는 큰 교훈을 얻었다. 더 나아가 이 경험은 영어로 기록된 각 교과내용의 함축된 의미를 정확하게 가르칠 수 있는 방법을 깨닫게 해 주었다.

이 경험으로부터 나는 대단히 좋은 교훈을 배웠는데, 내가 영어를 가르치는 비영어권 학생들이 오히려 나에게 그들의 지식을 가르쳐 주고 있다는 것이었다. 더 나아가 이 경험은 나에게 영어로 표현된(기록된) 내용의 함축된 의미를 정확하게 가르칠 수 있는 방법을 가르쳐 주었다.

여기에서 내가 말하고 싶은 것은 교과내용 전문가로서의 교수자는 강의시간에 상당한 힘과 권위를 갖고 있다는 것이다. 그래서 여러분이 원한다면 다음과 같은 방법을 시도해 볼 수 있다. 영어가 모국어인 동료에게 여러분의 수업을 참관하도록 부탁하여, 영어 사용 능력을 평가받는 것이다. 이 동료 관찰자에게 여러분이 설명한 개념을 잘 이해하였는지 여부에 대해 중점적으로 평가해 줄 것을 부탁할 수 있다. 동료 관찰자는 문법적 정확성, 또는 단어 및 어휘 같은 것에 초점을 두지 않도록 주의해야 할 것이다. 〈표 10-1〉에는 동료 관찰자가 사용할 수 있는 점검 리스트가 제시되어 있다.

⟨표 10-1⟩ 동료 관찰 형식(Peer Observation Form)

분야	관찰 내용
목소리(음량, 정확성)	
생각을 위한 일시 중지	
개념의 설명	
예시 사용	
영상	
학생 참여에 대한 인식	
질문에 대한 학생의 반응	
교수자가 학생 질문에 응답	
기타	

2) 켄들의 내러티브

이 내러티브에 등장하는 학교는 영국에 있는 대학교이고, 나 (켄들)는 컴퓨터, 창조산업공학대학에서 학생들을 가르치고 있다. 최근 몇 년 동안 우리 대학 안에서 그리고 외국 대학들과 공동협정이 증가하고 있다. 근래에 중국에 있는 한 대학의 토목공학과와 공동협정이 체결되었다. 이 중국 학생들은 자국의 대학에서 2년간 수학한 후, 마지막 2년을 스코틀랜드에 있는 우리 대학에서 운영하는 공동 프로그램에서 공부할 기회를 갖게 된다. 스코틀랜드 대학의 4학년과 우등 학년(honour's year)의 핵심은 학생들 개인의 선택으로 연구 과제를 포함한 마지막 프로젝트를 수행하여 궁극적으로 장문의 논문을 쓰는 것이다. 우등 학년(Honour's year)은 학부전공에 따라 3년 혹은 4년을 마친 후 성적이 우수한 학생들이 지원하여 1년을 더 수학하는 것으로 연구를 하고 논문을 쓴다. 이 과정을 우수한 성적으로 마치게 되면 석사과정을 거치지 않고 바로 박사과정(PhD)으로 입학할 수 있다.

이 공동 프로그램에는 3학년부터 시작하는 중국 유학생들만이 아니라 우리가 '신입생'이라고 부르는 영국 대학생들도 상당히 많이 포함되어 있다. 이 '직접 입학자(direct entrant)'는 이전에 대학을 다닌 적이 있거나, 직장에 근무하면서 받은 교육과 훈련 그리고 경험을 학력으로 인정받아 대학 1학년과 2학년 과정을 거치지 않고 바로 3학년으로 입학한 학생들을 말한다. 내 역할은 이 학생들이 대학에서 성공적으로 학업을 마치기 위하여 필요한 과제를 파악하여 학업을 잘 수행할 수 있도록 지도하는 것이다. 내가 중점적으로 지도하는 것은 평가(교과내용에서 '학문적'으로 교수자가 학생에게 무엇을 배우기를 기대하는가?)와 언어(어떻게 그것을 구성하느냐?)이다.

이 공동협력 프로그램 3학년 과정의 선발주자인 중국에서 온 유학생 30명은 우리 프로그램에 아주 잘 적응하고 있다. 그런데 이 학생들은 토목공학과 관련된 기술적이고 수학적인 측면에서는 영어로 소통을 잘할 수 있었지만, 설명적이고 논증적인 글쓰기는 어려워했다. 특히 개인 연구 프로젝트 제안서를 준비하는 데 많은 어려움을 겪었다. 학교 당국은 나에게 중국 유학생들이 겪는 이 문제의 해결을 위한 워크숍을 운영하도록 요청했다. 이 요청에 따라 나는 프로그램을 계획하여 개발하고 워크숍을 열었다.

흥미롭게도, 이 중국 유학생 30명에 더하여 20명이 넘는 영국 (본국) 학생(직접 입학자)도 이 워크숍에 참석하기를 원했다. 대학에서 첫 학기를 보내고 있는 이 영국 학생들은 자기들도 유학생들과 마찬가지로 대학에서 요구하는 보고서를 비롯한 여러 가지 글쓰기에 어려움을 겪고 있으니, 이 워크숍에 같이 참석할 수 있게 해 달라고 요청했다. 그리하여 완전히 다를 것 같은 이 두 그룹의 학생들이 다 함께 워크숍에 참석하게 되었다. 중국 유학생들은 일상적인 대화를 영어로 하는 것은 어려워했지만 토목공학에 관련된 전공영어로 '대화'를 하고 강의내용을 이해하는 데는 영국 학생들보다 더 자신감이 있어 보였다. 수회에 걸친 워크숍에서 모든 학생이 쓴 글들을 일일이 검토하고 점검해 본 결과, 학생들의 영어로 글을 쓰는 실력이 향상되고 있었다. 이제 이 워크숍은 이 대학의 모든 학생(유학생과 대학 전체 영국 학생을 포함한)이 참여해야 하는 필수 프로그램의 하나가 되었다.

여기에서 우리가 배운 몇 가지 중요한 교훈을 강조하려고 한다. 먼저 중국 유학생들의 문제는 일상생활에 필요한 대화를 영어로 할 수 있는 능력이 없는 것이 아니었다. 문제가 되었던 것은 우리 프로그램(영국 대학 프로그램)에서 학업을 평가하는 방식으로 학습 평가를 받은 경험이 없어 영국식 평가방식에 익숙하지 않다는 것이었다. 중국 유학생들뿐만 아니라, 이 문제는 대학 1학년과 2학년을 거치지 않고 3학년에 바로 입학한 영국 학생들(직접 입학자들)도 똑같이 경험하고 있었다. 이 영국 학생들도 대학에서 요구하는 학습 평가방식과 글쓰기에 대한 요구가 생소하기는 중국 유학생들과 마찬가지였다. 중국 학생들은 유학생이기 때문에 영국 대학의 평가방식이 생소하였지만, 바로 3학년에 입학한 영국 학생들은 학생 개개인에 따라 이전의 학습 배경과 학습 경험이 다양하기 때문이다. 나이가 많은 학생, 어린 학생, 각각 다른 직장 경험, 다른 전공 등 개인별로 다양한 차이가 있었다. 이 두 그룹의 학생들 모두 엔지니어링에 연관된 전공영어(담론)를 이해하는 것은 그렇게 어렵지 않았기 때문에, 학교에서 요구하는 평가 방법과 기준을 이 워크숍을 통하여 재빨리 습득했다.

중국 유학생들이 이해하기 어려운 개념을 중국말로 자기들끼리 토론할 수 있도록 한 '생각할 시간(reflection time)'을 준 것이 학생들에게는 도움이 되었다는 것을 강조하고 싶다. 나는 여러분의 수업에서도 학생들에게 생각할 시간을 줄 것을 권하고 싶다. 이 프로그램을 진행하면서 내가 배운 것은 학생들이 영어로 일상적인 대화를 유창하게 하지 못하는 것이 학습에 장애가 되는 것이 아니라는 것이다. 앞서 언급한 것처럼 학습에서 학생들이 직면하는 문제 중 어떤 문제는 유학생뿐만 아니라 모든 학생이 경험하는 문제일 수도 있다. 특히 학생들이 특정한 학습 환경, 평가 그리고 담론에 익숙하지 않는 교육, 문화 환경에서 왔다면 더욱더 그러한 것이다.

우리는 지금 앞에서 지적한 것들을 중심으로, 영어로 강의를 준비하는 데 도움이 될 몇 가지 아이디어를 제시하려고 한다. 여기에서 제시한 것들은 강의를 준비할 때, 강의 중에 그리고 강의를 마친 후에 사용할 수 있을 것이다.

5 영어강의 과정

〈표 10-2〉는 학생들에게 가르칠 교과내용을 효과적으로 전달하는 데 사용할 수 있을 것이다. 더 첨가할 새로운 아이디어가 있으면 얼마든지 첨가하면 되는데, 아마 이러한 학습활동에 익숙한 사람도 많이 있을 것이다. 이 표에는 왼쪽에서 오른쪽으로 다섯 칸이 있다. 첫 번째 칸은 우리가 제시하는 단계를 차례로 나타내고, 두 번째 칸은 우리가 제안하는 것, 세 번째 칸은 접근을 나타낸다. 네 번째 칸에서는 앞서 제시한 학습 이론과 연결 짓고, 다섯 번째 칸은 점검을 위한 것으로 여러분이 원하면 표시를 할 수 있다.

이 표에 제시된, 준비, 성찰 그리고 질문과 대답이 학생들이 영어로 지식과 정보를 얻고 성공적인 학습을 하는 데 효과적으로 쓰이기를 바란다. 학생들이 이 개념을 습득할 수 있도록 그들에게 좀 더 시간을 주는 것이 필요할 것이다. 강의 계획을 할 때 학생들을 위한 시간을 미리 배정하거나 수업시간에 만들 수 있을 것이다.

〈표 10-2〉 영어강의 교수자에게 도움이 될 수 있는 제안

단계	제안	접근	연결	점검
전 단계	강의 전에 강의 자료(파워포인트 슬라이드)를 학생들에게 보내거나 사용할 수 있도록 한다.	온라인, 이메일, 또는 유인물로 강의 전에 배부한다.	학생들이 개념을 영어로 이해할 시간이 필요하다.	
	강의 전에 영어로 주제에 대한 질문을 준비한다.	온라인, 이메일, 또는 유인물로 강의 전에 배부한다.	학생들이 영어로 개념을 이해할 수 있게 한다.	
강의 중	강의 중 중요한 시간에 강의를 일시 중지하고 미리 설정된 질문에 대한 답변할 수 있다.	개인 혹은 그룹으로 익명 혹은 서면으로 답변하거나 구두로 발표한다.	학생들은 개념을 이해하는 데 시간이 필요하고, 영어로 대답하는 데 부끄러워할 수 있다. 여러 학생이 개념을 이해했는지 점검해 볼 수 있는 기회를 준다.	
	강의 중 일시 중지하는 기법을 사용하는 것이 모국어로 다시 설명하는 것보다 학생들에게 더 유익하다. 학생들은 새로 배운 내용을 이해할 시간을 가질 수 있다.	침묵을 허용하고, 그것을 두려워하지 말라.	학생들은 새로이 배운 개념을 이해할 시간이 필요하다.	

강의 중	강의를 마칠 쯤에 미리 설정된 질문에 대하여 질문과 토론할 시간을 남겨 두도록 노력한다.	개인 혹은 그룹에서 서면 혹은 구두 답변에서 익명으로 하도록 한다.	학생들은 개념을 이해하는 데 시간이 필요하고, 영어로 대답하는 데 부끄러워할 수 있다. 학생들이 개념을 이해했는지 점검해 볼 수 있는 기회를 준다.	
	강의 마지막에 학생들이 익명으로 질문을 쓰고 남길 수 있는 기회를 준다. 이 질문에 대한 답변으로 다음 시간 강의를 시작한다.	개인 혹은 그룹에서 서면 혹은 구두 답변에서 익명으로 하도록 한다.	학생들은 개념을 이해하는 데 시간이 필요하고, 영어로 대답하는 데 부끄러워할 수 있다. 학생들이 개념을 이해했는지 점검해 볼 수 있는 기회를 준다.	
	모국어로 주요 개념에 대해서 심사숙고해 보도록 한다.	한국어와 영어를 혼용하는 영어강의에서 사용할 수 있다.	학생들이 개념의 의미를 확정하는 것을 도와주고, 어떤 영어 단어를 사용할지 명료하게 해 준다.	
강의 전후/ 강의 중	강의 전후 혹은 강의 중에 학생들이 볼 수 있는 온라인 동영상을 설정(다른 동영상이나, 자신의 동영상에 연결)한다.	설명하는 대신 동영상을 사용한다. 동영상 시청 전과 시청 후 질문을 한다.	학생들에게 미디어 혹은 개념의 형태로 한 유형 이상을 제공하고, 영어에서 그 개념이 실제로 어떻게 사용되고 있는가를 보여 준다.	

강의 전후/ 강의 중	강의실 뒤에 녹음기를 설치하여 자신의 강의를 녹음한다.	재생해서 여러분의 소리가 어떤지 들어 보라. 여러분의 목소리에는 신경 쓰지 말라. 더 중요한 것은 여러분이 영어로 말하는 소리의 크기, 선명도와 속도이다.	여러분의 목소리가 학생들에게 강의를 전달할 수 있을 만큼 충분히 크고 명료하다는 것을 확인하기 위해 실행한다.	
강의 전	강의 전에 주제에 나오는 영어 단어 리스트와 예문을 학생들에게 준다. 가능하다면 인터넷에서 발음할 수 있는 도구와 연결한다.	강의 전에 온라인, 이메일 그리고 유인물로 학생들에게 배부한다.	이것은 학생들에게 주요 개념에 정확한 영어 단어를 적용하는 것의 중요성을 보여 준다.	
강의 중	강의의 시작은 학생들이 영어로 이해하고 있는 것을 설명하는 것으로, 문제는 영어가 아닌 개념의 이해에 있다.	강의를 시작할 때 개요를 말하고, 강의를 계속해 나가면서 다시 언급할 수 있다.	이것은 학생들에게 왜 이러한 방식으로 공부를 해야 하는지에 대한 이론적 근거를 보여 준다. 학생들에게 자신도 할 수 있다는 동기부여를 하고, 그들이 내용을 이해하지 못하는 이유가 영어 실력 때문이라는 잘못된 생각과 공부를 더 잘하기 위하여 잘못된 것을 공부하는 것을 방지하는 것이다.	

	강의를 설명하는 영어로 된 참고문헌을 정한다.	강의 전에 온라인, 이메일 그리고 유인물로 배부한다.	학생들이 주제내용을 영어로 볼 수 있도록 하기 위해서이다.	
강의 전후/ 강의 중	학과장은 동료 교수들끼리 수업 참관을 권장하도록 한다.	교수들이 동료들의 수업을 참관할 수 있도록 일을 줄이고, 참관 시간표를 만든다.	주제에 근거한 피드백과 대화를 할 기회를 만든다.	
	동료 교수들이 여러분의 수업을 이해할 수 있는지 알아보기 위해 수업 참관을 요청한다.	동료 관찰 형식을 사용한다(〈표 10-1〉 참조).	교수법을 발전시키기 위해 대화를 통해 피드백을 받고 자신감을 키운다.	

6 요약 및 결어

결론적으로 우리는 지금까지 이야기한 것들을 요약한 다음, 시간 낭비라고 생각하는 것에 대하여 간단히 말하려고 한다. 우리가 제안한 것들을 여러분의 영어강의에서 잘 활용하고, 이러한 학습법이 학생들에게도 전달되었으면 한다. 한마디로, 교과 교수자는 전공학문에서 전문가이고, 중요한 지식과 정보를 많이 가지고 있다. 영어로 상의하는 것은 그 전문 지식과 개념들을 외국어인 영어에 실어서 전달하는 것일 뿐이다. 영어강의에서 영어를 사용할 때는 교과내용에 있는 개념들과 함께 사용해야만 한다. 그 이유는 바로 같은 영어 단어나 어휘들이 다른 교과목에서 다른 개념과 의미로 쓰일 수도 있기 때문이다.

만약 어떤 학생이 강의를 이해하지 못했다고 말하면, 그 이유는 그 학생이 영어 단어나 어휘보다는 그 개념을 잘 이해하지 못했을 확률이 더 높다. 교수자들은 수업에서 학생들이 영어를 더 잘할 수 있도록 힘쓰기보다는 학생들이 교과내용에서 가르치고자 하는 개념들을 더 잘 이해할 수 있도록 지도한다. 그러므로 교수자들은 학생들이 교과내용을 영어로 이해하는 데 필요한 개념들을 잘 이해할 수 있도록 다각도에서, 다양한 방법으로 개념들을 잘 설명할 필요가 있다.

앞에서도 언급한 것처럼 영어강의에서 효과적으로 학습을 하려면 학생들은 수업에 앞서 미리 배울 교과내용을 예습하고 교재와 참고문헌 등을 읽고 내용을 이해한 다음 수업에 임해야 한다. 수업시간에 전문용어가 포함된 영어강의를 듣고, 소리를 내어 말해야 할 필요가 있을 때는 소리를 내어서 말하기도 해야 하겠지만, 이것은 오직 내용 공부에 도움이 될 때만 해야 할 것이다. 이것이 최선일 것이다. 이 말은 학생들이 교과내용을 학습하는 데 도움이 되지 않는 '영어' 공부 책을 없애야 한다는 것이다. 다른 말로 하면, 학생들이 영어로 교과내용 학습을 잘하기를 원한다면, 문법책, 영어시험 준비 책 그리고 일반 단어책들을 사용하여 공부하는 것은 시간 낭비라는 것이다. 학생들이 영어 문법을 배우고, 가령 영어로 과일의 종류를 설명하는 능력은 향상될지 모르지만, 교수자가 가르치는 교과목이 '정원학'이 아닌 한 학생들의 학습에는 큰 도움이 되지 않을 것이다. 영어로 교과에서 제공하는 개념을 이해하기 위해서는 학생들이 영어로 그 교과내용을 공부해야만 한다. 이 장에서 우리가 제시한 아이디어들이 영어로 교과목을 가르치는 교수자들에게 도움이 되기를 바란다.

감사의 말씀

우리는 Geoffrey Pilcher가 제공한 Boltzman의 공식과
Giuseppe Sorget가 그려 준 고양이에 대하여 감사한다.

제11장

말레이시아 대학 교수자의 경험:
외국어로 강의 시 고려해야 할
방법론적 문제와 나의 대응

Rohizani Yaakub 교수
University Sains Malaysia(rohizani@usm.my)

내가 영어로 학생들을 가르친 것이 대단한 일을 한 것은 아니지만, 모국어가 아닌 제2언어로 교과내용을 가르치는 것은 새로운 경험이었고, 나름대로 얻은 깨달음이 있어 이를 나누고자 한다. 특히 이 책의 주요 독자인 한국 교수자들과 마찬가지로 나도 대학에서는 말레이시아어를 사용해서 강의를 하기 때문에 내 경험을 한국의 교수자와 같이 견주며 이야기하는 것은 흥미로운 일이다. 우선 나는 말레이시아의 교육제도, 말레이시아에서 영어의 위치, 개발도상국의 시골에서 성장한 말레이시아 소녀로서의 어린 시절에 대한 이야기를 간략히 서술하고자 한다. 이런 것들이 내게 전남대학교에서 개설한 국제여름학교에서 영어강의를 하는 데 영향을 주었기 때문이다.

깨끗하고 오염이 안 된 환경이라는 것을 빼고 시골에서 성장한다는 것이 자랑스러울 것은 없다고 본다. 시골에서 작은 초등학교를 다닌다는 것은 영광스러운 것과는 거리가 멀다. 주위에서 이렇다 하게 성공한 사람의 사례나 역할 모델을 들어본 적도 없다. 영어 과목을 제외하고는 모든 과목을 말레이시아어로 배웠다. 영어는 주당 3시간 편성되었을 뿐, 이 시간을 제외하면 누구도 영어를 쓰는 사람은 없었다. 나의 중고등학교 시절은 물론 대학교 시절에도 교육은 말레이시아어로 이루어졌다. 영어는 항상 제2언어였을 뿐이었다. 당연히 내 영어 실력도 그럭저럭 학교 공부를 따라가는 정도였다. 그러나 2001년 대학의 전임강사가 되면서 전환점이 찾아왔다. 많은 워크숍과 학회에 참석하면서 대단한 학자들을 많이 만날 수밖에 없었고, 이들과의 만남에서 내가 얼마나 '보잘것없는' 존재인가를 깨닫게 되었다. 나는 수줍었고, 열등감 때문에 영어로 진행되는 회의는 늘 피해 다녔다. 그러나 오래지 않아 나는 영어를 잘 하는 것이 얼마나 중요한지를 깨닫게 되었다. 나는 "로히! 너 정말 이런 식으로 남은 삶을 살아갈 작정이냐?"라고 자문하지 않을 수 없었다. 이는 내가 만나고 상대하는 대부분의 동료가 영국이나 미국의 대학을 졸업하였지만 나는 그야말로 신토불이, 토종이라는 사실을 생각하면서 갖게 된 도발적 질문이기도 하였다.

이런 자문과 내 경력을 더 높이려는 염원이 있었기에 나는 본격적으로 영어 공부에 매달렸고, 점차 공식 모임에서 영어를 사용하는 것에 익숙해지고 자신감도 갖게 되기 시작하였다. 영어로 발표를 준비하고 또 발표하는 일은 비록 더디기는 하지만 분명히 내 자신감을 높였고, 나는 대학원 과정의 수업을 영어로 운영할 수 있을 만큼 자신감을 갖게 되었다. 물론 초기에는 TESOL 전공 학생들에게 도움도 많이 받았다. 영어에 대한 자신감을 고양시킨 또 다른 요인은 안식년에 외국에서 생활한 경험이다. 미국, 영국, 노르웨이 그리고 스웨덴의 학자들과 공동작업을 하면서 지내는 동안, 나는 나 자신이 미처 깨닫지 못했던 역량을 지니고 있음을 깨닫게 되었다. 또『블루오션 전략(Blue Ocean Strategy)』(Kim & Maubogne, 2005)을 읽으면서 나는 내 영역에서의 편안함을 과감히 떨쳐 버리고 전진을 위해 스스로에게 도전하는 마음을 갖게 되었다. 이러한 과정을 거치면서 나는 외국에서 강의하는 경험을 가져야겠다는 생각이 들었고, 마침 전남대에서 열리는 2012년 국제여름학교에 지원하게 된 것이다.

① 배경

2013년 내가 담당한 국제여름학교 강좌인 '이민과 문화 다양성'에는 29명의 학생이 등록하였다. 2012년 12명이었던 것에 비해 두 배가 넘는 수강생이었다. 이들은 미국인 2, 호주인 1, 중국인 1, 홍콩인 3, 한국인 20, 말레이시아인 1, 대만인 1명이었다. 이들의 전공 분야는 공학, 교육학, TESOL, 영어영문학, 해양학, 심리학, 경영학 등 다양하였다. 이 강좌는 전공선택 과목으로 3학점이었으며, 외국에서 온 학생들은 자신의 모교에서 학점을 인정받을 수 있었다. 강좌는 철저히 영어로 진행되었고, 하루에

3시간씩 일주일에 4일 운영되었다. 강좌에서는 말레이시아의 사회적 구성에 지구화가 가져온 영향과 변화를 탐색하고 논의하였다. 강좌의 시작 부분에서는 15세기 이후에 말레이시아가 경험하고 있는 문화 다양성을 보여 주는 말레이시아 저작물에 대한 논의가 이루어졌다. 지구촌 시대를 맞이한 말레이시아에서 다양한 삶과 각 기관들이 취한 노력과 난제들을 논의하였다. 이 강좌의 학습 경험으로 학생들은 말레이시아에서 나타나고 있는 이민과 문화 다양성에 대한 식견을 얻어 갔다. 다문화 환경에서 살아가는 사람들에게 적용될 수 있는 공통 요인을 식별하고, 다양성 문제에 관한 양식 있는 의사결정을 할 수 있는 역량을 배양하는 것이 강좌의 목표였다.

학생들의 구성이 다양하였기에 강의 자료를 준비하는 것이 쉽지는 않았다. 교과과정에 따라 내용을 전달하면서 다양한 학생의 학습 요구에 맞추기 위해 다양한 전달방식을 취하였다. 나는 학생들이 자기의 생각을 소통하고, 보다 많은 발표 기회를 갖게 하고자 그룹 활동을 많이 하도록 하였다. 나는 학생들의 친구 같은 강사가 되고자 노력했고, 그에 따른 여러 가지 교수방법을 적용했다. 학생들은 이를 매우 좋아하는 듯했다. 학생들은 안도하는 것 같았고, 강의내용에 대하여 좋은 질문을 하였다. 나는 이 방법이 영어 실력이 좋지 않은 학생들에게 과목의 교과내용을 잘 이해하게 하는 동시에 소통 능력을 향상시켰다는 것을 의심하지 않는다. 학생들의 긍정적인 반응을 보면서 내가 학습목표를 달성했다는 느낌을 강하게 느낄 수 있었다.

② 새로운 길에 대한 모험과 탐색

　무엇인가 새로운 것을 시도한다는 것은 말하기는 쉽지만 행동
으로 옮기기에는 많은 용기가 필요했다. 전남대 국제여름학교
에서 가르칠 수 있는 기회를 얻은 것은 기쁜 일이지만, 즐거움은
오래가지 못했다. 책임감이 복합적으로 밀려왔기 때문이다. 용
기를 내어 몸과 마음을 바쳐 충분히 준비하기 시작했다. 자료를
찾기 시작하면서 수행한 첫 작업은 상황에 대한 SWOT[5] 분석이
었다. 나의 장점이 무엇이며, 약점은 무엇인지, 걱정스러운 것은
무엇이며, 어떤 기회가 있는지를 나열하면서 조목조목 분석한
것이다. 이를 모두 열거하고서 학생과 나의 학습 계획을 세우기
시작하였다. 강의 준비하기, 자료 읽기, 학습 보조 자료 챙기기,
교과목에 적합하게 사용될 수 있는 문화적 도구, 항목들을 잊지
않았다.

　나는 학습자의 도우미로서 교사상에 대한 믿음을 갖고 있다.
나는 학생들이 학습활동에 적극 참여하여 학우들과 더불어 배
우기를 원했다. 이 수업에서 나의 역할은 학생들의 학습을 촉진
하는 촉진자이다. 따라서 나의 강의 계획은 토론할 주제, 다양한
학습활동 그리고 학생들이 직접 경험해야 하는 내용으로 구성되
었다. 이전 한국 방문에서 경험했던 한국 학생들의 영어 의사소

---

5) SWOT: 강점(Strengths), 약점(Weaknesses), 기회(Opportunities), 위협
　(Threats)

통 능력을 염두에 두었지만, 수강생 중에는 호주, 중국, 홍콩, 말레이시아, 대만, 미국에서 온 학생들도 있음을 아울러 고려해야 했다.

③ 방법론적 주안점

Shulman(1986)은 매 강의에서 학습이 이루어지기 위해서는 교육내용과 방법의 통합된 지식의 중요성을 강조한다. 이 지식은 '학습할 내용 지식에 대한 비유, 도해, 사례, 실험, 데모와 같은 가장 유용한 형태의 표상으로' 구성되어 있어서 한마디로 학습자에게 학습내용을 잘 드러내고 구성할 수 있도록 해 주는 것이다. 다시 말해서, 교수자는 교과내용에 대해서만 잘 알고 있는 것으로는 충분하지 않다. 교수자는 스스로가 어떻게 가르치는 것이 적합한지에 대하여도 잘 알고 있어야 한다. 그래야만 학생들이 제대로 배울 수 있다. 제2언어로 하는 학습의 원리를 염두에 두고, 내가 교과내용과 가르치는 학생들에 대해 얼마나 알고 있는지 평가하면서, 이전에 가졌던 생각과 교수법에 대한 것을 버리고 새롭게 구성해 갔다(Landau & O'Hara, 2012 재인용). 교수자들은 끊임없이 교과내용에 대한 자신의 지식뿐 아니라 학습에 도움이 되는 교수방법을 계발해야 한다는 것과 같은 맥락이다.

강의를 계획하는 단계에서 면밀하게 검토해야 할 세 가지 측면이 있다. 그것은 교과내용에 대한 충분한 지식, 교육방법 그리고 학생에 대한 이해와 정보이다.

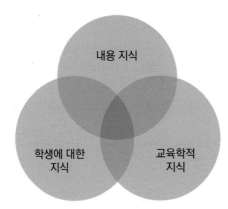

내용 지식

학생에 대한
지식

교육학적
지식

[그림 11-1] 강의 계획 단계에서 검토해야 할 지식

제일 먼저 준비 단계에서 해야 할 것은 교과내용에 대한 연구
이다. 이를 위해 많은 자료를 수집해서 읽고, 강의에 필요한 자
료를 준비하였다. 그런 다음, 다수를 차지하는 한국 학생들의 학
습 전략 행동을 이해하기 위하여 내가 알고 있는 한국 친구들에
게 연락을 취하였다. 동시에 최적의 학습이 이루어지기 위해 학
생들에게 도움이 될 방법이 무엇인지를 모색하였다.

나는 '학습이 재미있어야 학생들이 평생 학습자가 된다'는 교
육철학을 갖고 있기에 교육방법도 이를 바탕으로 한다. 내 강의
에 대해서는 세 가지로 요약할 수 있다. 유연성과 적응성, 재미
있는 학습 그리고 열정이다. 한 가지 더 말한다면 학생들에게 주
는 첫인상도 최적의 학습 효과를 가져오는 매우 중요한 역할을
한다는 것이다.

1) 어색함 없애기

가르칠 학생들을 처음 만나는 시간은 매우 중요한 순간이다. 교수자와 교과목에 대하여 학생들이 갖게 될 첫인상은 그들이 지니는 자신감과 교수자에 대한 존경심에 큰 영향을 미치기 때문이다. 나는 첫 시간이 주는 도전에 맞섰고, 신경이 쓰이던 것들은 잘 극복해 왔다. 나 자신을 간략히 소개하면서, 학생들에게도 자신을 다른 사람들에게 소개하도록 하였다. 그렇게 함으로써 영어로 의사표현을 하는 능력을 가늠하고자 하였다. 기대한 대로 대부분의 학생은 영어를 잘 구사하였다. 한두 사람은 부끄러워하며 전혀 말을 하지 못했다. 무거운 짐이 덜어지면서, 나는 안도감을 느꼈다. 마음 한구석에서 '잘 될 거야.'라는 내면의 소리가 들리는 듯했다. 그러나 이는 잘못된 생각이었다. 말을 하지 않는, 소극적인 학생들을 대상으로 이야기하는 것은 결코 고무적이지 못했다.

첫날 만남에서 영어로 의사소통하는 것에 대하여 학생들이 느끼는 불안감을 어떻게 극복할 것인지 아이디어를 얻기도 하였다. 나는 매일 두 명의 학생에게 자기가 이야기하고 싶은 어떤 것이든 3분씩 이야기할 기회를 주는 것으로 강의를 시작하는 '개시 의식'을 갖기 시작했다. 학생들이 강의실에서 이야기하기 편하게 느끼는 주제를 택하도록 했다. 순서는 우선 영어를 잘 구사하는 학생부터 시작하도록 하였고, 영어 능력이 부족한 다른 학생들이 보고 난 후 나중에 하면서 자신감을 가지도록 하였다. 결국 모든 학생이 빠짐없이 참가하였고 자신의 이야기를 나누었다. 나는 모든 사람이 편안하게 이야기하도록 '강요한' 이 방법이 성공적이었다고 본다. 나는 학생들에게 문법 오류를 신경 쓰지 않고 이야기하도록 권유했고, 자신의 이야기를 표현하는 것에 관심을 가지라고 했다.

2) 유연성과 적응성

잘 가르친다는 것은 정해 놓은 순서대로 따라가는 것은 아닐 것이다. 융통성이 중요하다. 강의는 종종 우리가 계획한 대로 진행되지 않는다. 이런 경우에 강의방식을 조정하여 교수목적을 달성해 가는 것이 더욱 중요하다. 나는 학생들이 어떻게 생각하는지에 깊은 관심을 갖고, 그에 맞추어 강의방식을 조정한다. 첫 주가 끝날 즈음에 한 학생에게 이렇게 쓰인 메모를 받았다. "강의만 하는 것은 지루하며, 좀 더 상호작용적인 내용이 들어가면 좋겠습니다." 이러한 학생의 반응은 사실 교수자로서 내 자존심을 상하게 하였다. 내 강의가 재미없고 학생들을 지루하게 만든다는 것을 받아들이는 건 어려웠다. 그러나 나는 이런 반응을 심각하게 받아들인다. "무엇이 잘못 되었지?" "어떻게 바꿀 수 있지?" "개선방법은 무엇이지?" 이런 질문들이 머릿속을 맴돌면서 좋은 교수방법의 모색을 위해 애썼다.

다른 학생들은 다음과 같이 썼다. "지난 번 강의는 좀 길었습니다. 매 시간에 잠시 쉴 틈을 주면 좀 더 집중이 잘될 것 같네

요.""이번 강의는 휴식시간이 한 번 더 있으면 좋겠습니다." 학생들의 이런 반응에 대한 응답으로 나는 강좌 운영방식을 바꾸었다. 학습활동을 하면서, 활동 사이에 잠시 휴식시간을 넣었다. 강의가 딱딱하지 않도록 뇌를 훈련시키는 브레인 짐(Brain-Gym)[6]활동을 이용하였다. 이런 변화에도 강의계획서에 명시된 학생들의 학습목표와 분량은 변화 없이 그대로 유지하였다.

날씨도 수업 분위기에 많은 영향을 미친다. 외부 기온이 높을 때는 학생들이 피곤해 보이고 지쳐 보이는 경우가 많다. 아마 볕이 따가운데 강의실까지 걸어오는 것이 힘들었을 수 있다. 이런 경우에 학습은 지장을 많이 받는다. 특히 내가 강의를 일방적으로 전달하는 방식으로 진행하는 경우에 더 그렇다. 학생들의 표정을 읽으면서 나는 즉흥적으로 강의를 시작하는 방향을 바꾸어 음악을 들려주고는 그에 맞추어 율동을 하게 하기도 하였다. 학생들은 곧 분위기를 학습 모드로 전환할 수 있게 되어 5~10분 후에 강의를 시작할 수 있었다. 학생들이 지쳐 있으면 아무런 학습이 이루어질 수 없다는 신념을 갖고 있기에 이런 변화를 준다. 따라서 나는 강의시간마다 학생들을 주의 깊게 관찰하였으며, 매일 강의가 끝나면 학생들에게 그날 강의에 대한 소감을 쓰도록 하였다. 학생들의 반응은 내 강의에 대한 중요한 정보를 줄 뿐 아니라 그에 따라 강의를 발 빠르게 조정하는 이유와 근거를

---

6) 두뇌 체육관/브레인 짐: '기는 것, 그리기, 공중에 모양을 따라 그리는 것, 하품하는 것, 물을 마시는 것'과 같은 일련의 동작활동이다.

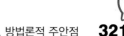

제공하는 것이다.

3) 재미있는 학습

강의는 재미있어야 한다! 강의실에서 하는 게임이나 그룹 활동, 음악, 노래 등 활동적 학습은 슬라이드에서 제시되는 이론과 지식을 살아 있는 것으로 만든다. 교육학 방법론을 오랫동안 강의해 온 나는 내용을 전달하면서도 이를 재미있고 즐길 수 있도록 만들기 위한 노력을 많이 하였다. 학생들에게 학습활동에 적극적으로 참여하고 경쟁의 요소를 갖추게 하면서 다양한 학습활동을 하게 하면 자연스럽게 재미있는 학습이 이루어진다. 나는 이를 알기에 학생들이 그룹을 조직하고, 바꾸고, 자리를 옮겨 다니도록 하는 여러 가지 활동을 강좌 운영에 적극 도입한다. 경쟁을 하게 만들면, 학생들은 보통 더욱 동기화되어 열심히 활동하게 된다.

나는 교실학습 상황을 흥미롭게 이끌어 가려면 다양성이 있어야 한다고 믿는다. 다양한 학습 기자재를 쓴다면 학생들이 모든 학습활동에 참여하도록 할 수 있다. 그래서 나는 학생들의 참여를 진작시키기 위한 여러 가지 교수-학습 전략(teaching and learning strategy)을 사용한다. 나는 마인드맵(mind map)을 그룹 토의에서 사용하도록 권장한다. 그렇게 함으로써 내용의 이해를 돕고 학습법도 향상시킬 수 있다. 아울러 영화나 비디오 클립을 편집하여 사용하기도 한다. 아마 학생들이 가장 오래도록 기억할 사건은 말레이시아의 문화를 소개하는 수업시간에 내가 거주

하는 거처로 모든 학생을 오게 하여 내가 마련한 간단한 말레이시아 음식을 시식해 보게 한 것일 것이다. 인기 있는 말레이시아 음식을 맛보게 하면서 친구의 집을 방문할 경우에 인사하는 법, 관습, 매너 등을 알려 주고 상대방에 따라 적절한 호칭, 앉는 자세 등 말레이시아의 관습에 대하여 배우게 한 것이다. 이 강의를 수강한 한 학생은 다음과 같은 글을 적었다. "마침내 우리는 교수님 집에 초대되어 갔다. 교수님은 두 가지 말레이시아 음식을 준비해 주었다. 우리는 말레이시아인의 관습에 따라 이 음식을 시식하는 기회를 가졌으며, 이렇게 강의실을 떠난 수업 경험은 정말 대단한 경험이었다. 나는 이 수업에 매우 만족하는데, 강의 형태가 다양하였기 때문이다. 한국 대학의 다른 강좌도 이런 식으로 이루어지면 좋겠다는 생각이 든다."

4) 열정

철저히 수업준비를 하고 나서, 이를 실제 가르치는 활동을 통해 실행하는 것은 효과적인 학습에 큰 도움이 된다. 나는 교수자의 열정과 열의가 성공적인 교수활동에서 핵심 역할을 한다고 믿는다. 나는 '우리가 가르치는 것을 사랑한다면, 학생들은 배우는 것을 사랑하게 된다'고 믿는다. 가르치는 직업에 대한 열정은 교수자를 몰입하게 만들고, 교수자의 전문성을 강화시키며, 해당 주제에 대하여 가르치는 것에 대해 자신감을 갖게 한다. 어떤 교수자건 열정을 갖고 수업에 임하는 교수자는 학생들과 유대감을 가질 수 있는데, 열정은 전염성이 강하기 때문이다(Bulger et al., 2002). 교수자가 지닌 학문에 대한 진지한 관심과 열정은 학생들에게 학습 동기를 부여하기도 한다. 교수자가 학생과 유대감을 갖게 되었을 때, 학생은 학습활동에 진지하게 참여하게 되며, 결국 주제의 내용을 잘 이해하게 된다. 이러한 연유로 나는 항상 강의실에서는 즐겁고, 활동적이며, 에너지가 넘치는 것처럼 행동하려고 노력한다. 나의 이런 모습이 학생들에게 전이되어 학습활동을 재미있고 의미 있게 만들기 때문이다.

5) 기대감의 충족

수업 첫 시간에 나는 학생들에게 이 수업에서 무엇을 얻기를 기대하는지 쓰게 한다. 학생들이 지니고 있는 이러한 기대에 대해 진지하게 생각하며, 그들의 기대에 충족하는 학습 경험을 학생들이 가질 수 있도록 최선을 다한다. 이를 위해 나는 다양한 웹사이트를 탐색하고 거기서 제공하는 다양한 활동을 읽어 보고, 이해하려고 많은 시간을 들인다. 이 자료들을 활용하여 수업을 진행했을 때 학생들의 기대 수준을 대부분 충족시킬 수 있었다. 수업 종료 시에 주는 피드백을 보면서, 나는 대부분의 학생이 만족했음을 느끼고, 충족감을 갖게 된다.

〈표 11-1〉에는 학생들의 피드백 일부가 편집 없이 그대로 제시되어 있다.

〈표 11-1〉 학생들의 기대와 피드백

기대	피드백
영어를 잘 하고 싶다(?)	• 어머니에 대한 시를 작성해 보았다. • 나는 영어교실에서 듣는 것을 좋아한다. 그러나 영어로 말하는 것은 힘들다. 그래서 나는 소모임으로 공부하는 것을 좋아한다. 그러면 영어를 말할 기회가 많기 때문이다.
나는 다른 문화에 대하여 배우고 싶다. (강좌의 내용)	• 오늘 우리는 지구 곳곳의 문화의 다양한 측면에 대하여 배웠다. 이는 발표를 통해 이루어졌다. 이런 방식은 내게 도움이 많이 되는데, 내가 어려워하는 남들 앞에서 이야기하는 기회를 제공하기 때문이다. 이 강좌에서 나는 또 어려워하는 글쓰기를 하게 된다. 이런 과제를 하면서 나는 이 기술을 향상시킬 것이다. • 다른 나라의 음식을 맛보는 것은 좋은 경험이다.
나는 외국인 교수로부터 배워 보기를 원한다. (새로운 경험)	• 나는 정말 이 강의가 좋았다. 교수님, 정말 고맙습니다. 당신이 보고 싶을 것 같아요! • 나는 이 강좌의 분위기가 마음에 든다. 매우 긍정적이고, 활동적이었다. 교수님이 가르치는 방식이 정말 마음에 듭니다. 사랑해요, 교수님. • 나는 교수님의 대화하는 속도가 좋았고, 교수가 학생들과 소통하려는 모습이 정말 좋았다.
좀 색다르게 배우고 싶었다.	• 다른 한국 교수님들 강좌는 일방적이었는데 이 강좌는 그렇지 않아서 몰입할 수 있었다. 고맙습니다, 교수님. • 우리는 여러 소그룹 토의를 했는데 매우 흥미로웠다. • 다양한 발표와 활동이 많았는데 이들이 모두 크게 도움이 되었다. • 오늘의 강의는 정말 흥미로웠다. 다른 학생들의 의견을 들을 수 있어서였다. 학생들의 발표도 매우 흥미로웠고 유익했다. • 우리는 어제 작성한 시에 맞는 노래를 작곡하였다. 이런 활동은 슬라이드를 보는 것보다 더 재미있었다.

외국에서 온 사람들과 친구가 되고 싶다.	• 그룹 발표를 하는 것이 매우 좋았다. 이를 위해서 우리는 서로 대화를 하고 소통해야 했기 때문이다. • 친구를 더 만들고 싶었는데, 그런 기회를 주어서 고맙습니다, 교수님!

2013년 전남대 국제여름학교가 끝난 지 수개월이 흘렀다. 나는 학생들이 남긴 소감문을 모두 가져왔고, 가끔 그것을 읽기도 한다. 그들의 반응은 나를 흐뭇하게 만들고, 좋았던 기억을 회상하게 만든다. 특히 한 학생의 소감이 나를 감동시킨다. "교수님이 정말 좋았고, 융통성 있었으며, 학생들을 이해하였기 때문에 매일 학교에 가고 싶었다." 비록 어려움도 많았고, 도전적이었지만, 나는 이런 강좌를 다시 맡고자 하며, 내 강의를 더 좋게 만드는 방식을 끊임없이 모색할 것이다.

요약하자면, 학생들의 소감과 반응은 다음과 같은 범주로 묶일 수 있다.

• 학습활동에서 학생들의 영어구사능력 차이를 염두에 두는 경우 학생들은 고맙게 여긴다.
• 학생들은 다양하게 벌어지는 적극적 학습활동(토의, 노래하기, 춤추기, 게임하기 등)을 즐거워한다.
• 학생들은 자신의 영어 실력에 대한 자의식 없이 참여할 수 있도록 해 주는 긍정적이고 수용적인 학습 분위기를 편안하게 여긴다. 학생들은 잘못된 문법 때문에 창피를 당하는 일

이 없어야 하고, 동료 학우들에게 자신의 생각을 말하도록 고무되어야 한다.

- 학생들은 개인별로 내가 그들에게 다가서고 이해하려는 노력을 보이는 것을 정말 좋아한다.

④ 도전

이전에도 그랬고 또 지금도 그렇지만, 교육학에서는 교과과정, 강의, 수행 평가를 중시하고, 학교 환경 및 학생들의 요구와 학습에 대한 도전정신에는 그리 관심을 두지 않는 경향이 있다 (Comer, 2009). 교육에서 나타나는 나쁜 관행을 바로잡으려고 하는 시도는 종종 반대에 부딪혀서 혼란과 좌절을 가져오곤 한다. 따라서 교육에 새로운 아이디어와 교수법을 도입하기 위해서는 상당한 준비가 필요하다. 특히 동료 교수자들에게 새로운 교수법 도입의 필요성을 피력하고 그들의 공감을 얻기 위해서는 상당한 시간이 필요하다. 이런 변화에 방어적으로 반응하는 교수자들 중 대다수는 지금까지 자신이 익숙한 영역과 활동에서 벗어나 새로운 기술(예: 영어로 교과목을 강의하는 것)을 배우는 도전을 불편하게 여기기 때문이다. 따라서 영어강의에 앞서 다음과 같은 사항을 신중하게 고려해 보아야 할 것이다.

첫째, 영어강의와 같이 모국어가 아닌 외국어로 강의할 때 강의 형식을 바꾸어야 하는지의 여부이다. 이 경우에는 다른 나라에서의 경험이 교훈이 될 수 있다. 예를 들어, 말레이시아에서는 2003년부터 모든 학교에서 수학과 과학을 영어로 가르치도록 하는 정책을 시행하고 있었다. 그러나 다시 말레이시아어로 하도록 변경되었는데, 이 두 과목에서 지방 학생들의 성적이 하락한 것으로 나타났기 때문이다. 여러 조사 결과가 도시 학생들과 지방 학생들의 학력 격차가 매우 커진 것을 보여 주었다. 그리하여 그 정책은 2012년에 폐기되었다. 이런 학력 격차가 나타나는 것을 피하기 위해서는 변화의 필요성을 확인하기 위한 연구 결과가 뒷받침되어야 할 것이다.

둘째, 어떤 교과목을 영어강의(English Medium Instruction) 과목으로 정할 것인가의 문제도 신중하게 판단해야 한다. 초기에는 학생들의 일반적인 영어 역량 수준에 따라 교수진이 교과목을 결정할 수 있을 것이다. 학생들에게 지나친 학습 부담을 주는 것은 피해야 할 것이다. 중요한 것은 내용에 대한 이해이지 영어 자체는 아니기 때문이다.

셋째, 영어강의 교과목을 편성하는 과정에서 가장 중요한 것은 학생들을 이해하는 것이다. 예를 들어, 나는 같은 교과목을 가르치기 때문에 2013년 강좌를 할 때는 전해 강좌보다 학생들을 보다 잘 이해할 수 있으리라고 여겼다. 그러나 이 생각은 잘못된 것으로 드러났다. 학생들은 내게 "파워포인트 내용 중에서 중요한 부분은 색깔을 달리 해 주셨으면 좋겠습니다. 저에게는 너무 많은 영어 단어가 나열되어 있는 것 같습니다."라고 말했다.

이런 반응은 학생들이 교과내용뿐만 아니라 영어 단어도 이해하기 힘들어한다는 것을 보여 준다. 이런 문제는 예견할 수 있는 것이기도 하다. 왜냐하면 학생들은 새로운 과목의 내용과 지식을 그들에게 생소한 외국어로 배우기 때문이다. 이런 문제를 일찍 파악하여 적절히 대처하지 못한다면 학생들의 학습에 크게 영향을 미치는 심각한 문제로 발전할 것이다. 그러므로 교수자는 수업에 대한 학생들의 반응과 느낌을 꾸준히 파악하는 것이 중요하다. 그렇게 할 때 비로소 교수자가 의도하는 학습목표에 보다 가까이 다가가고, 학생들의 사고 능력을 신장하고, 응용할 수 있는 능력을 함양하도록 강좌를 조정·운영할 수 있기 때문이다(Ng Lee & Abdullah, 2012).

마지막으로, 이런 문제를 교수자의 입장에서 검토할 필요도 있다. 영어로 강의하기를 주저하는 교수자에게 영어강의를 강요하는 것은 금해야 할 것이다. 오직 자발적으로 영어강의를 하도록 권할 뿐 강요할 성질의 것은 아니다. 그래야 교수자들이 영어강의를 준비하기 위해 필요한 시간과 노력을 충분히 투입할 수 있을 것이다.

5 요약 및 결어

내 선배 교수가 유네스코(UNESCO)에서 일하기 위해 대학을 떠난 2007년 초, 나는 '교사연구론' 과목을 대학원생들에게 영어로 가르쳐야 하는 입장이었다. 나 스스로 영어로 강의하는 내 능력에 대하여 자신감을 갖지 못하던 때였지만, 나는 이 도전을 피하지 않고 받아들였다. 물론 초반부에는 매우 어려웠지만 점차 익숙해져 갔다.

그러나 내가 재직하고 있는 말레이시아의 대학(USM)에서 영어로 강의를 하는 것은 좀 더 용이하였다. 왜냐하면 말레이시아에서 영어는 초등학교 때부터 필수교과로 다루어지고 있기 때문이다. 그래서 일반적으로 대학생들은 영어를 꽤 잘하는 편이었다. 아울러 필요하다고 여기면 내가 말레이시아어로 어려운 개념을 설명하는 것도 가능하였다. 반면, 전남대에서 영어로 강의하는 것은 상당히 도전을 요하는 일이었다. 학생들이 영어를 제대로 이해하지 못하는 경우가 꽤 많았기 때문이다. 그럼에도 이런 문제가 교수 및 학습을 심각하게 저해하지는 못하였다. 내가 취한 교수 전략은 교과내용을 성공적으로 전수하는 데 도움이 되었다. 흥미롭게도, 강좌를 수강한 한국인 학생들은 강좌의 각 부분들을 재미있고 의미 있게 만들어 가는 데 많은 도움을 주었다. 한국어를 못한다는 것이 내게는 아무런 핸디캡으로 작용하지 않을 정도였다.

지금까지 여기에서 제시한 것들은 모든 중요한 이슈를 총망라한 것도 아니고, 내게만 특별한 것도 아니며, 최종적인 것도 아니다. 나의 작은 경험을 공유하는 것이 이 글을 쓰는 이유이다. 나는 내가 지닌 열등감을 극복했고, 편안한 영역에서 벗어나는 도전을 수용했으며, 교육자로서 만족감을 제공하는 학습활동을 수행하였다. 아울러 내 학생들도 나 못지않게 강좌를 즐겼다고 장담할 수 있다. 그렇지만 강의가 지닌 복잡한 이슈와 학생 간의 개인차 때문에, 모든 상황에 적절하게 적용될 수 있는 방식이 있는 것은 아니라고 본다. '뒤섞어서 상황에 부응하도록 하는' 전략이야말로 효과적인 교수법을 꿈꾸는 모든 교육자에게 적합한 대안이라고 본다.

말할 필요도 없이 이런 강좌의 초기 단계에서는 많은 추가적인 노력이 요구된다. 편안한 영역에서 벗어나 새로운 영역으로 들어가는 것은 많은 용기가 필요하며 노력이 요구된다. 따라서 선배 및 동료 교수자들의 격려와 지원은 매우 중요한 요소로 작용한다. 마지막으로, 이 모든 것은 새로운 사회화 과정이며, 연습을 통해서 완벽에 가까워질 수 있다. 새로운 것을 시도하는 것을 두려워하지 말고, 걸음마일지라도 내딛는 것이 중요하다. 모든 위험 부담을 염두에 두었을 때 내가 마지막으로 하고픈 말은 '어떤 여행도 쉽지 않다'는 것이다.

부록

부록 1. 강의 시에 유용한 영어 표현

● 강의실에서 경우별로 유용한 영어 표현

다음의 경우	적절한 영어 표현의 예시
강의를 시작할 때 혹은 새로운 내용을 가르칠 때	• Let me give an example from Australia……. 혹은 • I just give you a list of words, terms, notions you will find in many of the articles, books …….
다음에 어떤 일을 할 것인지를 알려 줄 때	• So, what I will do now first is to give you some description……. • give an example, give a list of words, give a description
학생들의 주의를 끌고, 학생들이 계속해서 강의에 집중하도록 만들 때	• Now, Don't start now. Just listen.
학생에게 발언의 기회를 줄지 말지를 결정할 때 학생에게 조용히 해 달라고 요청하고 명령할 때	• Do you want to say something at this point? 혹은 • Who's that shouting and screaming?
학생이 강의내용을 이해하고 있는지를 파악할 때	• Do you understand, Benjamin?
학생이 수업시간에 말한 것이나 읽은 것을 요약하거나, 논의나 수업에서 도달한 결론을 요약할 때	• The rest all seem to disagree with you. 혹은 • Well, what I'm trying to say is…….

지금까지 강의한 내용이나 교재의 내용에 정의를 내리거나 다시 설명하고, 학생들에게 스스로 정의를 내리게 하거나 의미를 분명히 파악하도록 요청할 때	• **post-modernism**-that means ……. • What's intuitive power?
학생이 대답하거나 쓴 것에 대해 코멘트하고 평가할 때	• That's good point. • That's getting nearer it.
교수는 정답을 한 번 더 되풀이해서 학생이 말한 것과 쓴 것을 정정하거나 변경할 때	• Professor: Ben, what's the meaning of paramount? • Student: Important. • Professor: Yes, more than that, all-important.
당면한 화제에 초점을 맞추거나 논의의 범위를 좁혀 나갈 때	• Now, before I ask you to write something about it, we'll talk about it.
학습 분위기를 조성할 때	• Did you have a good time at the weekend? • How did the concert go?
학습활동을 조직할 때	• Now! Would you mind straightening the chairs, please? • I have some papers to give out today. Will you please give these out, Grace? Thanks.
학습활동을 시작할 때	• Open your books at page 73. • Listen to the tape, please.
학습 순서를 제시할 때	• First of all today……. • Right. Now we shall go on to exercise 2.
주의를 환기시킬 때	• Look this way. • Listen to what Alan is saying.

물어볼 때	• Where's Alan? • What do you think of this problem? • Here is a picture of a woman. Have you seen her face before? • Whom could he have telephoned? • What color is this pen? • What did you study at university? • What do you think the writer was suggesting by making the central character an animal?
질문에 답할 때	• Yes, that's right. • Almost. Try it again. • What did she say about the film?
내용의 분석을 요청할 때	• Can anybody correct this sentence?
지시할 때	• This is a picture of a typical English castle.
잘못된 대답을 했을 때	• That's interesting! • Don't worry about it.

● 다양한 상황에서 사용할 수 있는 영어 표현

동의함	동의하지 않음
• That's it.	• That's just not the case.
• Right.	• I don't agree.
• Exactly.	• I doubt it.
• Absolutely.	• That's very unlikely.

336   부록

망설임	이미 한 말을 수정하거나 고쳐 말할 때	방해하지 못하게 할 때
• How can I put it? • Now, let me think…….	• I mean……. • Sorry, what I meant to say was……. • What I mean is……. • How can I put it? • Or rather	• Hold on. • Just a minute. • I just wanted to add …….

관심의 표현	동정의 표현	감탄의 표현
• Really? • Did you? • Were you? • Right.	• I can imagine. • How awful. • That sounds dreadful. • Oh dear. • That must have been horrible.	• How amazing! • That must have been really exciting. • That sounds wonderful.

생각이나 의견을 말할 때	
• I think……. • As far as I'm concerned……. • From what I can see…….	• In my experience……. • What I've found is that…….

토론활동을 도입할 때
• Right, question 1 on page 122 you will see five statements. All of them express an opinion. Maybe you'll agree with this opinion or maybe you won't, or maybe you'll think it all. So the first thing is to find out what you think of these opinions. I want you to read throughout the statements and write a 2 after them if you agree with them, a 0 if you disagree and a 1 if you think it depends.

- OK, now have you done that? Has everyone finished? All right, now the next thing is to see if you agree with one another. Could you get into pairs and compare/discuss what you've put? If you don't agree with one another, give your reasons for your opinions and discuss what you think. Maybe you can make your partner change their mind.

듣는 활동을 도입할 때

- Ok, now this time we're going to listen (a)······ the excerpt again but in greater detail. I want (b)······ to (c)······ the summary of the excerpt as you listen. Ok? That's right, fill (d)······. the blanks in this passage.
- Now, before you listen again, (e)······ you read the summary to make (f)······. you understand it and to know what you're listening (g)······? If there are any words you don't understand, just (h)······ me.

읽기를 도입할 때

- Right, now we're going to move on to something different.
- Ok. Are you clear about what you're going to do? Could someone explain to us, please?
- Jimin? Ok, fine, thanks, yes, that's right.
- Now, the passage starts on page 22. So could you find it, please?
- Everybody OK? OK. Can you start reading?

주제를 바꿀 때

• Anyway, ······.	• Something else······.
• Sorry, but ······.	• That reminds me of······.
• By the way, ······.	• Another point······.
• I'd just like to say something else······.	• Besides that ······.

학생들의 의견을 말하도록 물을 때 사용하는 표현	
• What/How about you, Jimin?	• Would you go along with that?
• What do you think?	• How does that strike you?
• Would you agree with that?	• How does that sound?
• What's your opinion, Jinsu?	

숙제를 내줄 때
• Right, I'd like to give you some homework.
• Thank you, now, could you do the homework on a sheet of paper and give it to me on Friday, OK?

설명을 요청할 때	
• What do you mean by……?	• What's the English for……?
• What does……mean?	• What do you call it when you……?
• Sorry, what did you say?	• Could you speak a little more slowly/a bit louder?
• Sorry, I didn't quite understand.	
• How do you say……?	

두 사람씩 하는 활동을 소개할 때
• Right, now, we're going to do some pair work — just working in twos. Jaemim and Jiin together, Jimin and Minji, etc. et. OK. now, I'm going to give you this questionnaire. Look at it — it's got two …… columns. Fill in the first one about yourself, and then, with your partner, ask each other the questions and write the answers in the boxes in the columns.
• OK. So do you understand what you've got to do? Ana, could you tell me? Yes, that's right. You ask one another the questions and then you write the answers, don't write great long answers, just notes, OK? Just the important thing your partner's said. All right, now can you start by just reading the questions?

두 사람이 서로의 과제를 점검할 때

- Right, have you all finished? Have you all decided on each blank? Yes? OK. Now, let's move on to checking your answers. I'd like you to correct your work in pairs, so, you look at your answer to the first blank, compare it with your partner's answer and then decide together what the answer is. Your answers may both be right, they may both be wrong, or one may be right and the other wrong. But in any case I want you to talk about your answers and discuss why you've put the answer you have……. If you can't agree on something you can ask me.

- So, remember, lots of discussion — I don't want you just to say 'yes/no' 'agree/ disagree', but really discuss why you've put what you put. OK, does everyone understand?

부록 2. 교실에서 사용되는 교수의 질문 종류와 어휘

	질문의 종류	질문 어휘
지식	사실적 정보 끌어내기	• define, tell, list, identify, describe, select, name, point out, label, reproduce. • Who? What? Where? • Answer 'yes' or 'no'
이해	설명하기, 예상하기	• State in your own words. explain, define, locate, select, indicate, summarize, outline, match.
적용	지식, 정보를 새로운 상황에 적용하기	• Demonstrate how. use the data to solve. • I illustrate how, show how, apply construct, explain. • What is _____ used for? • What would result? • What would happen?
추론	텍스트에 언급되지 않은 결론짓기	• How? Why? • What did ____ mean by? • What does _____ believe? • What conclusion can you draw from······?
분석	부분으로 나누기, 부분을 전체와 관련짓기	• distinguish, diagram, chart, plan, deduce, arrange, separate, outline, classify, contrast, compare, differentiate, categorize. • What is the relationship between? • What is the function of? • What motive? • What conclusions? • What is the main idea?

종합	요소들을 결합하여 새로운 패턴 구성 하기	• compose, combine, estimate, invent, choose, hypothesize, build, solve, design, develop. • What if? • How would you test? • What would you have done in this situation? • What would you happened if……? • How can you improve……? • How else would you?
평가	기준에 따라 판단 하고 이유 듣기	• evaluate, rate, defend, dispute, decide which, select, judge, grade, verify, choose why. • Why is best? • Which is more important? • Which do you think is more?

출처: Brown (2006), p. 172.

참고문헌

강소연, 박혜선(2004). 영어강의의 실태 및 효과에 대한 학생들의 지각 성향에 관한 조사 연구. 공학교육연구, 17(1), 33-53.

강순희, 서혁, 서상근, 이종원, 이현주, 최진영(2007). 사범대학 영어강 의에 대한 학생들의 인식 및 만족도 조사. 교과교육학 연구, 11(2), 637-656.

교수신문(2015. 9. 30.). 외국인 교수, 학생 "나는 대학의 이방인", 대학 평가 '국제화지표의 덫'.

권오량(2014). 특집: 새시대 교수법; 교수용어를 영어로 하는 강의. 한 국공학교육학회. 공학교육, 제16권, 제3호, 76-79.

김민정(2007). 대학 영어전용 교과의 수업 방법 개선 방안 탐색과 적 용: 수행공학 모형(HPT Model)을 바탕으로. 교육공학연구, 23(3), 31-57.

김영환(2009. 12. 27.). 영어숭배와 우리말 홀대(기고). 경향신문.

김현옥(2012). 대학 영어전용 강의와 외국어 학습불안. 현대영어교육 학회. 현대영어교육, 13(3), 105-124.

김현옥, 한호, 맹은경, 김성환(2012). 학습자 인식 및 요구분석에 기초한 효과적인 영어강의의 조건과 운영방안. 외국어교육, 19(1), 211-238.

대학신문(2013. 7. 15.). 영어강의, 만족도에 비해 부작용 적지 않아, 글로벌 서울대 진단(3).

배성혜(2007). 대학의 전공 영어강의 수강학생들의 영어학습동기 및 수업 만족도 연구. 연세대학교 대학원 석사학위논문.

심영숙(2012). 영어매개강의가 대학생 영어듣기 능력에 미치는 영향. 현대영어교육, 13(1), 149-166.

심영숙(2010). 영어매개 강의에 대한 대학생 인식 연구. 영어학연구, 16(3), 47-67.

오희정, 이은희(2010). 영어강의에 대한 대학생의 태도와 영어강의의 효과. 부산영어교육, 22(4), 211-229.

유호근(2009). 신자유주의적 세계화 패러다임: 비판적 검토와 대안적 전망. 아태연구, 제16권, 제1호.

윤민희(2009). 국내대학 미술이론과 영어강의 사례연구 및 제안. 조형교육, 34, 1-39.

윤지관(2007). 영어, 내 마음의 식민주의. 서울: 당대.

이정원(2010). 영어원어강의에 대한 대학생의 인식 연구. 한국외국어대학교 대학원 석사학위논문.

이혜정(2014). 서울대에서는 누가 A+를 받는가? 대전: 다산에듀.

임진혁(2010). Smart Phone: Disruptive Smart Disruptive Technology to Teaching and Learning-UNIST Case. 한국경영정보 학회 학술대회, 춘계학술대회 6월. 한국경영정보학회.

장은식(1997). 단어연상 학습과 역할극 중심으로 한 의사소통 능력 신장. 부산대학교 교육대학원 석사학위논문.

장샛별(2012). 영어 매개강의(EMI)에 대한 대학생과 교수자의 인식연구. 단국대학교 대학원 석사학위논문.

정현준(1999). 인터넷을 이용한 고등학생 읽기 지도 방안. 한국외국어 교육학회 '99 여름 학술대회 발표논문집(pp. 93-105). 서울: 한국외 국어교육학회.

조동일(2001). 영어를 공용어로 하자는 망상: 민족문화가 경쟁력이다, 경 기: 나남출판사.

조성은, 황성수(2013). 대학교 전공과목 영어강의 현황 파악 및 미래 방향 탐색: 영어능력차이에 따른 인식 및 만족도 조사를 중심으로. 현대문법학회. 현대문법연구(71), 172-191.

좌승희(1995). 하이에크의 경쟁관과 정부 공공정책의 역할. 조순 외, 하이에크연구. 서울: 민음사.

최경진(2012). 교수학습 자료로서의 영상 콘텐츠 활용과 인식. 한국콘 텐츠학회 논문지, 12, 2.

최연희, 전은실(2011). 영어읽기 교육론, 서울: 한국문화사.

최정윤, 김미란(2007). 고등교육 국제화 지표 및 지수 개발 연구. 한국 교육개발원 연구보고서 CR 2007, 85.

탁상훈(2011. 2. 23.). 흔들리는 영어강의의 실태는? 조선일보.

함돈균(2008). 지적식민지, 잿더미가 된 우리말: '영어몰입교육'이란 이름의 얼치기 글로발리즘, 야심 있는 지도자라면 자기 언어 부끄 러워 말아야. 한겨레신문사, 한겨레 21, 698, 56-57.

홍성연, 민혜리, 함은혜(2008). 효과적인 대학 영어강의(English Medium Instruction)의 특성과 수강 지원 방안, S대학교 학습자 요 구분석을 중심으로. 교육학연구, 46(3), 305-329.

홍지영, 이광현(2015). 영어전용강의 실태와 학습성과 분석. 한국지방 교육경영학회. 지방교육경영, 18(1).

황종배, 안희돈(2011). 대학 영어강의의 효과: 전공지식과 영어 능력

측면에서. 영어학, 10, 77-97.

황종배(2012). 사범대학 영어교육과 교육과정에서의 평가 교과목 운영 실태에 관한 기초 연구. 한국영어학회. 영어학, 12(3), 473-495.

Abbas, S. (1993). The power of English in Pakistan. *World Englishes, 12*(2), 147-156.

Abd, K. A. (2012). The Quest for Excellence in Teaching. In K. Abd, Z. A. Ahmad, & C. M. See, *The Quest for Teaching Excellcnce*. Pulau Pinang: Centre for Development of Academic Excellence, USM.

Aebersold, J. A., & Field. M. L. (1997). *From Reading to Reading Teacher: Issues and Strategies for Second Language Classrooms*. Cambridge: Cambridge University Press.

Afendras, E. A., & Kuo, E. C. Y. (Eds.). (1980). *Language and Society in Singapore*. University of Singapore Press.

Airely, J.(2011). The Relationship between Teaching Language and Student Learning in Swedish University Physics. In Presisler et al. (Eds.), *Language and Learning in the International University: From English Uniformity to Diversity and Hybridity*. UK: Multilingual Matters.

Airey, J., & Linder, C. (2006). Language and the experience of learning university physics in Sweden. *Institute of Physics Publishing, 27*, 553-560.

Airey, J., & Linder, C. (2007). "Disciplinary learning in a second language: A case study from university physics." In R. Wilkinson

& V. Zegers (Eds.), *Researching content and language integration in higher education* (pp. 161−171). Maastricht: Maastricht University Language Centre.

Ammon, U. & McConnell, G. (2002). *English as an academic language in Europe: A survey of its use in teaching* (Duisburger Arbeiten zur Sprach- und Kulturwissenschaft 48). Bern: Peter Lang.

Argyris, C., & Schon, D. A. (1996). *Organizational learning II: Theory, method and practice*. Reading, MA: Addison-Wesley. Basic Books.

Ayers, J. B., & Quattlebaum, R. F. (1992). TOEFL performance and success in a Masters program in engineering. *Educational & Psychological Measurement, 52*(4), 973−975.

Bakhtin, M. (1982). *The dialogic imagination*. Austin: University of Texas Press.

Balla, J., & Penning, M. C. (1996). The perception of English-medium instruction by Tertiary-level Vocational Student in Hong Kong. *Educational Journal, 24*(1), 131−153.

Barnett, R. (2004). The Purposes of Higher Education and the Changing Face of Academia. *London Review of Education, 2*(1), March, 61−73.

Bensoussan, M., & Laufer, B. (1984). Lexical guessing in context on EFL reading Comprehension. *Journal of Research in Reading, 7*(1), 15−32.

Bensoussan, M., Sim, D., & Weiss, R. (1984). The effect of dictionary usage of EFL test performance compared with student and teacher attitudes and expectations. *Reading in a Foreign Language,*

2(2), 262−276.

Bereiter, C., & Bird, M. (1985). Use of thinking aloud in identification and teaching of reading comprehension strategies. *Cognition and Instruction, 2*, 131−156.

Bergmann, J., & Sams, A. (2012). *Flip Your Classroom: Reach Every Student in Every Class Every Day.* International Society for Technology in Education(ISTE).

Biggs, J. B. (1993). From Theory to Practice: A Cognitive Systems Approach. *Higher Education Research & Development, 12*(1), 73−85.

Biggs, J. B. (2003). *Teaching for quality learning at university.* Buckingham: The Open University Press.

Bligh, D. A. (2000). *What's the use of Lectures*, London/Sanfrancisco: Jossey-Bass.

Borges, J. L., Di, G. N. T., Reid, A., & Borges, J. L. (1979). *The book of sand*; translated [from the Spanish] by Norman Thomas de Giovanni, London: Allen Lane.

Bourdieu, P. (1991). *Language and symbolic power.* Cambridge, MA: Havard University Press.

Brandel, K. (2007). *Communicative language teaching in action: Putting principles to work.* NJ: Prentice Hall.

Brinton, D. M., Snow, M., & Wesche, M. (1989). *Content-based second language instruction.* New York: Newbury House.

Broers, A. (2005). 'University courses for tomorrow' the third annual Higher Education Policy Institute lecture, Royal Institution,

London, 24 November, [online] www.hepi.ac.uk/pubdetail. asp?ID=188&DOC=Lectures

Brookfield, S. (1994). Tales from the dark side: a phenomenography of adult critical reflection. *International Journal of Lifelong Education, 13*(3), 203–216.

Brookfield, S. D. (1995). Adult Learning: An overview. In A. Tuinjman (Ed.), *International encyclopedia of education*. Oxford: Pergamon Press.

Brown, H. D. (2006). *Principles of language learning and teaching*. London: Pearson Longman.

Brown, H. D. (2007). *Principles of language learning and teaching* (4th ed.). Reading, MA: Addison Wesley Longman.

Brown, H. D., & Levinson, S. (1987). *Politeness: Some universals in language usage*. Cambridge: Cambridge University Press.

Bruner, J. (1991). *Acts of meaning*. Cambridge: Harvard University Press.

Bulger, S. M., Mohr, D. J., & Walls, R. T. (2002). Stack the deck in favour of your students by using four aces of effective teaching. *Journal of Effective Teaching, 5*(2).

Busbee, E. (2001). Computer training to improve word recognition and reading speed. *English Teaching, 56*(2), 143–165.

Buzan, T. (1997). *Speeding reading*. New York: Penguin Books.

Byun, K., Chu, H., Kim, M., Park, I., Kim S., & Jung, J. (2010). English-medium teaching in Korean higher education: Policy debates and reality. *High Educ*. Springer Science+Business

Media B. V.

Carrell, P. L. (1984a). The effects of rhetorical organization on ESL readers. *TESOL Quarterly, 18*, 441-470.

Carrell, P. L. (1984b). Evidence of a formal schema in second language comprehension. *Language Learning, 34*, 87-113

Carrell, P. L. (1987). Content and formal schemata in ESL reading. *TESOL Quarterly, 21*(3), 461-481.

Carrell, P., & Eisterhold, J. (1988). Schema Theory and ESL Writing. In P. Carrell, J. Devine & D. Eskey (Eds.), *Interactive Approaches to second language reading* (pp. 73-92). Cambridge, UK: Cambridge UP.

Carrell, P., Pharis, B., & Liberto, J. (1989). Metacognitive strategy training for ESL reading. *TESOL Quarterly, 23*(4), 647-678.

Chang, Y.-Y. (2009). Discoursal characteristics of English lectures given by Taiwanese professors: A corpus-based study. National Science Council Project, Taiwan (98-2410-H- 155-048).

Chang, Y.-Y. (2010). English-medium instruction for subject courses in tertiary education: Reactions from Taiwanese undergraduate students. *Taiwan International ESP Journal, 2*(1), 55-84.

Chen, Q., & Donin, J. (1997). Discourse processing of first and second language biology texts: Effects of language proficiency and domain-specific knowledge. *Modern Language Journal, 81*, 209-227.

Chiew, S. K. (1980). Bilingualism and National Identity: A Singapore Case Study. In E. A. Afendras & E. C. Y. Kuo, *Language and*

Society in Singapore. University of Singapore Press.

Clarke, D. F., & Nation, I. S. P. (1980). Guessing the meanings of words from context: Strategy and techniques. *Applied Linguistics, 6,* 45–49.

Cohen, A. D. (1990). *Language learning: Insights for learners, instructors, and researchers.* NY: Newbury House/HarperCollins.

Coleman, J. A. (1997) State of the art article: residence abroad within language study. *Language Teaching, 30*(1), 1–20.

Coleman, J. A. (2006). English-medium teaching in European higher education, *Language Teaching, 39*(1), 1–14.

Collier, V. P. (1989). How long? A synthesis of research on academic achievement in a second language. *TESOL Quarterly, 3*(23).

Comer, J. P. (2009). *What I learned in School.* New York: John Wiley & Sons.

Connor, U. (1996). *Contrastive rhetoric: Cross-cultural aspects of second-language writing.* Cambridge: Cambridge University Press.

Connor, U. (2003). Changing currents in contrastive rhetoric: Implications for teaching and research. In B. Kroll (Ed.), *Exploring the dynamics of second language writing* (pp. 218–241). Cambridge University Press.

Connor, U. (2004). Intercultural rhetoric research: Beyond texts. *Journal of English for Academic Purposes, 4,* 291–304.

Cortazzi, M., & Jin, L. (1996). Cultures of learning: Language classrooms in China. In H. Coleman (Ed.), *Society and language classroom*. Cambridge: Cambridge University Press.

Crandall, J., & Kaufman, D. (2002). *Content-based instruction in higher education settings*. Alexandria, VA: TESOL.

Crewe, W. (Ed.). (1977). *The English language in Singapore*. Singapore: Eastern University Press.

Crystal, D. (1997). *English as a global language*. Cambridge: Cambridge UniversityPress.

Crystal, D. (2004). The past, present, and future of World English. In A. Gardt & B.-R. Hüppauf (Eds.), *Globalization and the future of German* (pp. 27−45). Berlin: Mouton de Gruyter.

Cummin, J. (1979). Linguistic interdependence and thecational development of bilingual children. *Review of Educational Research, 49*, 222−251.

Cummin, J. (1981). Age on arrival and immigrant second language learning in Canada: A reassessment. *Applied Linguistics, 2*, 132−149.

Davison, C. (2006). Collaboration between ESL and content teachers: A developmental continuum. *International Journal of Bilingual Education and Bilingualism, 9*(4), 454−475.

Davison, C., & Trent, J. (2007). Language attitudes, policies and practices in English-medium institutions in Hong Kong: A case study. Special issue of journal *Fremdsprachen Lehren und Lernen (FLuL)* on Fremdsprache als Arbeitssprache in Schule und Universität", *36*, 161−177.

Davison, C., & Williams, A. (2001). Integrating language and content: unresolved issues. In B. Mohan, C. Leung & C. Davison (Eds.), *English as a second language in the mainstream. Teaching, learning and identity* (pp. 51–70). Harlow: Pearson Education Limited.

de Souza, D. (1980). The Politics of Language: Language Planning in Singapore. In E. A. Afendras & E. C. Y. Kuo (Eds.), *Language and society in Singapore*. University of Singapore Press.

Doiz, A., Lasagabaster, D., & Sierra, J. M. (2013). Integrating content and language in English at university: Implications for an effective multilingual policy. *Integrating Language and Content Learning in Higher Education (ICLHE)*. Maastricht (Paises Bajos).

Dudley-Evans, T., & St. John, M. (1998). *Developments in English for specific purposes: A multi-disciplinary approach*. Cambridge: Cambridge University Press.

Duff, A. H., Rogers, D. P., & Harris, M. B. (2006). International engineering students—avoiding plagiarism through understanding the Western academic context of scholarship. *European Journal of Engineering Education, 31*(6), 673–681.

Duff, P. (1997). A note on the reliability and validity of a 30-item version of Entwistle & Tait's Revised Approaches to Studying Inventory. *British Journal of Educational Psychology, 67*(4), 529–539.

Emery, F. E., & Trist, E. (1969). Socio-technical systems. In F. E. Emery (Ed.), *System encyclopedia of education*, http://www.fsw.edu/èlps/ae/downloac/ade5385/Brookfield.pdf.

Erling, E. J., & Hilgendorf, S. K. (2006). Language policies in the context of German higher education. *Language Policy, 5*, 267–292.

Flowerdew, J., & Peacock, M. (2001). Issues in EAP: A preliminary perspective. In J. Flowerdew & M. Peaock (Eds.), *Research perspectives on English for academic purposes* (pp. 8–24). Cambridge: Cambridge University Press.

Floyd, P., & Carrell, P. L. (1987). Effects on ESL reading of teaching cultural content schemata. *Language Learning, 37*, 89–108.

Fook, J. (2002). *Social work: Critical theory and practice*. London: Sage.

Fook, J., & Gardner, F. (2007). *Practising critical reflection: A handbook*. Open University.

Frey, L. R., & Wolf, S. (2004). The Symbolic & Interpretive Perspective on Group Dynamics. *Small Group Research, 35*(3), 277–316.

Fulton, K. (2012). Upside down and Inside out: Flip your classroom to improve student learning. *Learning & Leading with Technology, 39*(8), 12–17.

Gass, S. (1997). *Input, interaction and the second language learner*. Mahwah, NJ: Lawrence Erlbaum.

Gallagher, S. A. (1997). Problem-based learning: Where did it come from, what does it do, and where is it going? *Journal for the Education of the Gifted, 20*(4), 332–362.

Gibbson, P. (2002). *Scaffolding language, scaffolding learning: Teaching second language learners in the mainstream classroom*.

Portsmouth, NH: Heinemann.

Gill, S. K. (2004). Medium of instruction policy in higher education in Malaysia vs internationalization. In J. W. Tollefson & A. B. M. Tsui (Eds.), *Medium of instruction policies: Which agenda? whose agenda?* (pp. 135−152). Mahwah, NJ: Lawrence Erlbaum.

Goh, K. S. et al., (1979). *Report on the ministry of education 1978.* Singapore: Ministry of Education.

Gombrich, R. (2000). British higher education in the last twenty years: the murder of a profession. Lecture given to the Graduate Institute of Policy Studies, Tokyo, 7 January.

Gopinathan, S. (1977). Developing a Language Policy for Education in Singapore. In W. Crewe (Ed.), *The English language in Singapore.* Singapore: Eastern University Press.

Gopinathan, S. (1980). Language policy in education: A Singapore perspective. In E. A. Afendras & E. C. Y. Kuo (Eds.), *Language and society in Singapore* (pp. 175−202). University of Singapore Press.

Gordon, E. (2005). *Peer tutoring: A teacher's resource guide.* Scarecrow Education, The United States of America.

Gouldern, R., Nation, P., & Read, J. (1990). How Large Can a Receptive Vocabulary Be? *Applied Linguistics, 11(4)*, 341−363. Oxford University Press.

Grabe, W. (1991). Current developments in second language reading research. *TESOL Quarterly, 25*(3), 375−406.

Grabe, W. (2004). Research on teaching reading. *Annual Review of*

Applied Linguistics, 24, 44−69.

Gradol, D. (2001). English in the future. In A. Burns & C. Coffin (Eds.), *Analysing English in a global context* (pp. 26−37). London: Routledge.

Gray, J. (2002). The Global course book in English language teaching. In D. Block & D. Cameron (Eds.), *Globalization and language teaching* (pp. 151−167). New York: Routledge.

Haddou, H. A., Camilleri, G., & Zarate, P. (2014). Predication of ideas number during a brainstorming session. *Group Decision and Negotiation, 23*(2), 285. Doi:10. 1007/s10726-012-9312-8.

Halliday, M. (1993). Towards a language-based theory of learning. *Linguistics and Education, 5*, 93−116.

Halliday, M. A. K. (1994). *An introduction to functional grammar.* (2nd ed.). London: Arnold.

Halliday, M. A. K., & Matthiessen, C. (2004). *An introduction to functional grammar* (3rd ed.). London: Edward Arnold.

Hammond, N. (1992). Tailoring hypertext for the learner. In P. A. Kommers, O. H. Jonassen & J. T. C. Mayers (Eds.), *Cognitive tools for learning* (pp. 149−160). Berline: Springer-Verlag.

Hamp-Lyons, L. (1985). Two approaches to teaching reading: A classroom-based study. *Reading in a Foreign Language, 3*, 363−373.

Hazenberg, S., & Hulstijn, J. H. (1996). Defining a minimal receptive second language vocabulary for non-native university students: an empirical investigation. *Applied Linguistics, 17*, 145−163.

Hayek, F. A. (1973). *Law, legislation and liberty* (Vol. 1). Chicago: The University of Chicago Press.

Hedge, T. (2000). *Teaching and learning in the language classroom, Oxford handbooks for language teachers.* Oxford: Oxford University Press.

Heimlich, J. E., & Pittelman, S. D. (1986). *Semantic mapping classroom applications* (pp.32−33). Newark, Delaware: International Reading Association.

Hirsh, D., & Nation, I. S. P. (1992). What vocabulary size is needed to read unsimplified texts for pleasure? *Reading in a Foreign Language, 8*, 689−696.

Horwitz, E., Horwitz, M., & Cope, J. A. (1986) Foreign language classroom anxiety. *Modern Language Journal, 70*(1), 125−132.

Horwitz, E., & Young, D. (Eds.). (1992). *Language anxiety: From theory and research to classroom implications.* Upper Saddle River, NJ: Prentice Hall.

Hsieh, S. H., & Kang, S.-C. (2007). Effectiveness of English-medium instruction of an engineering course and strategies used by the teacher. Retrieved on June 6, 2010, from National Taiwan University, Center for Teaching and Learning Development website: http://ctld.ntu.edu.tw/rp/95_01.pdf

Hu, M., & Nation, I. S. P. (2000). Unknown vocabulary density and reading comprehension. *Reading in a Foreign Language, 13*, 403−430.

Hyatt, K, J. (2007). Brain Gym®: Building stronger brains or wishful thinking? *Remedial and Special Education, 28*(2), 117−124.

Ilamzon, T. A. (1977). Emerging Patterns in the English Language Situation in Singapore Today. In W. Crewe (Ed.), *The English language in Singapore*. Singapore: Eastern Universities Press.

Jackson, J. (2002). Reticence in second language case discussions: Anxiety and aspirations. *System, 30*, 65−84.

Jackson, J. (2005). An inter-university, cross-disciplinary analysis of business education: Perceptions of business faculty in Hong Kong. *English for Specific Purposes, 24*, 293−306.

Jones, E. (2008). *700 words on Internationalization*. Southamption: LIASON, Subject Centre for Languages, Linguistics and Area Studies.

Johnson, P. (1981). Effects on reading comprehension of language complexity and cultural background of a text. *TESOL Quarterly, 15*, 169−181.

Kang, A. J. (2008). First time in CBI. *English Teaching, 63*(4), 85−113.

Kang, A. J. (2010). The Contribution of L1 CALP and L2 proficiency to successful CBI Experience. *English Teaching, 65*(4), 3−39.

Kang, S.-H., Suh, H., Shin, S.-K., Lee, J., Lee, H.-J., & Choi, J. (2007). Pre-service teachers' evaluation on English-medium lectures. *Journal of Curriculum in Instruction, 11*(2), 637−656 [in Korean].

Kang, S.-Y., & Park, H.-S. (2004). Student beliefs and attitudes about English medium instruction: Report of questionnaire study. *Yonsei Review of Educational Research, 17*(1), 33−53.

Kang, S.-Y., & Park, H.-S. (2005). English as a medium of instruction for engineering education. *Korean Journal of Applied Linguistics, 21*, 155−174.

Kaplan, R. B. (1996). Cultural thought patterns in intercultural education. *Language Learning, 16*, 1−20.

Kennedy, P. (2002). Learning cultures and learning styles: Myth-understandings about adult (Hong Kong) Chinese learners. *International Journal of Lifelong Education, 21*(5), 430−445.

Kern, R. G. (1989). Second language reading instruction: Its effects on comprehension and word inference ability. *Modern Language Journal, 73*, 135−149.

Kim, S. (2006). Academic oral communication of East Asian international graduate students in non-science and non-engineering fields. *English for Specific Purposes, 25*(4), 479−489.

Kim, M. (2008). A study of effectiveness of content based instruction for Korean College-level learners. Doctoral dissertation, Sookmyung Women's University, Seoul.

Kim, M. (2009). A case study of the use of an instructional task for better CBI. *Korean Journal of Applied Linguistics*, *25*(3), 169−213.

Kim, W. C., & Mauborgne, R. (2005). *Blue Ocean Strategy*. Boston: Harvard Business School Publishing Corporation.

Klassen, R. G., & Graff, E. D. E. (2001). Facing innovation: Preparing lecturers for English-medium instruction in a non-native context. *European Journal of Engineering Education,* *26*(3), 281-289.

Knight, P. (2007). Grading, classifying and future learning. In D. Boud & N. Falchikov (Eds.), *Rethinking Assessment in Higher Education: For future learning* (pp. 72-86). Maidenhead: The Society for Research in Higher Education and the Open University Press.

Knight, S. (1994). Dictionary use while reading: The effects on comprehension and vocabulary acquisition for students of different verbal abilities. *The Modern Language Journal, 78*(3), 285-299.

Kogan, M. (1975). *Educational policy-making: A study of interest groups and parliament.* London: George Allen and Unwin Ltd.

Krashen, S. D. (1982). *Principles and practice in second language acquisition.* University of Southern California.

Krashen, D. (1984). *Writing: Research, theory, and application.* Oxford: Pergamon Institute of English.

Krischke, W. (2004). Englisch als Denkbarriere. *Frankfurter Allgemeine Zeitung, 20*, March.

Kruse, K. F. C. (1987). Vocabulary in context. In M. H. Long & J. C. Richards (Eds.), *Methodology in TESOL* (pp. 312-317). Heinle & Heinle.

Landau, C., & O'Hara, S. (Eds.). (2012). *The psychology book.* London: Dorling Kindersley Limited.

Laufer, B. (1989). What percentage of text lexis is essential for comprehension? In C. Lauren & M. Nordman (Eds.), *Special language: From humans thinking to thinking machines* (pp. 316–323). Clevedon: Multilingual Matters.

Lee, C. (1999) Learning through tutorial discussion and learners' culture: Some preliminary observations from the views of Hong Kong Chinese tertiary students. *Language, Culture and Curriculum, 12*(3), 255–264.

Lee, G. S. (2014). Why students don't participate in English medium instruction classes in a Korean university: A case Study. *English Teaching, 69*(1), Spring.

Light, G., Cox, R., & Calkins, S. (2010). *Learning and teaching in higher education: The reflective professional.* Thousand Oaks, CA: Sage.

Liu, N., & Littlewood, W. (1997). Why do many students appear reluctant to participate in classroom learning discourse? *System, 25*, 371–384.

MacKinnon, M. M. (1999). "CORE elements of student motivation in problem-based learning. In M. Theall (ED.), *Motivation from within: Approaches for encouraging faculty and students to excel* (pp. 49–58). San Francisco: Jossey-Bass.

Maher, J. (2005). Metroethnicity, language, and the principle of Cool. *International Journal of the Sociology of Language, 175/176*, 83–102.

Maiworm, F., & Wächter, B. (2002). *English-language-taught Degree Programmes in European Higher Education.* Bonn: Lemmens.

Mansoor, S. (1993). *Punjabi, Urdu, English in Pakistan: A sociolinguistic study*. Lahore, Pakistan: Vanguard.

Mansoor, S. (2005). *Language planning in higher education: A case study of Pakistan*. Oxford University Press.

McKeachie, W. J. (2006). The rewards of teaching. *New Directions for Teaching and Learning, 1982, 1*(10). Articlefirst published online: 18, Aug.

Ng Lee, M., & Abdullah, Y. (Eds.). (2012). *Philosophy of student-centred learning*. Pulau Pinang: Centre for Development of Academic Excellence, USM.

Met, M., & Lorenz, E. B. (1997). Lessons from U.S. immersion programs: Two decades of experience. In R. K. Johnson & M. Swain (Eds.), *Immersion education: International perspectives*. Cambridge: Cambridge University Press.

Meyer, H. J. (2004). Global English: A new lingua franca or a new imperial culture. In A. Gardt & B. Hüppauf (Eds.), *Globalization and the future of German*. Berlin: Mouton de Gruter.

Mezirow, J. (1990). *Fostering critical reflection in adulthood*. San Francisco: Jossey-Bass.

Ministry of Education and Human Resources Development of Korea (MoEHRD). (2007). *The National school curriculum for mathematics*. Seoul: Korea Institute of Curriculum and Evaluation.

Morita, N. (2000). Discourse socialization through oral classroom activities in a TESL graduate classroom. *TESOL Quarterly, 34*(2), 279–310.

Morita, N. (2004). Negotiating participation and identity in second language academic communities. *TESOL Quarterly, 38*(4), 573– 603.

Nastaksky, H.-L. (2004). National strategy in the internationalisation of higher education: The Germanperspective. In Wilkinson (Ed.), *Integrating content and language: Meeting the challenge of a multilingual higher education*. Maastricht.: Universitaire pers.

Nation, I. S. P., & Waring, R. (1997). Vocabulary size, text coverage, and word lists. In N. Schmitt & M. McCarthy (Eds.), *Vocabulary: Description, acquisition and pedagogy* (pp. 6–19). Cambridge: Cambridge University Press.

Nuttall, C. (1996). *Teaching reading skills in a foreign language* (New Edition). Oxford: Heinemann.

Nuttall, D. L. (1986a). What can we learn from research on testing and appraisal? Appraising Appraisal, BERA, Kendal (reproduced as Paper 11).

Nuttall, D. L. (1986b). *Assessing educational achievement*. Lewes: Falmer Press.

Nuttall, D. L. (1986c). Problems in the measurement of change. In D. L. Nuttall (Ed.), *Assessing educational achievement*. Lewes: Falmer Press (reproduced as Paper 12).

OECD. (2004). OECD Principles of Corporate Governance, OECD Publications Service.

Oh, K.-A. (2011). Instructors' and Students' Perceptions on English-medium Instruction: Focusing on the Students in the Department of Economics in Korean Universities. Doctorial dissertation, Soongsil University, Korea.

Oh, S. (2001). Two types of input modification and EFL reading comprehension: Simplification versus elaboration. *TESOL Quarterly*, *35*, 69–96.

Olsen, L. A., & Huckin, T. H. (1990). Point-driven understanding in engineering lecture comprehension. *English for Specific Purposes*, *9*, 33–47.

Pakir, A. (1991). The range and depth of English-knowing bilinguals in Singapore. *World Englishes*, *10*, 167–179.

Pakir, A. (2004). Medium-of-instruction policy in Singapore. In J. W. Tollefson & A. B. M. Tsui (Eds.), *Medium of instruction policies: Which agenda? whose agenda?* (pp. 117–133). Mahwah, NJ: Lawrence Erlbaum,.

Parkistan Census. (2016). Sixth population census to be conducted in March 2016: CCI. The Express Tribune.

Phillipson, R. (2003). *English–Only Europe? Challenging language policy*. London & New York: Routledge.

Phillipson, R. (2006). English, a cuckoo in the European higher education next of languages? *European Journal of English Studies*, *10*(1), 13–32.

Poulshock, J. W. (1996). English language and content instruction for Christian academies and Christi an language teachers. *Christ and the World*, *6*, 1–19.

Preisler, B., Klitgard, I., & Fabricius, A. H. (Eds.). (2011). Language and Learning and in the International University: From English Uniformity to Diversity and Hybridity. *Multilingual matters*. Bristol, UK.

Prophet, B., & Dow, P. (1994). Mother tongue language and concept development in science: A Botswana case study. *Language, Culture and Curriculum, 7*, 205–216

Rahman, T. (2006). The role of English in Pakistan, with special reference to tolerance and militancy. In A. B. M. Tsui & J. W. Tollefson (Eds.), *Language policy, culture, and identity in Asian contexts*. Mahwah, NJ: Lawrence Erlbaum.

Ramsden, P. (1992). *Learning to teach in higher education*. London: Routledge.

Ramsden, P. (2003). *Learning to teach in higher education* (2nd ed). London: Routledge Falmer.

Rao, D., & Stupans, I. (2012). Exploring the potential of role play in higher education: development of typology can teacher guidelines. *Innovations in Education and Teaching International, 49*(4), 427–436.

Redmond, B. (2006). *Reflection in action: Developing reflective practice in health and social services*. London: Ashgate Publishing, LTD.

Richards, C., & Rodgers, T. S. (2001). *Approaches and methods in language teaching*. Cambridge University Press.

Richards, J. C. (1977). Varieties in Singapore English. In W. Crewe (Ed.). (1977). *The English language in Singapore*. Singapore:

Eastern University Press.

Richard, J. C. (2000). *Curriculum development in language teaching*. Cambridge, New York: Cambridge University Press.

Richards, K., & Pilcher, N. (2013a). Contextualizing higher education assessment task words with an 'anti-glossary' approach. *International Journal of Qualitative Studies in Education, 2*, 1-22.

Richards, K., & Pilcher, N. (2013b). 'Discuss, Analyse, Define···.. Non-Traditional Students Come to Terms with Cultures of Learning in the UK. In L. Jin & M. Cortazzi (Eds.), *Researching Intercultural Learning: Investigations in Language and Education* (pp. 135-151). Hampshire: Palgrave MacMillan.

Roselli, T. (1991). Control of user disorientation in hypertext system. *Educational Technology, 31*(12), 42-46.

Royer, J. M., & Carlo, M. S. (1991). Transfer of Comprehension Skills from Native to Second Language. *Journal of Reading, 34*(6), 450-455.

Rubin, K. H., & Mills, R. S. L. (1990). Material beliefs about adaptive and maladaptive social behaviors in normal, aggressive, and withdrawn preschoolers, *Journal of Abnormal Child Psychology, 18*, 419-435.

Samovar, L. A. & Porter, R. E. (2012). *Intercultural communication: A reader.* Boston: Wadsworth Cengage Learning.

Salataci, R., & Aykel, A. (2002). Possible effects of strategy instruction on L1 and L2 reading. *Reading in a Foreign Language, 14*(1), 1-23.

Santrock, J. W. (2011). *Educational psychology* (5th ed.). New York: MacGraw-Hill International Edition.

Saussure, F. (1959). *Course in general linguistics.* New York, NY: Philosophical Library.

Schon, D. (1983). *The reflective practitioner: How professionals think in action.* New York: Basic Books.

Schön, D. (1992). Designing as Reflective Conversation with the Materials of a Design Situation. *Knowledge-based systems* (Volume 5, Number 1). Oxford: Butterworth-Heinemann Ltd.

Schon, D. (1995), The New Scholarship Requires a New Epistemology. *Change,* 27(6), November/December, 27-34.

Sercu, L. (2004). The introduction of English-medium instruction in university: A comparison of Flemish lecturers' and student' language skills, perceptions and attitudes. In Wilkinson (Ed.), *Integrating content and language: Meeting the challenge of a multilingual higher education* (pp. 547-555). Maastricht: Universitaire pers.

Sert, N. (2008). The language of instruction Dilemma in the Turkish context. *An International Journal of Educational Technology and Applied Linguistics, 36*(2), 156-171.

Sharifian, F. (2009). *English as an international language: Perspectives and pedagogical issues.* Clevedon, UK: Multilingual Matters.

Shelinker, L. (1996). *Fossilisation: What we think we know.* London: Longman Group. UK Limited.

Shulman, L. S. (1986). Those Who Understand: Knowledge Growth in Teaching. *Educational Researcher, 15*(2), 4−1.

Singapore (1979). Report on Moral Education, Ministry of Education, Singapore.

Singapore (1987). The report of Towards Excellence in School, Ministry of Education, Singapore.

Smith, K. (2004). Studying in an additional language: What is gained, what is lost and what is assessed? In Wilkinson (Ed.), *Integrating content and language: Meeting the challenge of a multilingual higher education* (pp. 78−93). Maastricht: Universitaire pers.

Snow, R. E., Corno, L., & Jackson, D. (1996). Individual differences in affective and conative functions. In D. C. Berliner & R. C. Calfee (Eds.), *Handbook of educational psychology* (pp. 243−310). New York: Simon & Schuster Macmillan.

Song, H. J. (1999). Reading strategies and second language reading ability: The magnitude of the relationship. *English Teaching, 54*(3), 73−95.

Song, M. (1998). Teaching reading strategies in an ongoing EFL university reading classroom. *Asian Journal of English Language Teaching, 8*, 41−54.

Stevenson, H., Bell, L., & Neary, M. (Eds.). (2009). *The future of higher education: Policy, pedagogy and the student experience.* London & New York: Continuum International Publishing Group.

Stroller, F. (2004). Content-based instruction: Perspectives on curriculum planning. *Annual Review of Applied Linguistics, 24*, 261−283.

Stryker, S., & Leaver, B. (1993). *Content-based instruction in foreign language education.* Washington, DC: Georgetown University Press.

Swain, M. (1993). The output hypothesis: Just speaking and writing successful CBI experience. *English Teaching, 65*(4), 3-39.

Taylor, I., & Taylor, M. (1990). *Psycholinguistics: Learning and using language* (p. 172). Englewood Cliffs, NJ: Prentice-Hall.

Teller, E. W., & Talley, W. (1991). *Conversations on the dark secrets of physics.* London: Pitman.

Then, D. C., & Ting, S. (2011). Code-Switching in English and Science Classrooms: More than translation. *International Journal of Multilingualism, 8*(4), 299-323.

Thompson, G. (2013). *Introducing functional grammar* (3rd ed.). London & New York: Routledge.

Ting-Toomey, S. (1988). Intercultural conflict styles: A face-negotiation theory. In Y. Y. Kim & W. B. Gudykunst (Eds.), *Theories in intercultural communication* (pp. 213-235). Beverly Hills, CA: Sage.

Ting-Toomey, S., & Kurogi, A. (1998). Facework Competence in Intercultural Conflict: An Updated Face-Negotiation Theory. *International Journal of Intercultural Relations*, 22.

Trent, J. (2006). Speaking in a foreign language academic community of practice: Towards a holistic understanding. *TESOL Quarterly, 40*(2), 430-435.

Trent, J. (2007). *Second language learners' investment in classroom discourse: Developing a multi-level framework.* Unpublished PhD dissertation. Hong Kong: University of Hong Kong.

Trent, J. (2008). Towards a pedagogical framework for participatory learning in EAP. *The Journal of Asia TEFL*, 5(4), 1-24.

Tsui, A. (1996). Reticence and anxiety in second language learning. In K. Bailey & D. Nunan (Eds.), *Voices from the language classroom* (pp. 145-167). Cambridge: Cambridge University Press.

Tsui, A. (2007). Language policy and the social construction of identity: The case of Hong Kong. In A. Tsui & J. Tollefson (Eds.), *Language policy, culture, and identity in Asian contexts* (pp. 121-141). Mahwah, NJ: Lawrence Erlbaum.

Tsui, A., & Tollefson, J. (2007). *Language policy, culture, and identity in Asian contexts.* Mahwah, NJ: Lawrence Erlbaum.

Tuckman, B. (2001). Developmental Sequence in Small Groups. *Group Facilitation: A Research and Applications Journal*, No. 3, Spring, 71-72.

Ustunel, E. (2004). Preference organization in learners' language choice following teacher-initiated and teacher-induced code-switching in Turkish EFL classrooms. *ARECLS E-Journal.*

Vinke, A. A., Snippe, J., & Jochems, W. (1998). English-medium content courses in non-English Higher Education: A study of lecture experiences and teaching behaviours. *Teaching in Higher Education, 3*(3), 383-394.

Von Bertalanffy, L. (1968). *General systems theory.* New York: Braziller.

Vygotsky, L. (1978). Interaction between learning and development. In L. S. Vygotsky, *Mind and society* (pp. 79−91). Cambridge, MA: Harvard University Press.

Wächter, B., & Maiworm, F. (2008). English-taught programmes in European higher education. ACA Papers on International Cooperation in Education. Bonn: Lemmens.

Wallace, C. (1992). *Reading*. Oxford: Oxford University Press.

Ward, G. (1999). A Comparison of Postposed Subjects in English and Italian. In I. Kamio & K-I. Takami (Eds.), *Function and structure*. Amsterdam: John Bensamins Publishing Company.

Wilkinson, R., & Walsh, M. L.(Eds.). (2013). *Integrating content and language: Meeting the challenge of a multilingual higher education* (pp. 78−93). Maastricht: Universitaire pers.

Wu, W.-S. (2006). Students' attitude toward EMI: Using Chung Hua University as an example. *Journal of Education nd Foreign Language and Literature, 4*, 67−84.

Yang, M. A. (2004). A study of code-switching in Chinese EFL classrooms: A pragmatic approach. *Sino-US English Teaching, 1*(10), 43−49.

Yang, Y. (2002). Reassessing readers' comprehension monitoring. *Reading in a Foreign Language, 14*, 18−42.

Yun, J. (2001). Yeong-eo, nae ma-eum-ui sigminju-ui [English, colonialism in my mind]. *Sahoebipyeong, 28*, 110−126. Seoul: Nanam.

한국교육개발원(2016). https://www.kedi.re.kr/

Australian Trade and Investment Commission (2016). https://www.
austrade.gov.au

찾아보기

이경숙(Lee, Gyung Sook, Jane)
Jane.gs.lee@gmail.com

The University of Sydney (Ph.D. in Economics)
The University of Sydney (M.Ed. TESOL)
University of New South Wales (Grad.cert. Higher Education)
The University of Sydney [BA(Honours)]
현) 전남대학교 교수(기초교육원)

주요 저서
*Korean migrant women in Australia: A narrative analysis of labour
  market experiences of NESB women*(VDM Verlag, 2009) 외 다수

대학에서 영어로 가르치기
- 고민과 현장의 경험 -
Challenges in Teaching Classes in English
in University Education

2017년 7월　5일 1판 1쇄 인쇄
2017년 7월 10일 1판 1쇄 발행

지은이 • 이경숙
펴낸이 • 김진환
펴낸곳 • (주) **학 지사**
　　　　04031 서울특별시 마포구 양화로 15길 20 마인드월드빌딩
대표전화 • 02)330-5114　　팩스 • 02)324-2345
등록번호 • 제313-2006-000265호

홈페이지 • http://www.hakjisa.co.kr
페이스북 • https://www.facebook.com/hakjisabook

ISBN 978-89-997-1298-2 93370

정가 17,000원

이 도서의 국립중앙도서관 출판시도서목록(CIP)은 서지정보유통지원
시스템 홈페이지(http://seoji.nl.go.kr)와 국가자료공동목록시스템
(http://www.nl.go.kr/kolisnet)에서 이용하실 수 있습니다.
(CIP 제어번호: CIP2017014384)

교육문화출판미디어그룹 **학 지사**

심리검사연구소 **인싸이트** www.inpsyt.co.kr
원격교육연수원 **카운피아** www.counpia.com
학술논문서비스 **뉴논문** www.newnonmun.com